STUDY ON CONTEMPORARY OVERSEAS MARXIST PHILOSOPHY

当代国外
马克思主义哲学研究丛书
张一兵 主编

南京大学
建设世界一流大学一流学科工程项目

From Cultural Hegemony
Paradigm to Total Power
Paradigm

Research on the Evolution of
Perry Anderson's Socialist Thought

从文化霸权范式到
总体权力范式

佩里·安德森社会主义思想演进研究

乔茂林 著

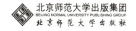

北京师范大学出版集团
BEIJING NORMAL UNIVERSITY PUBLISHING GROUP
北京师范大学出版社

总　序

今天中国的改革开放创造了一个前所未有的华夏文明的时代，中国人文社会科学学术研究领域中那种单向的"去西方取经"一边倒的情形，已经转换为世界各国的科学家和思想家纷纷来到中国这块火热的大地上，了解这里发生的一切，与中国的学者进行面对面的交流。在作为中国马克思主义哲学研究重镇的南京大学，德里达来了，齐泽克①

---

① 　斯拉沃热·齐泽克(Slavoj Žižek, 1949—　)：当代斯洛文尼亚著名思想家，欧洲后马克思思潮主要代表人物之一。1949 年 3 月 21 日生于斯洛文尼亚的卢布尔雅那市，当时，该市还是南斯拉夫西北部的一个城市。1971 年在卢布尔雅那大学文学院哲学系获文科(哲学和社会学)学士，1975 年在该系获文科(哲学)硕士，1981 年在该系获文科(哲学)博士。1985 年在巴黎第八大学获文科(精神分析学)博士。从 1979 年起，在卢布尔雅那大学社会学和哲学研究所任研究员(该所从 1992 年开始更名为卢布尔雅那大学社会科学院社会科学研究所)。主要著作：《意识形态的崇高对象——悖论与颠覆》(1989)、《斜视》(1991)、《延迟的否定——康德、黑格尔与意识形态批判》(1993)、《快感大转移——妇女和因果性六论》(1994)、《难缠的主体——政治本体论的缺席中心》(1999)、《易碎的绝对——基督教遗产为何值得奋斗?》(2000)、《视差之见》(2006)、《捍卫失败的事业》(2008)、《比无更少》(2012)等。

来了，德里克[①]来了，凯文·安德森[②]来了，凯尔纳[③]来了，阿格里塔[④]

来了，巴加图利亚[⑤]来了，郑文吉[⑥]来了，望月清司[⑦]来了，奈格里[⑧]

---

① 阿里夫·德里克(Arif Dirlik, 1940—2017)：土耳其裔历史学者，美国著名左派学者，美国杜克大学、俄勒冈大学教授。代表作：《革命与历史——中国马克思主义历史学的起源，1919—1937》(1978)、《中国革命中的无政府主义》(2006)、《后革命时代的中国》(2015)等。

② 凯文·安德森(Kevin B. Anderson, 1948—)：美国当代西方列宁学家，社会学家，加利福尼亚大学圣塔芭芭拉分校教授。代表作：《列宁、黑格尔和西方马克思主义：一种批判性研究》(1995)等。

③ 道格拉斯·凯尔纳(Douglas Kellner, 1943—)：马克思主义批判理论家，美国加利福尼亚大学洛杉矶分校教授，乔治·奈勒教育哲学讲座教授。代表作：《后现代转折》(1997)、《后现代理论——批判性的质疑》(1991)、《媒体奇观：当代美国社会文化透视》(2001)等。

④ 米歇尔·阿格里塔(Michel Aglietta, 1938—)：法国调节学派理论家，法国巴黎第五大学国际经济学教授，法国巴黎大学荣誉教授。代表作：《调节与资本主义危机》(1976)等。

⑤ 巴加图利亚(G. A. Bagaturija, 1929—)：俄罗斯著名马克思主义文献学家和哲学家。

⑥ 郑文吉(Chung, Moon-Gil, 1941—2017)：当代韩国著名马克思学家。1941年11月20日出生于韩国庆尚北道大邱市；1960—1964年就读于大邱大学(现岭南大学)政治系，1964—1970年为首尔大学政治学研究生，获博士学位；1971年起，任教于高丽大学，1975年任副教授，1978年任教授；2007年，从高丽大学的教职上退休。1998—2000年，郑文吉任高丽大学政治科学与经济学院院长。代表作：《异化理论研究》(1978)、《青年黑格尔派与马克思》(1987)、《马克思的早期论著及思想生成》(1994)、《韩国的马克思学视域》(2004)等。

⑦ 望月清司(Mochizuki Seiji, 1929—)：日本当代新马克思主义思想家。1929年生于日本东京，1951年就读于日本专修大学商学部经济学科，1956年就任该大学商学部助手，1969年晋升为该大学经济学部教授。1975年获得专修大学经济学博士，并从1989年开始连任专修大学校长9年，直至退休为止。代表作：《马克思历史理论的研究》(1973)等。

⑧ 安东尼·奈格里(Antonio Negri, 1933—)：意大利当代著名马克思主义哲学家。1956年毕业于帕多瓦大学哲学系，获得哲学学士学位。同年加入意大利工人社会党。20世纪60年代曾参与组织意大利工人"自治运动"(Autonomia Operaia)。1967年获得教授资格。1978年春季，他应阿尔都塞的邀请在巴黎高师举办了一系列关于马克思《政治经济学批判大纲》的讲座，其书稿于1979年分别在法国和意大利出版，即《〈大纲〉：超越马克思的马克思》。1979年，奈格里因受到红色旅杀害时任意大利总理阿尔多·莫罗事件的牵连而被捕。释放后流亡法国14年，在法国文森大学(巴黎第八大学)和国际哲学学院任教。1997年，在刑期从30年缩短到13年后，奈格里回到意大利服刑。在狱中奈格里出版了一批有影响的著作。1994年，奈格里与哈特合作出版了《酒神：国家形式的批判》。之后，二人又相继合作出版了批判资本主义全球化的三部曲：《帝国》(2000)、《诸众》(2004)、《大同世界》(2011)等。

和普舒同①来了，斯蒂格勒②和大卫·哈维③这些当代的哲学大师都多次来到南京大学，为老师和学生开设课程，就共同关心的学术前沿问题与我们开展系列研讨与合作。曾几何时，由于历史性和地理性的时空相隔，语言系统迥异，不同文化和不同的政治话语语境，我们对国外马克思主义哲学的研究，只能从多重时空和多次语言转换之后的汉译文本，生发出抽象的理论省思。现在，这一切都在改变。我们已经获得足够完整的第一手文献，也培养了一批批熟练掌握不同语种的年轻学者，并且，我们已经可以直接与今天仍然在现实布尔乔亚世界中执着抗争的欧美亚等左派学者面对

———————

① 穆伊什·普舒同（Moishe Postone，1942—2018）：当代加拿大马克思主义历史学家、哲学家和政治经济学家。1983年获德国法兰克福大学博士学位，代表作《时间、劳动和社会支配：对马克思批判理论的再解释》在国际马克思主义学界产生了很大影响。普舒同教授曾于2012年和2017年两次访问南京大学马克思主义社会理论研究中心，为师生作精彩的学术演讲，并与中心学者和学生进行深入的研讨与交流。

② 贝尔纳·斯蒂格勒（Bernard Stiegler，1952— ）：当代法国哲学家，解构理论大师德里达的得意门生。早年曾因持械行劫而入狱，后来在狱中自学哲学，并得到德里达的赏识。1992年在德里达的指导下于社会科学高级研究院获博士学位（博士论文：《技术与时间》）。于2006年开始担任法国蓬皮杜中心文化发展部主任。代表作：《技术与时间》（三卷，1994—2001）、《象征的贫困》（二卷，2004—2005）、《怀疑和失信》（三卷，2004—2006）、《构成欧洲》（二卷，2005）、《新政治经济学批判》（2009）等。

③ 大卫·哈维（David Harvey，1935— ）：当代美国著名马克思主义思想家。1935年出生于英国肯特郡，1957年获剑桥大学地理系文学学士，1961年以《论肯特郡1800—1900年农业和乡村的变迁》一文获该校哲学博士学位。随后即赴瑞典乌普萨拉大学访问进修一年，回国后任布里斯托大学地理系讲师。1969年后移居美国，任约翰·霍普金斯大学地理学与环境工程系教授，1994—1995年曾回到英国在牛津大学任教。2001年起，任教于纽约市立大学研究生中心和伦敦经济学院。哈维是当今世界最重要的马克思主义思想家，提出地理—历史唯物主义，是空间理论的代表人物。其主要著作有《地理学中的解释》（1969）、《资本的界限》（1982）、《后现代的状况——对文化变迁之缘起的探究》（1989）、《正义、自然与差异地理学》（1996）、《希望的空间》（2000）、《新自由主义简史》（2005）、《跟大卫·哈维读〈资本论〉》（第一卷，2010；第二卷，2013）、《资本社会的17个矛盾》（2014）、《世界之道》（2016）等。

面地讨论、合作与研究，情况确实与以前大不相同了。

2017 年 5 月，我们在南京召开了"第四届当代资本主义研究暨纪念《资本论》出版 150 周年国际学术研讨会"和"《政治经济学批判大纲》专题讨论会"。在这两个会议上，我们与来到南京大学的国外马克思主义哲学研究者们，不仅共同讨论基于原文的马克思《1857—1858 年经济学手稿》中的"机器论片断"，也一同进一步思考当代数字资本主义社会出现的所谓自动化生产与"非物质劳动"问题。真是今非昔比，这一切变化都应该归因于正在崛起的伟大的社会主义中国。

2001 年，哲学大师德里达在南京大学的讲坛上讨论解构理论与当代资本主义批判之间的关系，他申辩自己不是打碎一切的"后现代主义者"，而只是通过消解各种固守逻辑等级结构的中心论，为世界范围内的文化、性别平等创造一种新的思维方式。如今，这位左派大师已经驾鹤西去，但他的批判性思想的锐利锋芒，尤其是谦逊宽宏的学术胸怀令人永远难忘。

2003 年以来，我们跟日本学界合办的"广松涉与马克思主义哲学国际学术研讨会"已经举行了六届，从南京到东京，多次与广松涉①夫人及

---

① 广松涉(Hiromatsu Wataru，1933—1994)：当代日本著名的新马克思主义哲学家和思想大师。广松涉 1933 年 8 月 11 日生于日本的福冈柳川。1954 年，广松涉考入东京大学，1959 年，在东京大学哲学系毕业。1964 年，广松涉在东京大学哲学系继续博士课程的学习。1965 年以后，广松涉先后任名古屋工业大学讲师(德文)、副教授(哲学和思想史)，1966 年，他又出任名古屋大学文化学院讲师和副教授(哲学与伦理学)。1976 年以后，广松涉出任东京大学副教授、教授直至 1994 年退休。同年 5 月，任东京大学名誉教授。同月，广松涉因患癌症去世。代表作：《唯物史观的原像》(1971)、《世界的交互主体性的结构(1972)、《文献学语境中的〈德意志意识形态〉》(1974)、《资本论的哲学》(1974)、《物象化论的构图》(1983)、《存在与意义》(全二卷，1982—1983)等。

学生们深入交流，每每谈及广松先生从 20 世纪 60 年代就开始直接投入
左翼学生运动狂潮的激情，尤其是每当聊到广松先生对马克思主义哲学
的痴迷和以民族文化为根基，以马克思主义哲学为中轴，创立独具东方
特色的"广松哲学"的艰辛历程时，广松夫人总是热泪盈眶、情不能已。

2005 年，卡弗①访问了南京大学马克思主义社会理论研究中心，每
当谈起马克思恩格斯的《德意志意识形态》等经典哲学文本时，这位严谨
的欧洲人认真得近乎固执的治学态度和恭敬于学术的痴迷神情总是会深
深打动在场的所有人。2018 年，卡弗再一次来到南京大学时，已经带
来了我们共同关心的《德意志意识形态》手稿版和政治传播史的新书。
2006 年，雅索普②在我们共同主办的"当代资本主义研究国际学术研讨
会"上受邀致闭幕词，其间他自豪地展示了特意早起拍摄的一组清晨的
照片，并辅以激情洋溢的抒怀，他对中国社会和中国文化的欣赏与热情
展露无遗，令与会者尽皆动容。

令我记忆深刻的还有 2007 年造访南京大学的哲学家齐泽克。在我

---

① 特雷尔·卡弗（Terrell Carver，1946— ）：英国布里斯托大学政治学系教授，
当代著名西方马克思学学者。1974 年在牛津大学贝列尔学院获得政治学博士学位，1995
年 8 月至今任英国布里斯托大学政治学系教授。代表作：《卡尔·马克思：文本与方法》
(1975)、《马克思的社会理论》(1982)、《弗里德里希·恩格斯：他的生活及思想》(1989)、
《后现代的马克思》(1998)、《政治理论中的人》(2004)、《〈德意志意识形态〉手稿》
(2016) 等。

② 鲍勃·雅索普（Bob Jessop，1946— ）：当代重要的西方马克思主义理论家。毕
业于英国兰卡斯特大学，从事社会学研究并获得学士学位。在英国剑桥大学获得博士学
位后，任剑桥大学唐宁学院的社会与政治科学研究员。1975 年他来到艾塞克斯大学政府
学院，开始教授国家理论、政治经济学、政治社会学和历史社会学，现为英国兰卡斯特
大学社会学教授。代表作：《国家理论：让资本主义国家归位》(1990)、《国家的过去、现
在与未来》(2016) 等。

与他的对话中，齐泽克与我提到资本主义经济全球化中的那一双"童真之眼"，他说，我们应该为芸芸众生打开一个视界，让人们看到资本的逻辑令我们看不到的东西。在他看来，这，就是来自马克思主义批判的质性追问。也是在这一年，德里克访问南京大学，作为当代中国现代史研究的左翼大家，他在学术报告中提出后革命时代中马克思主义的不可或缺的意义。不久之后，在我的《回到马克思》英文版的匿名评审中，德里克给予了此书极高的学术评价，而这一切他从来都没有提及。

2008 年，苏联马克思主义研究院的那位编译专家巴加图利亚，为我们带来了自己多年以前写作的关于《德意志意识形态》的哲学博士论文和俄文文献。也是这一年，韩国著名马克思文献学学者郑文吉应邀来南京大学访问，他在为南京大学学生作的报告中告诉我们，他的学术研究生涯是"孤独的 30 年"，但是，在他退休之后，他的研究成果却在中国这样一个伟大的国家得到承认，他觉得过去艰难而孤独的一切都是值得的。2011 年，日本新马克思主义思想家望月清司访问南京大学，他将这里作为 40 年前的一个约定的实现地，此约定即谁要是能查到马克思在《资本论》中唯一一次使用的"资本主义"（Kapitalismus）一词，就请谁喝啤酒。已经初步建成《马克思恩格斯全集》电子化全文数据库的我们都喝到了他的啤酒。

最令我感动的是年过八旬的奈格里，他是怀中放着心脏病的急救药，来参加我们 2017 年"第四届当代资本主义研究暨纪念《资本论》出版150 周年国际学术研讨会"的，曾经坐过十几年资产阶级政府大牢的他，一讲起意大利"1977 运动"的现场，就像一个小伙子那样充满激情。同样是参加这次会议的八旬老翁普舒同，当看到他一生研究的马克思

《1857—1858 年经济学手稿》的高清扫描件时，激动得眼泪都要流出来了。不幸的是，普舒同教授离开中国不久就因病离世，在南京大学的会议发言和访谈竟然成了他留给世界最后的学术声音。

2015—2018 年，斯蒂格勒四次访问南京大学，他连续三年为我们的老师和学生开设了三门不同的课程，我先后与他进行了四次学术对话，也正是与他的直接相遇和学术叠境，导引出一本我关于《技术与时间》的研究性论著。① 2016—2018 年，哈维三次来到南京大学，他和斯蒂格勒都签约成为刚刚成立的南京大学国际马克思主义研究院的兼职教授，他不仅为学生开设了不同的课程，而且每一次都带来了自己的最新研究成果。我与他的哲学学术对话经常会持续整整一天，当我问他是否可以休息一下时，他总是笑着说："我到这里来，不是为了休息的。"哪怕在吃饭的时候，他还会问我："马克思的异化概念到底是什么时候形成的？"

对我来说，这些当代国外马克思主义哲学家和左派学者真的让人肃然起敬。他们的旨趣和追求是真与当年马克思、恩格斯的理想一脉相承的，在当前这个物质已经极度富足丰裕的资本主义现实里，身处资本主义体制之中，他们依然坚执地秉持知识分子的高尚使命，在努力透视繁华世界中理直气壮的形式平等背后深藏的无处控诉的不公和血泪，依然理想化地高举着抗拒全球化资本统治逻辑的大旗，发出阵阵发自肺腑、激奋人心的激情呐喊。无法否认，相对于对手的庞大势

---

① 张一兵：《斯蒂格勒〈技术与时间〉构境论解读》，上海，上海人民出版社，2018。

力而言，他们显得实在弱小，然而正如传说中美丽的天堂鸟①一般，时时处处，他们总是那么不屈不挠。我为有这样一批革命的朋友感到自豪和骄傲。

其实，自20世纪80年代以来，中国马克思主义理论界接触、介绍和研究国外马克思主义哲学已经有30多个年头了。我们对国外马克思主义哲学家的态度和研究方法也都有了全面的理解。早期的贴标签式的为了批判而批判的研究方式早已经淡出了年轻一代的主流话语，并逐渐形成了以文本和思想专题为对象的各类更为科学的具体研究，正在形成一个遍及中国的较高的学术探讨和教学平台。研究的领域也由原来对欧美马克思主义哲学的关注，扩展到对全球马克思主义哲学研究的全景式研究。在研究的思考逻辑上，国内研究由原来零星的个人、流派的引介和复述，深入到对国外马克思主义哲学的整体理论逻辑的把握，并正在形成一批高质量的研究成果。各种国外马克思主义论坛和学术研讨活动，已经成为广受青年学者关注和积极参与的重要载体和展示平台，正在产生重要的学术影响。可以说，我们的国外马克思主义哲学学科建设取得了喜人的进展，从无到有，从引进到深入研究，走过的是一条脚踏实地的道路。

从这几十年的研究来看，国外马克思主义哲学研究对于我国的马克思主义学术理论建设，对于了解西方当代资本主义社会的变迁具有极为

---

①　传说中的天堂鸟有很多版本。辞书上能查到的天堂鸟是鸟，也是一种花。据统计，全世界共有40余种天堂鸟，在巴布亚新几内亚就有30多种。天堂鸟花是一种生有尖尖的利剑状叶片的美丽的花。但是我最喜欢的传说，还是作为极乐鸟的天堂鸟，在阿拉伯古代传说中是不死之鸟，相传每隔五六百年就会自焚成灰，在灰中获得重生。

重要的意义。首先，国内的马克思主义哲学研究由于长期受到苏联教条主义教科书的影响，在取得了重大历史成就的同时也存在着一些较为严重的缺陷，对这些理论缺陷的反思，在某种意义上是依托对国外马克思主义哲学的研究和比较而呈现出来的。因而，在很大的意义上，国外马克思主义哲学的研究推动了国内马克思主义研究在理论和方法上的变革。甚至可以说，国外马克思主义哲学研究和国内马克思主义哲学研究是互为比照，互相促进的。其次，我们对国外马克思主义哲学的研究同时也深化了对西方左翼理论的认识，并通过这种研究加深了我们对于当代资本主义现实的理解，进而也让我们获得了中国特色社会主义道路自信最重要的共时性参照。

当然，随着当代资本主义的发展，国外马克思主义哲学理论逻辑也发生了重大变化，比如，到 20 世纪 60 年代，以阿多诺的《否定的辩证法》和 1968 年"红色五月风暴"学生运动的失败为标志，在欧洲以学术为理论中轴的"西方马克思主义"在哲学理论逻辑和实践层面上都走到了终结，欧洲的马克思主义哲学研究出现了"后马克思"转向，并逐渐形成了"后马克思思潮""后现代马克思主义""晚期马克思主义"等哲学流派。这些流派或坚持马克思的立场和方法，或认为时代已经变了，马克思的理论和方法已经过时，或把马克思的理论方法在新的时代条件下加以运用和发展。总的来说，"后马克思"理论倾向呈现出一幅繁杂的景象。它们的理论渊源和理论方法各异，理论立场和态度也各异，进而对当代资本主义的认识和分析也相去甚远。还应该说明的是，自意大利"1977 运动"失败之后，意大利的马克思主义理论研究开始在欧洲学术界华丽亮相，出现了我们并没有很好关注的所谓"意大利激进思潮"①。在20世纪60年代曾经达到学术高峰的日本马克思主义哲学研究界，昔日的辉煌不再，青年一代的马克思追随者还在孕育之中；而久被压制的韩国马克思主义哲学研究，才刚刚进入它的成长初期；我们对印度、伊朗等第三世界国家的马克思主义哲学研究还处于关注不够、了解不深的状况之中。这些，都是我们在今后的国外马克思主义哲学研究中需要努力的方向。

本丛书是关于国外马克思主义哲学研究的专题性丛书，算是比较完整地收录了近年来我所领导的南京大学马克思主义哲学研究学术团队和学生们在这个领域中陆续完成的一批重要成果。其中，有少量原先已经出版过的重要论著的修订版，更多的是新近写作完成的前沿性成果。将这一丛书作为南京大学"双一流"建设工程的重要成果之一，献礼于马克思诞辰200周年，我深感荣幸。

张一兵

2018年5月5日于南京大学

---

① 意大利激进理论的提出者主要是20世纪六七十年代意大利新左派运动中涌现出来的以工人自治活动为核心的"工人主义"和"自治主义"的一批左翼思想家。工人运动缘起于南部反抗福特主义流水线生产的工会运动，他们1961年创刊《红色笔记》，1964年出版《工人阶级》，提出"拒绝工作"的战略口号。1969年，他们组织"工人运动"，1975年，新成立的"自治运动"取代前者，成为当时意大利学生、妇女和失业者反抗斗争的大型组织。1977年，因一名自治主义学生在罗马被法西斯分子杀害，引发"1977运动"的爆发。因为受红色旅的暗杀事件牵连，自治运动的主要领导人于1979年4月全部被政府逮捕入狱，运动进入低潮。这一运动的思想领袖，除去奈格里，还有马里奥·特洪迪(Mario Tronti)、伦涅罗·潘兹尔瑞(Raniero Panzieri)、布罗那(Sergio Bologna)以及马西莫·卡西亚里(Massimo Cacciari)、维尔诺(Paolo Virno)、拉扎拉托(Maurizio Lazzarato)等。其中，维尔诺和拉扎拉托在理论研讨上有较多著述，这些应该也属于广义上的意大利激进理论。这一理论近期开始受到欧美学术界的广泛关注。

序言：值得高度关注的佩里·安德森晚期思想

　　62岁的知识分子应当干点什么？大多数人的选择可能是等待退休、颐养天年，而佩里·安德森（1938— ）的选择则是重装上阵、再度战斗！2000年，在将主要精力转移到美国的大学学院十多年后，《新左派评论》杂志的实际控制人、"英国最杰出的马克思主义知识分子"、已经62岁的佩里·安德森重回《新左派评论》编辑部，再次出任主编，以全新的姿态开始了自己的第二次事业：对沿用了40年的杂志期号编排方式进行颠覆式调整，2000年第一期原本应当是总第239期，现在变成了系列2的第1期。也就是说，进入第5个十年的《新左派评论》和安德森，与自己辉煌的历史划清了界限，说"再见"了！安德森专门为此发表长篇编者按《更新》，对这一

"更新"进行了阐释说明。

不料，安德森的这些举措引发诸多争议，招致欧美左派阵营的严厉指责。《国际社会主义》刊文表示，此次"更新"无异于"自杀"，除了确认安德森已然陷入"历史悲观主义"之外，毫无实质性内容，《每月评论》甚至将其视为"脱离斗争，从社会主义运动中退却"的表现。左派阵营的反应为什么会如此激烈呢？主要原因在于国际社会主义运动自苏联解体、东欧剧变以后陷入长期低迷，与之相对的是新自由主义不断攻城掠地，雄踞西方主流意识形态霸主地位。在许多左派知识分子看来，面对如此危局，作为左派领军人物的安德森不但不提供更严厉、更强硬的新自由主义批判理论，反而一再强调要"承认左派运动的失败"，主张构建"不妥协的现实主义"策略，这岂不是长他人志气、灭自己威风，向新自由主义投降的表现？！

安德森真的背叛左派立场、向新自由主义意识形态"投怀送抱"了吗？历史很快就给出了答案。2008 年世界金融危机的爆发证明，安德森关于新自由主义的基本判断是对的：新自由主义无法解决资本主义的内在矛盾，必然会走向失败。也就是说，安德森并非对社会主义未来丧失信心的"悲观主义者"，而始终是一位现实主义的左派公共知识分子，其"更新"不过是主张在新的历史条件下，与时俱进地反思左派政治运动的现实、现实主义地重构社会主义运动的未来。如果说"更新"是改变，那不变的则是安德森在清醒认识资本主义不断运动的社会现实基础上坚守左派激进立场的初心、坚持资本主义批判的决心，以及坚信社会主义将最终取得胜利的信心！正因为如此，我们看到，进入 21 世纪后，安德森老骥伏枥、志在千里，立足当今国际形势变化，以马克思主义历史学家的独特视角持续深入展开新自由主义批判，接连出版《思想的谱系——西方思潮左与右》(2007)、《新的旧世界》(2009)、《印度意识形态》(2013)、《美国外交政策及其智囊》(2015)、《原霸——霸权的演变》(2017)、《安东尼奥·葛兰西的二律背反》(2017)、《撕裂的巴西：1964－2019》(2019) 等有影响的论著，在西方资本主义世界的核心地带发出了马克思主义的理论强音。

鉴于已入耄耋之年的佩里·安德森依旧笔耕不辍，时有新论、佳作面世，对安德森21世纪以来的晚期论著做总结性的评价，显然时机尚未成熟。不过，作为安德森的长期观察者，我认为，他的这些晚期论著具有鲜明的特色，值得高度重视。

第一，包容并蓄的左派立场。列宁在100年前创作的《共产主义运动中的"左派"幼稚病》中，尖锐批评了那些"不作任何妥协"的左派，认为他们"幼稚而毫无经验"。100年来，这种"幼稚而毫无经验"的左派不仅始终存在，而且有时候还很顽固。在他们看来，左就是左，右就是右，右派必然是错误的，左派必须反对右派，否则就是机会主义或者投降主义。佩里·安德森则具有一种兼容并蓄的开放心态，愿意打破僵硬的左派立场界限，从中间派甚至右派的原创性思想中汲取经验教训，强化左派力量。这一点在安德森晚期著作中表现得尤为强烈，如在《思想的谱系——西方思潮左与右》中，他就对哈耶克、施密特、芒特等右派以及中间派学者进行了深入中肯的评析。作为一名杰出的马克思主义历史学家，安德森显然非常清楚，马克思主义绝不能搞自我封闭、自娱自乐，只有在更充分地汲取20世纪、21世纪人类优秀文化成果的基础上才能不断发展、壮大。

第二，以史为鉴的现实关怀。作为左派公共知识分子，安德森始终密切关注时局变化，思考问题从不脱离时代。那么，怎么才能更透彻地分析当代问题呢？以史为鉴是作为历史学家的安德森非常擅长的研究方式。晚期安德森运用其极为擅长的实证史学研究方法，深入分析当今主要国家和地区的过去和现在，目的就是为了展望未来，为同时代以及今后的左派传递一份政治遗产。无论是选择先对欧盟历史以及相关理论进行总括性梳理，再对不同欧盟成员国的经济、政治和文化方面进行阐述，还是之后采取相反的路径，先着手叙述包括美国、印度和巴西在内的重点国家的具体经验，再关注更一般意义上的国家间的协调关系。在这些作品中，安德森都将一般与特殊相结合的写作手法展现得淋漓尽致，较为成功地完成了"一般结构"与特殊国别研究之间的中介，详细地考察了当代国家或地区之间的体系特征，它们国内的经济、政治和文化表现以及两者之间的相互关系模式。

第三，贯通全球的国际视野。安德森这一代欧美左派公共知识分子大多坚信，社会主义革命新高潮应当会像列宁所预言的那样在资本主义体系的薄弱环节率先出现，因此，他们大多具有自觉而坚定的全球意识。虽然身处发达资本主义体系的核心地带，但他们始终关注第三世界国家的革命和民族解放问题。在其晚期著述中，安德森这种贯通全球的国际视野再次得到了淋漓尽致的展现：他不仅深入分析了美国、欧盟这两个发达资本主义体系的政治外交霸权，而且对印度、巴西以及中国问题也都给予了充分关注。对于中国的马克思主义理论界而言，这种国际视野显然是极为重要的。

国内学术界对佩里·安德森不乏关注和研究，但既有成果都集中于他在 2000 年以前的历史社会学研究和历史唯物主义思想，即便有若干涉及 2000 年以后晚期思想的评论性文章，也都以观点阐述为主，未达到思想研究的深度。乔茂林当年跟随我攻读博士学位时，我就建议他以佩里·安德森的"更新"为出发点，着力去探究这一"更新"是如何发生的，其意义何在，从而对安德森当时尚未得到充分关注的晚期思想进行一次系统的全景式梳理。经过 3 年的努力，他完成博士学位论文《从文化霸权范式到总体权力范式：佩里·安德森社会主义思想演进研究》顺利毕业。2020 年 7 月，乔茂林写邮件告诉我，他的博士学位论文即将由北京师范大学出版社出版，希望我能为著作写一篇序言。我欣然同意。

我认为，乔茂林的《从文化霸权范式到总体权力范式：佩里·安德森社会主义思想演进研究》是当代国外马克思主义研究领域一部有价值的力作，具有以下三个鲜明特点：

第一，选题前沿。如前已述，国内学界对安德森早期思想已有较完备的研究。本书则在安德森思想完整演进的背景上，全面揭示了安德森晚期思想的形成逻辑与历史过程，不仅弥补了安德森研究的空白，而且对当代英国马克思主义研究的深入开展也有积极的推动作用。

第二，论述饱满。本书对安德森不懈探求社会主义道路、深入分析社会主义运动实践条件的思想历程进行了相当充分的论述，通过这些论述，作为左派公共知识分子的安德森不同时期的思想形象——早年对工党的热切期望，之后对社会主义革命的困惑和苦恼，20 世纪八九十年代对历史唯物主义的再次确证，晚期艰难重建总体性范式，在通向社会主义的道路上继续前行——逐一跃然纸上，得到相当饱满生动的呈现。

第三，敢于批判。本书对安德森的晚期思想充满了尊重，但并没有因此走向对安德森全部思想观念的无条件认同，而是立足中国马克思主义立场，对安德森晚期思想中那些并不正确的倾向进行了明确的批判，如对马克思主义政治经济学批判不够重视，过于强调甚至迷信上层政治力量及其自上而下的领导，对工人阶级的革命主体性及其对社会主义运动的领导权认识不足，批判有力、实践乏力，缺乏有效的无产阶级动员策略，等等。

对乔茂林来说，本书的出版给他博士期间的研究工作画上了一个圆满的句号。我期望乔茂林能够以此作为新的出发点，开拓新方向，继续积累创新，今后取得更多丰硕成果。

是为序。

张亮

2020 年 9 月于南京大学

目　录

导　言　/ 1

一、理论立场与方法论的把握　/ 2

二、历史语境考察　/ 6

三、专著与其他主题探究　/ 9

四、未来研究的可能走向　/ 14

五、研究任务　/ 17

第一章　文化霸权范式的确立与英国社会主义领导力量的建构　/ 22

一、文化霸权范式的确立　/ 23

二、将英国工党建构为文化霸权政党　/ 37

三、将英国知识界建构为文化霸权领导力量　/ 54

第二章　对于文化霸权范式的反思与范式转换的尝试　/ 78

一、文化霸权范式的松动：与爱德华·汤普森的第二次论争　/ 79

二、反思文化霸权范式的根基：主体与结构关系问题探究　/ 99

三、文化霸权范式转换的尝试　/ 118

第三章　社会主义的坚定信念与总体权力范式的确立　/ 138

一、艰难形势下的坚定社会主义信念　/ 139

二、总体权力范式的初步建构：权力关系及其构成的发现　　/ 145

三、总体权力范式的确立：对作为世界基本单元的民族国家的分析　　/ 169

第四章　苏联解体、东欧剧变之后的社会主义可能性　　/ 188

一、资本主义的暂时胜利并非历史的终结　　/ 189

二、总体权力范式下的社会主义可能性　　/ 203

三、作为社会主义指导思想的马克思主义的价值　　/ 223

第五章　后现代性：资本主义危机与社会主义的现实可能　　/ 238

一、资本主义危机的表现：新自由主义的式微　　/ 239

二、后现代性：资本主义的世界性危机　　/ 252

三、社会主义对资本主义的艰难与必然超越　　/ 278

结　语　佩里·安德森社会主义思想再思考　　/ 293

索　引　　/ 308

参考文献　　/ 311

后　记　　/ 325

导　言

佩里·安德森（Perry Anderson，1938—　）是英国第二代新左派的领军人物，被国际著名马克思主义学者特里·伊格尔顿（Terry Eagleton）誉为"不列颠最杰出的马克思主义知识分子"，其理论在英国马克思主义乃至全部西方马克思主义的思想图景中占据着重要位置。近二十年是安德森研究的成长期，国内外的深入研究产生了诸多理论成果，包括对于安德森的社会主义理论立场与方法论的把握、历史社会学与类型学以及历史唯物主义思想主题的聚焦、历史语境的考察、思想流派的梳理、多样学术形象的建构、精良中文译本的批量产生、复杂思想张力的展示、《更新》（"Reviews"）引发争议的探讨和历史与逻辑相统一的方法论自觉等。对这些成果进行系统性梳理，分析其研究特征、把握其研究主题、解读其研究方法、评估其研究价值，并在此基础上预判安德森研究未来可能的走向，构成了国内外马克思主义学界一个新的研究任务。

在现有理论成果的基础上，系统性探究安德森晚期思想、深化并拓展方法论的自觉、总体性把握安德森思想并在具体历史语境中梳理其社会主义思想演进的内在逻辑，构成了未来研究的一种可能走向。本书正是要梳理安德森社会主义思想的逻辑演进，重构早期安德森思想的内在逻辑关系，填补晚期安德森思想研究的学术空白，揭示安德森文化霸权范式与总体权力范式的形成过程与理论内涵，解读安德森在这两个思想范式下取得的理论成果，以求确定社会主义在安德森思想演进中的统摄地位，揭示安德森复杂思想成果所构成的多层次理论体系，推进安德森思想中诸多重大理论问题的研究，从而为把握第二次世界大战后社会主义运动进程、英国马克思主义思想脉络和当代世界左派思想图景提供一条理论路径。

一、理论立场与方法论的把握

对于安德森思想研究而言，理论立场的把握具有关键意义。只有准确把握了安德森的社会主义理论立场，才能深入理解安德森是在何种基础上根据现实条件的变化进行了每一次范式转换，也才能使以历史与逻辑相统一的方法解读安德森思想成为可能。目前，国内学界以理论立场为研究视角展开考察的学术论文主要有以下几篇。张亮的《从激进乐观主义到现实主义——佩里·安德森与〈新左派评论〉杂志的理论退却》把握住了贯穿安德森理论与实践始终的坚定社会主义立场，认为《更新》"与其说是一种退却，不如说是一种与时俱进的负责任的左派立场"①，这种退却是在实践条件变化了的形势下所做出的一种主动选择，其背后依旧是对实现社会主义的热切渴望。王金强在《继承与超越——评佩里·安德森的工人阶级观》一文中，以考察安德森关于工人运动的独到见解为核心，认为安德森"根据国际工人运动大环境的变化，不断调整对工人阶级运动的认识，对左翼工人运动的衰落给予现实分析"②。重新考察当代资本主义社会机制，推进研究当代资本主义出现的新问题，正是在坚定的社会主义历史使命指引下完成的，因此安德森能够实现对西方马克思主义的超越，并拓展经典马克思主义的认识图景。乔茂林在《世界性的真正开端——佩里·安德森后现代性思想研究》中所要考察的是安德森"关于后现代性的世界性起源的观点，揭示安德森所指认的这种世界性起源构成了对以资本主义为中心的叙事方式的颠覆"③，解读安德森在探寻社会主义现实道路进程中对当代世界格局的新判断，即后现代性的本质是以资本主义为世界中心的退场和世界性的真实开端。西方国家从世界体系的主导下降为组成部分，与非西方世界的崛起所组成的世界体系新格局是后现代性的世界性本质的核心内容，这构成了社会主义实践的新条件。鲁绍臣在《差异的命定论逻辑——佩里·安德森的

---

① 张亮：《从激进乐观主义到现实主义——佩里·安德森与〈新左派评论〉杂志的理论退却》，载《马克思主义研究》，2003 年第 2 期。

② 王金强：《继承与超越——评佩里·安德森的工人阶级观》，载《北京科技大学学报（社会科学版）》，2007 年第 2 期。

③ 乔茂林：《世界性的真正开端——佩里·安德森后现代性思想研究》，载《马克思主义与现实》，2016 年第 6 期。

历史唯物主义思想探微》一文中从考察阿尔都塞等人对安德森历史唯物主义思想的影响入手，梳理了安德森的非线性、反本质主义史观，认为世界各文明各有其独特起源与复杂流变过程，欧洲文明本身也具有丰富复杂的历史演进背景，安德森虽然得益于这些思想带来的开阔视野，"但安德森与阿尔都塞不同，认为世界历史存在殊途同归的趋势：先统一于资本主义，终结于社会主义的目的论"①。

《更新》引发的讨论，在反面的意义上有助于我们理解安德森一生所坚持的社会主义立场。安德森在 2000 年发表的《更新》一文中，将《新左派评论》定位为"不妥协的现实主义"，引发了对其立场与形象的重新探讨。后续的讨论文章包括批评安德森陷入历史悲观主义的《佩里·安德森的历史悲观主义》②、认为英国左派放弃了批判的《〈新左派评论〉的自杀》③、批评安德森静待资本主义自行死亡立场的《社会主义：是一个要退却的时代吗?》④。我们认为，这部分文章的情怀是必须予以肯定的，这些作者在英国社会主义遭受挫折时的痛心疾首是可以理解的，但是他们并没有把握安德森从未退却的社会主义立场，没有理解他在新的具体历史条件下所做出的斗争策略调整。在安德森从激进走向务实的过程中，他们将安德森的立场与具体策略混为一谈。安德森的退却只是现实

---

① 鲁绍臣：《差异的命定论逻辑——佩里·安德森的历史唯物主义思想探微》，载《北京行政学院学报》，2016 年第 5 期。

② Gilbert Achcar, "The'Historical Pessimism'of Perry Anderson", in *International Socialism*, 2000, Autumn(88).

③ Boris Kagarlitsky, "The Suicide of *New Left Review*", in *International Socialism*, 2000, Autumn(88).

④ The Editors, "Socialism: A Time to Retreat?", in *Monthly Review*, 2000, 52(4).

斗争战略与战术的调整，这些评论文章的作者只理解了安德森斗争策略的调整，而未能准确把握安德森自始至终的坚定社会主义立场，这不能不说是一个遗憾。

鲁绍臣在《反思与重构——佩里·安德森的历史唯物主义"图绘"》一文中，以历史唯物主义为纲领，对安德森思想中理论与实践的关系问题、主体与结构的关系问题、社会主义道路问题、上层建筑和阶级意识关系问题进行了整理，并且初步探讨了安德森的方法论这一深刻问题，留下的研究空间在于需要进一步探索安德森与马克思主义的关系，而将安德森不同时期的文献同质使用，导致该文对于安德森的方法论中历史性维度的理解需要进一步完善。李瑞艳在《安德森的社会批判思想及其建构的马克思主义》一文中，对安德森社会批判思想的缘起与本质进行了阐述，在将安德森不同时期的文本进行同质化处理方面也取得了突破性进展，可以探讨的部分在于安德森重要文本的历史语境问题，比如共产主义危机和工党政治的转变以及第三世界民族解放运动等历史事件，形成了安德森理论创作的历史条件变迁。李瑞艳、乔瑞金在《安德森"类型学"唯物史观思想研究》一文中对安德森进行了更为深入的研究，将安德森唯物史观细致界定为"类型学"的唯物主义，从纵横两个方向把握安德森的思想，试图揭示其深层的方法论意蕴，并且指出安德森在理解马克思主义的进程中形成了"类型学"，认为安德森对社会形态和社会主体以及社会权力等资本主义问题的探究，都是在"类型学"的分析方法下完成的。这一思想是对《试论安德森的"类型学"唯物史观思想及其意义》一文中观点的延展与细化，即"安德森发展了一种可称之为'类型学'（typology）

的唯物史观的理论认识，形成了一种独特的类型学的分析方法"①。杨春吉在《佩里·安德森的学术思想探论》中试图对安德森的总体思想进行概括，这是对安德森思想全貌进行把握的一种有益尝试，其在处理相关文献时使用的非历史性方式是未来研究者需要进一步开拓的理论空间。施华辉在《佩里·安德森历史社会学研究中的理论及其政治思想（1962—1982）》一文中，对安德森1962年至1982年的思想进行了探究，认为历史社会学是安德森思想的核心部分，并将此期间的文献划分为三个时段进行研究。该文对历史性的研究方法论是充分自觉的，对相关文本的充分占有与熟练掌握也是值得赞赏的，由于该文研究时段的限制，未能观照1982年后30多年中安德森的思想变化，所以历史社会学是否构成安德森全部思想的核心，也是一个需要进一步探讨的问题。

二、历史语境考察

一位思想家是不能脱离相关文献的历史语境去理解的，而思想家所属的流派正是其历史语境的一个极为重要的方面。将安德森置于整个英国新左派思想图景的背景下，并将其与另一位属于英国新左派的思想家进行比较研究就是这一思路的体现。在《析E.P.汤普森与佩里·安德森之间的争论》一文中，张文涛追溯了《新左派评论》之前的历史事件，

---

① 乔瑞金、李瑞艳：《试论安德森的"类型学"唯物史观思想及其意义》，载《哲学研究》，2011年第7期。

并认为其正是汤普森与安德森之间分歧的真正起源。随着时间的推进两人的历史观分歧逐步公开化，最终导致了两个人在 20 世纪 60 年代的第一次争论和 80 年代的第二次争论，其原因主要在于"不同的个人经历、历史思想的差异、对现实社会主义运动的不同期待"①。刘耀辉在《爱德华·汤普森与佩里·安德森：英国新左翼内部的争论》一文中认为，汤普森立足英国经验主义与工人运动传统，强调人的意志和能动性，重视分析工人阶级的能动意志，而"安德森关注欧陆马克思主义，主张对英国社会和历史进行一种结构性分析，强调英国社会结构的稳定性和统治阶级的霸权"②。

国外对安德森思想历史语境的研究，已经有两项价值显著的学术成果，分别是格里高利·埃利奥特的《佩里·安德森：无情的劳工史》③和保罗·布莱克利奇的《佩里·安德森、马克思主义与新左派》④。在《佩里·安德森：无情的劳工史》中，埃利奥特敏锐地抓住了安德森的学术与政治的密切关系这一关键性问题，同时能够在具体历史语境下对文本的脉络与具体观点进行细致解读。然而令人遗憾的是，埃利奥特并没有理解安德森一些策略的真实意图，比如 20 世纪 60 年代对西方马克思主

①　张文涛：《析 E. P. 汤普森与佩里·安德森之间的争论》，载《山东社会科学》，2008 年第 11 期。
②　刘耀辉：《爱德华·汤普森与佩里·安德森：英国新左翼内部的争论》，载《马克思主义与现实》，2016 年第 6 期。
③　Gregory Elliott，*Perry Anderson：The Merciless Laboratory of History*，Minneapolis：University of Minnesota Press，1998.
④　Paul Blackledge，*Perry Anderson*，*Marxism and the New Left*，London：Merlin Press，2004.

义的引进，并不是因为安德森有国际主义立场，而仅仅是出于英国内部斗争的现实需要。安德森的真正国际主义立场是于1988年在总体权力范式之下确立的，换言之，当时安德森是以英国视角看待国际，而非以国际视角看待英国。在《佩里·安德森、马克思主义与新左派》中，布莱克利奇对于以历史语境与历史性的视角来考察文本的方法论自觉是十分难能可贵的，他将安德森的思想置于整个社会历史环境与新左派的变迁之中，探讨了第一代新左派与第二代新左派的关系，阐述安德森的社会主义行动策略以及安德森对西方马克思主义的研究。布莱克利奇试图将安德森的理论与实践之间的张力、学术与政治之间矛盾的复杂性思想特征展示出来，并将这一问题置于葛兰西、托洛茨基、卢卡奇、多伊彻、普兰查斯、阿尔都塞、德布雷、萨特、厄内斯特·曼德尔和科莱蒂的思想语境中进行考察。笔者认为，将安德森的思想置于这些思想脉络之间进行理解是很有帮助的，但是从安德森的早期文本来看，对他产生最深刻影响的首先是葛兰西，其次才是卢卡奇，这是安德森在文本中多次论及并在与中国学者汪晖的访谈中清楚阐述过的①，所以该文献的局限在于，未能准确地在纷繁的思想流变之中把握到安德森思想的根本来源，以及早期安德森的总体政治战略。然而，瑕不掩瑜，《佩里·安德森、马克思主义与新左派》依然是国外学界安德森研究领域中最为深入和最具参考价值的学术成果之一。

安德森与汤普森的争论是英国马克思主义研究的一宗学术公案，对

---

① 参见汪晖：《新左翼、自由主义与社会主义——P. 安德森访谈》，见南京大学马克思主义社会理论研究中心：《实践与文本》，http://www.ptext.nju.edu.cn, 2008-01-04。

其的考察构成了安德森研究的历史语境，国外这方面的代表性研究成果是以下两篇学术论文。华德·马修斯的《策略的贫困：爱德华·汤普森、佩里·安德森和向社会主义的过渡》①以汤普森与安德森的两次争论为研究对象，发现两次争论的核心在于他们对于向社会主义过渡的道路持不同观点。随着时间的推移，自下而上的道路愈发被证明只是一个乌托邦式的幻想，而自上而下的道路由于一直没有找到切实可行的办法也沦为抽象理论探讨，双方都陷于策略的贫困。这一研究可谓深入到了安德森思想的内部逻辑，令人遗憾的是文章并未比较两种观点的高下。1987年，苏珊·马格雷的论文《评论：老栗树的历史、自由意志和决定论——英国文化与结构的对比或者历史与理论的对比》②，评论了汤普森与安德森的思想差异。该文对安德森思想的提炼是准确的，并且提出了要在 20 世纪 60 年代到 80 年代的不同语境中探讨汤普森与安德森思想的不同，其不足之处在于没有考察安德森思想变迁的内在逻辑。

三、专著与其他主题探究

国内学界对于安德森的专著《从古代到封建主义的过渡》和《绝对主

---

① Wade Matthews，"The Poverty of Strategy：E. P. Thompson，Perry Anderson and the Transition to Socialism"，in *Labour/Le Travail*，2002(50).

② Susan Magarey，"Review：That History Old Chestnut，Free Will and Determin-ism：Culture vs Structure，or History vs Theory in Britain"，in *Comparative Studies in Society and History*，1987，9(3).

义国家的系谱》的研究，产生了《佩里·安德森的史学思想评介》《评佩里·安德森的〈从古代到封建主义的过渡〉》《评佩里·安德森的封建主义社会形态研究》《霍布斯鲍姆和佩里·安德森对唯物史观的理解》等理论成果，这些文章在安德森史学的多个具体研究方面都颇有建树，比如认为他将历史唯物主义和具体历史研究相结合，强调了历史进展的多元性（东西欧分别论述）等。对于《西方马克思主义探讨》和《当代西方马克思主义》的研究，黄力之在《佩里·安德森的西方马克思主义观点与马克思主义的发展》一文中历史性地梳理了佩里·安德森的西方马克思主义观念；关于安德森对于西方马克思主义范围的界定是否科学，段忠桥的论文《对安德森"扩大"西方马克思主义概念的说法的质疑》与徐崇温主编的《西方马克思主义理论研究》形成了对立观点。对于《后现代性的起源》的研究，赵国新在《佩里·安德森及其后现代观念》中认为，安德森的《后现代性的起源》不仅是詹姆逊著作的序言，而且为詹姆逊的后现代思想提供了重要补充；谢济光在《佩里·安德森的后现代主义追溯》中认为，安德森对后现代主义进程的把握是深刻的，《后现代性的起源》通过观念史展现了后现代的基础；杨生平的《后现代主义：晚期资本主义的文化主导——佩里·安德森〈后现代性的起源〉评析》深入分析了文本背后的社会根基，即后现代思想并非凭空出现，而是有其深厚的晚期资本主义社会基础。我们可以看到，上述论文集中研究安德森某一本或几本著作，因此，安德森研究全程视野的展开，就成为后续研究成果的新生长点，比如以安德森的历史观为例，国内学界一般认为安德森的历史观集中存在于《从古代到封建主义的过渡》与《绝对主义国家的系谱》，但如果对安德森的全部思想历程展开考察，就会发现，安德森的历史观是贯穿其思想始终的，他的历史观并不是历史学意义上的历史观，即只有在描述过去的事情时才体现他的历史观，而是哲学意义上的历史观，即关于社会未来走向、社会发展动力等问题的根本看法，因此，他的历史观恰恰是指向未来而非过去的。

对于安德森的专题研究在国外学界尚处于起步阶段，相关文章按照时间顺序进行排列，主要有以下几篇：《评论：封建主义和绝对主义》（1976）、《评论：西方马克思主义的终结》（1978）①、《评论：国际体系和地区形成：对安德森和沃勒斯坦的批评性评价》（1978）②、《命定的路径：佩里·安德森的历史社会学》（1984）③、《评论：前进、前进和后退》（1993）④、《单一社会形态中的对比：对佩里·安德森的〈绝对主义国家的系谱〉的批评性赏析》（2002）⑤、《马克思主义与形式》（2005）⑥。上述文章属于一般性评论文章，对于安德森著作的重述占据了大部分篇幅，而有些评论尚未把握安德森的一般性理论原则与著作的具体内容，比如在《命定的路径：佩里·安德森的历史社会学》中，玛丽·福布鲁克和西

---

① David Macgregor, "Review: The End of Western Marxism", in *Contemporary Sociology*, 1978, 7(2).

② Peter Gourevitch, "Reviews: The International System and Regime Formation: A Critical Review of Anderson and Wallerstein", in *Comparative Politics*, 1978, 10(3).

③ 参见[美]西达·斯考切波主编：《历史社会学的视野与方法》，封积文等译，上海，上海人民出版社，2008。

④ Frank Mcmahon, "Reviews: Up, Up and Away", in *Oxford Art Journal*, 1993, 19(1).

⑤ Richard Lachmann, "Comparisons Within a Single Social Formation: A Critical Appreciation of Perry Anderson's *Lineages of the Absolutist State*", in *Qualitative Sociology*, 2002, 25(1).

⑥ Stefan Collini, "Marxism and Form", in *Nation*, 2005, 281(20).

达·斯考切波重述了安德森在《从古代到封建主义的过渡》与《绝对主义国家的系谱》中的思想，并认为安德森在这两本著作中的核心观点是似是而非的"决定论逻辑"，随后指出这种"决定论逻辑"和安德森本人的政治思想密切相关，即寄希望于法国大革命式的暴动。我们认为，关于社会主义的实现方式，安德森在其早期的文化霸权范式时期就对法国大革命群众运动持谨慎态度，并因此对工人阶级运动展开了批判，形成了所谓"自上而下看历史"的方法，在实践方面先后寄希望于英国工党与英国知识界，认为只有完成社会主义文化霸权的建构才能谈及其他。

一些以英国新左派或者英国马克思主义为总体研究对象的著作和论文也涉及了安德森的思想。著作方面有丹尼斯·德沃金《文化马克思主义在战后英国——历史学、新左派和文化研究的起源》①，林春的《英国新左派》②以及迈克尔·肯尼的《第一代英国新左派》③，论文方面有特里·伊格尔顿的《评论：马克思主义、结构主义和后结构主义》④。上述著作与论文的价值在于，其能够将安德森的思想与实践定位于新左派运动或英国马克思主义之中，为安德森的后续研究者奠定了较为宽阔但不流于空疏的视野。在具体思想方面他们的关注点各有侧重，比如，德沃

---

① [美]丹尼斯·德沃金：《文化马克思主义在战后英国——历史学、新左派和文化研究的起源》，李凤丹译，北京，人民出版社，2008。

② Lin Chun, *The British New Left*, Edinburgh: Edinburgh University Press, 1993.

③ [英]迈克尔·肯尼：《第一代英国新左派》，李永新、陈剑译，南京，江苏人民出版社，2010。

④ Terry Eagleton, "Review: Marxism, Structuralism, and Post-Structuralism", in *Diacritics*, 1987, 15(4).

金着重讨论的是安德森对于英国文化的判断与改造问题，"安德森并没有简单地哀叹英国思想家缺乏远见的经验主义的形式的关注，他提供了自己的思维方式，从而取代了英国思想家的狭隘思想"①，因此，德沃金着重关注的文本自然是《国民文化的构成》与《西方马克思主义探讨》；肯尼对安德森的关注点在于新老两代新左派之间的差异问题，即究竟应该将人民看作具有宽泛社会基础的各种社会力量的灵活结盟，还是应该将其看作垄断者，"事实上，安德森后来对新左派平民主义的批评来源于他敏锐地察觉到新左派过度依赖模糊的主体观念"②。

此外，我们注意到，安德森在国内学界的形象构建以历史学家、西方马克思主义专家、后现代评论家的有关论述为主，这与安德森作品的中文翻译状况密切相关，并且可以说是几乎同步。对于绝大多数国内研究者而言，快速把握一位思想家的理论全貌依旧需要精良的中文译本，即使在深入细致研究的情况下，外语文本在很多时候也只具备辅助价值，母语对于深刻理解问题的价值是无法取代的，因此，我们必须对安德森的中译本价值给予充分肯定。这里以安德森原作的发表时间对安德森著作中译本进行排序：《西方马克思主义探讨》《从古代到封建主义的过渡》《绝对主义国家的系谱》《当代西方马克思主义》《交锋地带》《西方左派图绘》《后现代性的起源》《思想的谱系——西方思潮左与右》。除了上述《交锋地带》与《思想的谱系——西方思潮左与右》本身就属于论文结集

---

① ［美］丹尼斯·德沃金：《文化马克思主义在战后英国——历史学、新左派和文化研究的起源》，李凤丹译，185页，北京，人民出版社，2008。

② ［英］迈克尔·肯尼：《第一代英国新左派》，李永新、陈剑译，184页，南京，江苏人民出版社，2010。

以外，这里再以安德森原文发表时间对安德森论文的中译进行排序：《文明及其内涵》《新自由主义的历史和教训》《三种新的全球化国际关系理论》《内部人》《当代世界形势》《霸权之后——当代世界的权力结构》《卢拉的巴西》《论 2011 年阿拉伯地区政治动荡》。我们认为，国内学界对于佩里·安德森著作与论文的翻译情况是比较理想的，其中《西方马克思主义探讨》《从古代到封建主义的过渡》《绝对主义国家的系谱》《当代西方马克思主义》的翻译可谓精良，为国内的安德森研究奠定了坚实的文献基础，而且我们也能够看到，国内对于安德森的研究正是以中译本为基础展开的。美中不足之处在于安德森的一些关键性文本尚未得到译介，比如《当前危机的起源》和《国民文化的构成》，但这一状况会随着翻译与研究的共同推进得到解决。

四、未来研究的可能走向

在把握安德森国内外研究状况后，后续研究的可能走向也得以展现，也就是在目前研究成果基础上，未来需要解决的理论问题。我们看到，就国外研究而言，对于晚期安德森思想进行的研究寥寥无几，仅有的文献主要以《更新》引发的评论为代表，这些文献主要是表明左派立场，态度远远大于内容，对于这些文献作者的立场与情怀，我们必须给予高度赞扬，但他们并没有把握安德森一贯的、坚定的、从未退却的社会主义立场，也没有理解其在新的具体历史条件下所做出的斗争策略调整。因此，国外学界关于晚期安德森的研究可以说是一个空白。就方法论层面而言，仅有一篇文献达到了历史与逻辑相统一的自觉，但是也未能把握安德森贯穿始终的坚定社会主义立场与具体策略的层次差异，不能理解安德森的后退是战略性撤退，不能理解具体策略与根本战略的本质区别。其他在方法论层面尚未达到历史与逻辑相统一的文献，为后续研究在细节方面提供了必要知识，但对于总体性把握安德森思想而言价值相对有限。因此，国外对安德森的方法论与晚期思想的研究存在比较大的理论增长空间。

国内的安德森研究基本上集中于安德森 1983 年以前的思想，除了以《后现代性的起源》和《更新》为研究对象的几篇文献之外，对安德森 1983 年以后的思想几乎没有涉及。就历史与逻辑相统一的方法论自觉而言，按照历史性线索将安德森的全部文献进行梳理，结合每一时期的具体历史语境与安德森所研究的问题本身的特殊性来展现安德森思想变迁的内在逻辑是一个重要的理论增长点。比如《后现代性的起源》虽然是专著，但是其逻辑位置从属于论文《迈克尔·曼恩的权力社会学》，因为前者是后者所确立的总体权力范式的具体展现，即《迈克尔·曼恩的权力社会学》统摄了《后现代性的起源》中的观点：后现代性的本质是以资本主义为世界中心的退场和世界性的真实开端，而后现代性的要义在于西方国家成为后现代性世界体系的组成部分，以资本主义文明为核心的现代性遭遇了后发民族国家对于政治、军事、文化所构成的总体权力关系的世界性挑战。

对于安德森思想的总体性把握也是一个重要的理论增长点，这一问题会随着翻译与研究的共同推进而得到解决，比如，虽然从篇幅上来讲《从古代到封建主义的过渡》与《绝对主义国家的系谱》确实是安德森的主要著作，但是这两本著作与篇幅小得多的《西方马克思主义探讨》具有相同的地位，因为安德森在《国民文化的构成》这一文化改造的大纲中明确说过，引入西方马克思主义与改造英国历史学都是为了改造英国国民文化构成，上述著作是实施《国民文化的构成》中阐述的战略的具体行动，因此其逻辑地位都处于《国民文化的构成》之下。关于安德森学术形象的建构是一个新的研究空间，比如，目前将安德森视为历史学家或者西方马克思主义研究者的定位都是似是而非的。虽然安德森在这些领域确实取得了令人仰慕的成就，但是安德森研究历史与马克思主义，其目的并不在于理清思想，而在于改造英国学界，从而构建以英国知识分子为领导的英国社会主义文化霸权，因此，安德森首先是一位社会主义行动者，其次才是在诸多领域颇有建树的理论家。

揭示安德森社会主义思想的内在演进逻辑，是未来研究中一个最为复杂的课题。第一，需要梳理安德森确立文化霸权范式与建构英国社会主义领导力量的过程，主要包括安德森在这一阶段自觉运用文化霸权研究范式，以阶级结构变迁为视角对英国危机的起源做出了深刻分析，指明了英国社会主义的文化霸权道路，并先后将希望寄托于英国工党与经过改造的英国知识界。第二，需要阐明安德森如何进行文化霸权范式反思与范式转换尝试，主要包括安德森在 1979 年英国新左派运动开始分化乃至大势已去的历史语境中，整合新左派理论分歧、探究主体与结构的关系问题，同时强调文化领域建构霸权与物质分配领域的价值，以及以回顾多伊彻为契机展现出坚定的社会主义信念。第三，需要解读安德森怎样构建总体权力范式，主要包括安德森将文化霸权下降为总体权力范式的一个环节，认为经济、意识形态、政治、军事都是权力关系的来源，将民族国家指认为社会主义的基本单元，并以总体权力范式对民族国家进行分析。第四，需要分析安德森在苏联解体、东欧剧变后如何论证社会主义的现实可能性，主要包括安德森指出作为福山思想来源的黑格尔与科耶夫并没有提出历史终结论，论证了苏联解体、东欧剧变并不意味着历史的终结，证明了民族国家是社会主义实现的新历史条件，再次指认了资本主义的无解矛盾，阐明了作为社会主义指导思想的马克思主义的当代意义。第五，需要阐述安德森如何论述后现代性下的资本主义危机与社会主义可能性，主要包括安德森论证了新自由主义的式微是资本主义危机的表征，指出后现代性是资本主义世界性危机的开端，非西方世界的崛起构成了社会主义运动的新历史条件，提出了社会主义超越资本主义的指导纲领。

五、研究任务

本书在国内外学界已有研究成果的基础上，结合每一历史时期的具体语境与安德森不同时期所研究问题本身的特殊性，展现了安德森思想变迁的内在逻辑，揭示出将安德森复杂思想成果整合成多层次理论体系的统摄性结构。基于对安德森思想范式转换的把握，本书将安德森的思想划分为早期与晚期。安德森从早期到晚期的理论与行动范式的转换，一方面是范式自身走向深化的过程，另一方面是基于社会主义运动中具体历史社会条件的变化所做出的调整。

安德森思想中包含诸多重大理论问题研究，本书的研究任务同样在于将其向纵深推进：将汤普森与安德森的理论论争研究，推进到经验主义方法论与文化霸权方法论对立的新深度；将安德森的历史观问题研究，推进到超越历史学意义历史观之上的哲学意义历史观这一新深度；将安德森的后现代判断问题，推进到资本主义作为世界中心的退场和世界性的真正开端的新深度，等等。因为社会主义立场在安德森思想中具有最深层次的规定性意义，所以我们必须严格区分安德森不变的立场与具体社会历史条件下的策略调整。早期安德森的这一立场是显而易见的，而晚期安德森处于 1979 年以后英国新左派运动终结与社会主义形势不容乐观的局势中，对其立场的揭示是困难的，因此揭示这一立场构成了本书的根本任务。

本书的主要研究任务在于揭示安德森晚期的思想与行动范式。晚期思想范式又是由早期范式转换生成的，而国内外研究尚未将安德森早期的思想与行动范式揭示出来，因此对其的揭示又构成了本书的第一个具体研究任务。把握安德森思想与行动范式的来源与确立过程，把握他在这样的范式下如何研究其所处的社会历史条件，把握他在社会历史条件基础上的具体行动，而在社会历史条件变化之后，安德森又如何在新范式的指导下完成具体策略的调整，从而寻找更切实的通向社会主义的道路，则是本书第一个具体研究任务的主要内容。

本书第一章"文化霸权范式的确立与英国社会主义领导力量的建构"，即早期安德森思想研究（1964—1978 年）就是为了完成本书第一个具体研究任务。首先，揭示安德森在这一阶段不仅自觉运用文化霸权研究范式，而且以阶级结构变迁为视角对英国危机的起源做出了深刻判断，同时还指明了英国社会主义的文化霸权道路；其次，阐明安德森在确立了上述文化霸权范式之后，迅速在英国左派政治团体中确定了英国工党是最有可能实现其文化霸权战略的领导力量，并对英国工党公开表达了建构文化霸权政党的期望；最后，叙述安德森将构建英国社会主义文化霸权领导力量的历史使命寄托于经过改造的英国知识界。

在揭示了安德森的第一个思想与行动范式之后，分析安德森在面临英国保守党的获胜与连任、苏联解体、东欧剧变、资本主义在全球范围内暂时胜利、社会主义运动遭到重大挫折的形势时，原来的范式是否发生变化，这种变化的具体表现是什么，这种变化是否在本质意义上构成了新的范式，是本书的主要研究任务。阐明这种新范式生成的具体历史语境是什么，新范式与原有范式的关系如何，第一个范式在新生成范式中的逻辑地位如何，新范式的建构过程是什么，在这种范式下文本之间的关系是什么，新范式的构成内容以及构成要素之间的关系如何，安德森如何在新范式的指导下完成对其所处的社会历史条件的研究，对变化了的社会历史的研究结果是什么，如他对苏联解体、东欧剧变等重大历史问题给出了何种见解，面对大行其道的自由主义给出何种批判，在这种研究的基础上如何论证社会主义的必然性，以及在新范式下通向社会主义的指导纲领是什么，则是本书主要研究任务的具体内容。本书的第二章至第五章就是为了解决上述问题。

对安德森晚期思想第一个阶段（1979—1984 年）的研究构成了本书第二章的主要内容，该章主要阐述了安德森反思文化霸权范式与尝试范式转换的进程。首先，在 1979 年英国资本主义社会重新趋于稳定与英国新左派运动开始分化、瓦解的历史语境下，安德森在对新左派内部的理论分歧进行回顾的过程中，融合了第一代英国新左派的观点，这构成了其文化霸权范式松动的证据，而他回顾西方马克思主义的总体进程，并对主体与结构关系问题进行探究，这构成了其对文化霸权范式根基的反思。其次，在英国保守党在撒切尔夫人的领导下再次赢得大选与英国新左派大势已去的背景下，安德森在反思文化领域霸权的同时，强调物质分配领域的重要意义，并同时运用原有文化范式中的物质分配以及范式升级尝试中的物质分配两个维度来考察作为伯曼所论述的现代性核心的个人，这构成了其范式转换的尝试。最后，通过介绍安德森对艾萨克·多伊彻为人与理论的回顾，揭示安德森在社会主义革命现实道路暂遇困顿的形势下坚定的社会主义信念。

对于安德森晚期思想第二阶段（1988—1991 年）的研究构成了本书第三章的主要内容。该章主要论述了安德森总体权力范式的确立过程。首先，安德森在长达四年之久的沉默后，思想发生了质性飞跃，文化霸权不是在经验主义层面上被全面抛弃，而是在哲学意义上通过下降为总体权力范式的一个环节而获得意义。其次，安德森基本认同迈克尔·曼恩提出的以权力关系为核心的分析框架，他通过对曼恩关于权力来源即经济、意识形态、政治、军事的认同与批判，展现出自身关于权力来源和构成的观念，最终指出作为总体权力主体的民族国家，这标志着安德森总体权力范式的初步确立。再次，揭示安德森在总体权力格局下对政治权力的理解。最后，在 1989 年东欧各个社会主义国家的政治经济制度发生根本性改变，以及两大敌对阵营消解的历史语境之中，安德森认为民族国家是实现社会主义的基本单元，同时也是世界范围内四种权力来源的主体，与此同时，以总体权力范式对民族国家的成功分析，标志着总体权力范式的最终确立。

对于安德森晚期思想第三阶段（1992—1993 年）的研究构成了本书第四章的具体内容。该章主要论述安德森在苏联解体、东欧剧变之后关于社会主义现实可能性的论证。首先，安德森通过对福山的批判，回顾历史终结问题被广泛讨论的历程，并且指出作为福山历史终结论来源的黑格尔与科耶夫并没有提出历史终结论，最终进入对福山历史终结理论本身的批判，从而论证了苏联解体、东欧剧变后资本主义的暂时胜利并非历史的终结。其次，阐明在苏联解体、东欧剧变之后安德森在总体权力范式下关于社会主义现实可能性的论证，即作为社会主义革命新条件的民族国家、资本主义内部无解矛盾的再确认、社会主义运动的世界性走向。最后，论述安德森关于马克思主义当代价值的真实意蕴的探讨与马克思主义在当代应用的分析以及对马克思主义的当代应用的准确价值评估，从而揭示其如何论证作为社会主义指导思想的马克思主义的当代价值。

对于安德森晚期思想第四阶段（1995—1999 年）的研究构成了本书第五章的具体内容。该章主要论述了安德森对于作为资本主义危机与社会主义的现实可能的后现代性的论证过程。首先，安德森认为新自由主义的失败验证了历史尚未终结、新的民族国家崛起打破旧世界格局的可能性、资本主义社会本身具有无法解决的内部矛盾，论证了新自由主义的式微是资本主义危机的表征。其次，更为重要的是，阐述安德森关于后现代性构成了资本主义的世界性危机的观点，即非西方世界的崛起塑造了世界的新格局，同时也构成了实现社会主义的新条件。最后，叙述安德森关于后现代性作为社会主义新历史条件与内涵的观点，以及社会主义超越资本主义的指导纲领的理论，最终揭示其社会主义必然超越资本主义的思想。

| 文化霸权范式的确立与英国
社会主义领导力量的建构

　　思想家理论成熟的时刻是其精神历程最为耀眼的
节点，曾经杂乱无序的思想片段在这一刻因被一个范
式统合成一种理论体系而各归其位。对于安德森来
说，这一关键时刻的标志就是 1964 年发表的《当前危
机的起源》一文。在这篇文献中，安德森不仅自觉运
用文化霸权研究范式，而且以阶级结构变迁为视角对
英国危机的起源做出了深刻判断，同时还指明了英国
社会主义的文化霸权道路，因此，《当前危机的起源》
标志着安德森理论的成熟。安德森在确立文化霸权范
式之后，确定了英国工党是英国左派团体中最有可能
实现其文化霸权战略的领导力量，并在同年发表的
《威尔逊主义批判》一文中表达了这一期望。英国工党
并未采纳安德森提出的构建社会主义文化霸权的构

想，而是选择了平庸的议会斗争道路。安德森对此深感失望，于是在
1965 年写作《50 年代的左派》和《社会主义的战略问题》，总结了英国
左派的历史经验，进一步阐明英国工党建构英国社会主义文化霸权的
战略必要性。然而，之后英国工党在政治、经济和意识形态方面的作
为都使得安德森的期望化为泡影。安德森于 1967 年发表《工会行动的
限制与可能性》，标志着他对英国工党的态度由批判性支持转向放弃。
此后，通过对德布雷理论的借鉴、对葛兰西方法论的反思和对五月风
暴事件的总结，安德森完成了将社会主义文化霸权领导力量转向英国
知识界的相关理论准备。1968 年，安德森发表《国民文化的构成》，认
为英国知识界的保守主义文化核心导致其缺乏历史社会总体性视野，
因此只有引进西方马克思主义，并以马克思主义史观对英国知识分子
进行改造，才能使他们肩负起领导社会主义文化霸权这一历史使命。

一、文化霸权范式的确立

《当前危机的起源》是安德森早期最重要的文本，对其进行专门解
读在国内国际学界仍是一个空白。在《当前危机的起源》中，安德森自
觉运用文化霸权范式，立体展示了英国历史与阶级结构的变迁历程，
解答了英国当前社会危机的根源问题。英国资产阶级本质上是资本化
了的贵族，他们与旧贵族在政治制度、经济制度和意识形态几方面都
堪称同谋。同谋的统治集团通过一系列议会安排、教育机构改革和社
会交往模式的倡导，使得工人阶级认同统治集团，这一切是缺乏完整

阶级意识的无产阶级所无法透视的。经典马克思主义和卢卡奇阶级意识理论以及对安德森影响最为深刻的葛兰西文化霸权理论为这一思想提供了理论支撑。

（一）

20世纪70年代初，"英国社会正处于深刻、普遍的危机之中，但表面看起来似乎风平浪静"①，而对于危机成因的研究却一直没有取得重大进展。安德森在《当前危机的起源》中指出，这是因为现有研究成果存在两个问题，一是停留在当下，缺乏纵深视野的历史性研究维度，二是英国历史学过分注重经验主义研究，缺乏社会结构维度。针对第一个问题，安德森举出的代表性研究成果是安东尼·克罗斯兰关注技术性问题的作品《保守主义的敌人》和雷蒙·威廉斯关注文化问题的作品《文化与社会》和《漫长的革命》。安德森对此评论道："它们都没有历史性维度。"②既然安德森认为当前研究缺乏历史性维度，那么他对英国本土历史学又如何评价呢？安德森认为，一方面，英国传统的历史学由于过分注重经验主义、排斥社会学理论而导致深度把握问题的能力不足；另一方面，拥有社会学维度的"英国马克思主义历史学家的成熟作品现在才开始出现，而且迄今为止，他们所关注的几乎都是大英帝国的辉煌时期，17世纪、18世纪的大部分以及19世纪早期和20世纪的历史尚未

---

① Perry Anderson, "Origins of the Present Crisis", in *New Left Review* I/23, January-February 1964.

② *Ibid.*

得到探索"①。据此，安德森认为，以历史性和社会结构的双重维度来考察当时英国社会表面上风平浪静实则危机重重的状况是唯一可行的有效方法。

在此方法的考察下，17 世纪以来英国社会客观进程中最为重要的阶级结构变迁得到了充分的展现，而阶级结构变迁正是当前危机产生的深刻根源。安德森在明确了历史性与阶级结构方法之后，运用这一方法对 17 世纪以来的英国社会状况进行了研究，这构成了《当前危机的起源》中的"历史与阶级结构：轨迹"部分。其中，安德森先是对现当代英国历史社会中的资本主义霸权进行了阐述，"相比世界其他任何地方，资本主义霸权在英国的地位一直是最强大、最持存和最长久的"②。造成这一状况的原因是多方面的，首先，英国所经历的资产阶级革命是最不纯粹的；其次，无产阶级诞生于英国的第一次工业革命，但在这一时期，世界上任何地方都没有产生可供无产阶级利用的社会主义理论，与此同时，旧贵族开始使新兴的工业资产阶级贵族化，英国的无产阶级可谓是社会主义革命的早产儿；再次，到了 19 世纪末，大英帝国已经成为历史上规模最大的帝国，其广袤程度远远超过了所有的竞争对手，而这又对英国社会产生了反作用，即维持了其传统统治结构；最后，在主要欧洲国家中，"英国是唯一一个社会结构没有被两次世界大战冲击的国家"③。

从上层建筑角度来看，"17 世纪英国革命不彻底，它只改变了英国社

---

① Perry Anderson, "Origins of the Present Crisis", *New Left Review* I/23, January-February 1964.

② *Ibid.*

③ *Ibid.*

会的经济基础，而没有改变它的上层建筑，结果依旧是土地贵族在统治英国"①。在安德森看来，资产阶级和贵族分离，两者彼此全面对抗，不过是一种理想的理论模型，实际历史进程远远超过理论模型的复杂程度，两者往往是由不同倾向的利益集团组成，彼此纠缠在一起，犬牙交错。具体到英国的资产阶级革命而言，其绝非一般人所认为的那样，是逐渐上升的资产阶级革没落贵族的命，而是旧统治阶级的内部分裂与冲突，即倚重商业投资的贵族和倚重土地的传统贵族之间矛盾的公开化。英国资产阶级的本质是资本化了的贵族，他们与传统贵族的关系绝非单一的对抗，而是剪不断理还乱的纠缠混合，因此更容易就政治制度、经济制度和意识形态达成一致，旧贵族和旧贵族中分离出的新型贵族以及非贵族身份的商人银行家，共同组成了以贵族化为特点的统治集团，原有的政治结构并未被破坏，反而由于新的统治集团可以调动更多社会资源而得到进一步巩固。

从英国社会危机角度来看，早期资本主义国家容易因国内市场投资过剩和市场容量有限而引发社会危机，但是由于英国的海外扩张，日不落帝国建立了庞大的海外市场，使得这一问题消弭于无形。英国海外扩张的巨大成功促使贵族集团统治的合法性大大增强，因此政治反对派就被扼杀在萌芽之中。由于英国在国际上如日中天的地位，从本国国内角度看，"贵族统治集团将自身的特点与精神气质转化为全社会认同和效仿的精神准则，但其反应并不局限于此。帝国符号和象征的一般国际化确凿无疑地发生了"②。

---

① 张亮：《阶级、文化与民族传统——爱德华·P. 汤普森的历史唯物主义研究》，134 页，南京，江苏人民出版社，2008。

② Perry Anderson, "Origins of the Present Crisis", in *New Left Review* I/23, January-February 1964.

海外帝国与英国本土的社会结构和政治统治形成了有效的互动。

从无产阶级的角度来看，除上述由于大英帝国的建立将一部分过剩的和不稳定的劳动力转移到国外，分化了工人阶级之外，在安德森看来，同谋的统治集团通过一系列的议会安排、教育机构改革和社会交往模式的倡导，使得工人阶级渐渐认同了统治集团并且向往其生活方式。统治集团创造了使得工人成为上层社会一员的微弱机会并在宣传中将其夸大，使得工人阶级的斗争意志在合法进入上层社会的幻想中消磨殆尽。对于执意反抗的工人运动，如卢德运动等，英国统治集团则毫不留情地给予了严厉的打击镇压。更为重要的是，工人阶级的领导集团缺乏战略眼光与政治谋略，未能有效团结工人阶级反抗统治集团的威逼利诱，工人运动成果寥寥，最终在由强大的贵族集团所控制的社会结构中无所作为，等到马克思主义诞生并传播到英国时，社会主义革命的大好时机已经丧失。这一切使得在工业革命中诞生的英国工人阶级虽然人数众多，并自发为了争取自身权益而斗争，但在敌强我弱的形势下，日益沦为穷困潦倒、受尽折磨的社会底层。

在安德森看来，第二次世界大战使得欧洲社会发生大动荡，本可以成为英国工人运动的第二次契机，但英国工党的建立、工资的普遍提升、选举权的普及，使得英国成为主要欧洲国家中唯一一个社会结构没有被第二次世界大战冲击的国家。具体而言，英国工党的实力大增，日益成为英国工人阶级的代言人，从而使潜在的激进反对派纳入温和的议会道路中，保障了英国社会结构的稳定。虽然英国工党主导了战后英国福利国家的建立，社会分配制度发生了重大的变化，原有社会结构出现松动，工人阶级的社会主义革命再次成为可能，但随着保守党势力重新执政，这一可能性再度消失，英国社会恢复了旧有的社会政治结构。此后，工党为了重新上台，其代表工人阶级利益建构社会主义的性质发生了巨大变化，安德森指出，"工党只是一个名称的指定，而不是一个理想社会的认定，像所有其他人一样，仅仅是一个利益的存在"①。由此，安德森初步论证了英国工人阶级的阶级革命意识从未真正建立，因而无法有效完成英国社会主义革命。

（二）

我们发现，英国无产阶级已被英国统治集团成功收编，安德森因此论证了英国无产阶级的阶级意识为何无法建立。在《当前危机的起源》的第二部分，安德森以阶级分析范式为基础并借助安东尼奥·葛兰西的霸权理论，将对英国社会历史的解剖深入到阶级意识与霸权这一内核。安德森先是提出了对于英国当前社会的判断："英国当今社会的权力结构是一个非常有弹性且无所不包的霸权秩序。"②安德森回顾思想史，认为"葛兰西将霸权定义为一个社会集团支配另一个社会集团，这种支配并非简单地以武力或财富为手段，而是通过一种社会权威，这种社会权威的最终批准与制裁都表达了一种深刻的文化霸权"③。霸权阶级在全部社会意识、性格和观念中都具有首要的决定作用。霸权的统治不受挑战是一个相对罕见的历史现象。然而，这种罕见的现象却真实地存在着，英国的

---

① Perry Anderson，"Origins of the Present Crisis"，in *New Left Review* I/23，January-February 1964.

② *Ibid.*

③ *Ibid.*

统治阶级无与伦比的漫长统治就是这方面的突出典型。英国这种看似荒谬离奇但却现实存在的霸权形式有四种：社会关系、意识形态、领导和反抗。由于霸权秩序就是英国社会的秩序，理解了霸权的四种形式，也就理解了整个英国社会，与此同时也就解释了英国无产阶级的阶级意识问题。

　　安德森认为，社会关系不仅仅是一种经济收入的划分，同时也是一种观念的等级结构，这种观念的实质是将贵族统治集团包装成富有教养、值得尊重的阶层，与之相对应的民众则因此成为"他者"，这一观念的实施是通过四个方面的手段完成的。首先，在礼仪、饮食、语言、仪表和娱乐项目等领域中制造出隔离，从而使统治集团自我神秘化。其次，营造出鄙视商业的文化氛围，从而为传统贵族与资本贵族的合谋打下基础。再次，在社会观念领域维护"传统主义"，完成对统治合法性的论证。最后，在学术领域倡导"经验主义"，将真实的社会结构重重包裹，难以为人察觉，因而经验主义不可能探究社会的权力结构本质，只能沦为一种散漫的、零碎的表现描述，从而将反抗扼杀在萌芽之中。

　　我们认为，在安德森看来，社会观念、社会文化乃至意识形态绝不是被决定的，而是与生产互动并相互决定的。经济生产的过程是在一定的阶级结构中形成的，而一定的阶级结构是由各阶级的经济地位和意识形态的领导霸权所共同构建的，因而意识形态的作用绝非斯大林主义所指认的反映与反作用，而是其本身就是社会系统的一个至关重要的方面，与经济生产以及阶级结构存在互为前提。取消社会系统中的意识形态方面，社会秩序与经济生产就将无法维系与进行，最终将陷入无序混乱的状态，意识形态的领导是物质生产与再生产和阶级结构存在的前提。由此，我们看到在安德森的理论中，获得政治权力的根本途径在于掌握意识形态的领导权。

安德森对现存秩序的反抗和对夺取社会秩序领导权的强调，显然继承了葛兰西的霸权理论，认为政治社会和市民社会的分离只是一种理论探讨，真实的社会存在是双方犬牙交错难解难分的，政治斗争与技术变革、经济生产共同构成了社会历史进步的关键步骤。争夺领导权的前提是对现存意识形态塑造的社会秩序的反抗，而这一反抗的前提是无产阶级意识到自己被霸权所统治。资产阶级是能够意识到这一点的，"英国的资产阶级也在一度试图完善一种名为功利主义的意识形态，去取代原有的意识形态。然而功利主义遭到了拒斥，从来没有实现真正的霸权地位"①。英国的资产阶级最终放弃反抗并融入贵族统治集团构建的意识形态。那么无产阶级的反抗状况如何呢？安德森认为，在强大的贵族集团的意识形态统摄下，英国工人阶级建立完整阶级意识的道路被切断，从而无法把握纷繁现象背后社会历史的权力关系。安德森对此有一个著名的评论，"在英国，一个缺乏主心骨的资产阶级产生出了一个附属品性质的无产阶级"②。

（三）

根据上面的分析，写作《当前危机的起源》的安德森已经形成了成熟的透视社会历史的研究范式与实现英国社会主义的行动范式，而考察其范式的思想史来源可以在更大的理论史图景中反观安德森思想本身的架

---

① Perry Anderson, "Origins of the Present Crisis", in *New Left Review* I/23, January-February 1964.

② *Ibid.*

构，其阶级斗争分析模式就是对经典马克思主义的直接继承与发展。生产资料的占有关系与分配方式是马克思主义划分阶级的主要依据。恩格斯指出，"在每个历史地出现的社会中，产品分配以及和它相伴随的社会之划分为阶级或等级，是由生产什么、怎样生产以及怎样交换产品来决定的"①。就资本主义社会这一具体的历史阶段而言，经典马克思主义认为必须准确把握不同社会成员在以资本为中心的社会中的地位。安德森在分析英国历史的过程中，自觉以马克思主义的阶级理论作为方法论之一，特别明确了资本化贵族与工人阶级的出现以及由此构成的新兴社会关系。这些资本化贵族与旧贵族有千丝万缕的联系，甚至直接由旧贵族转化而来，而脱胎于农民或者旧手工业者的工人阶级也与旧的农业社会有着纷繁复杂的联系。然而，安德森将这些在社会关系上似乎难以分析清楚是贵族还是资产阶级、难以辨别是农民阶级还是工人阶级的群体明确划分为资产阶级与工人阶级。安德森的理论来源就是上述的经典马克思主义理论，即确定一个人身份的依据是其在社会生产分工中的地位。安德森所分析的历史阶段是英国工业革命时期，当时社会生产方式发生了巨大的变化，在这样的新型生产方式下，在生产资料的占有和分配方式方面地位不同的人自然属于不同的阶级。

安德森在确立其方法论的《当前危机的起源》中直接挪用了卢卡奇经典著作的书名"历史与阶级意识"，将其作为一段的标题，而且也承认自己的思想来源"受到了卢卡奇和葛兰西的决定性影响"②。卢卡奇认为，

---

① 《马克思恩格斯选集》第 3 卷，617 页，北京，人民出版社，1995。

② Perry Anderson, "Socialism and Pseudo-Empiricism", in *New Left Review* I/23, January-February 1966.

除了无产阶级的阶级意识之外，任何其他的阶级由于受到自身阶级利益的束缚都不能把握社会历史的本质：

> 因为如果从特定的阶级地位这样一个立场出发，竟全然不能觉察现实社会总体的话，因为如果连对自身的利益所作的归因于这些利益的深刻思考也没有涉及这个社会的总体的话，那末一个这样的阶级就只能起被统治的作用，就决不能影响历史的进程，无论是维持这一进程，还是推动这一进程。①

从本质上讲卢卡奇的无产阶级阶级意识与总体性理论是具有深刻的同一性的，两者的本质都在于超越局部的当下的认识，达到对全体社会以及未来社会的洞察，"将意识与社会整体联系起来，就能认识人们在特定生活状况中，可能具有的那些思想、感情等等；如果对这种状况以及从中产生的各种利益能够联系到它们对直接行动以及整个社会结构的影响予以完全把握，就能认识与客观状况相符的思想与感情等等"②。在卢卡奇看来，无产阶级阶级意识显然是具备这种深邃洞察力的。

这种深刻洞察社会历史的视角直接影响了安德森。安德森认为，英国资产阶级和无产阶级的革命性弱，其原因恰恰在于他们在历史过程中认可了统治集团的观念，从而使自身的阶级意识被融合或消亡，英国无产阶级的阶级意识被深刻物化。虽然资本主义将社会从宗教关系和封建

---

① [匈]卢卡奇：《历史与阶级意识》，杜章智、任立、燕宏远译，106 页，北京，商务印书馆，1996。

② 同上书，104 页。

等级关系以及血缘关系的迷雾中解放出来，使得社会阶级结构更为直接地呈现出来，然而，英国资产阶级的阶级意识却依然无法摆脱物化达到总体性的深刻，这是因为资产阶级的阶级利益并不代表全社会的利益，英国资产阶级的阶级利益与英国资产阶级的阶级意识之间存在着不可调和的矛盾，为了维护自身的阶级利益，统治阶级必然试图掩盖其剥削本质。与之相对，不解放全人类就无法完成自我解放的英国无产阶级超越了自身阶级的利益并且代表了英国社会的利益，当英国无产阶级深刻意识到自身所处的地位时也就具备了认识全部英国社会的洞察力，当英国的无产阶级深刻认识到统治阶级的阶级意识时也就意识到了自身的物化生存状态和自身阶级的物化阶级意识，从而为消除自身以及英国社会的物化确立了前提，由此，英国的无产阶级可以肩负起完成英国的社会主义变革这一历史使命。

然而，尽管英国的无产阶级具备这样的优秀品格，但是由于统治集团的重重阻挠，其革命的现实性仍困难重重。"这就是被称为'无产阶级的阶级性'的概念，与此相反，它的反面就是无产阶级存在的社会秩序对其历史的全盘否定和对其阶级地位的绝对压制。"[1]英国的统治阶级通过一系列手段完成了上述"工人阶级的阶级意识丰满性被全面束缚"[2]的过程。英国的统治集团掩盖了社会的真实秩序，使得无产阶级无法将其转化为无产阶级的阶级意识，部分认识到此现状的工人由于势单力薄，也无法将他们的深刻认识转化为自身所属的工人阶级的阶级意识，所以

---

　①　Perry Anderson，"Origins of the Present Crisis"，in *New Left Review* I/23，January-February 1964.

　②　*Ibid*.

英国的工人阶级处于深度分裂之中，无法形成统一的、把握真相的阶级意识并完成社会主义革命。安德森悲观地发现，目前英国的无产阶级已经几乎被彻底物化，不能够在主体与客体的同一性上完成自我意识的扬弃，革命的潜力被压抑。面对这样的困境，英国社会主义的道路究竟该去向何方，安德森对此在《当前危机的起源》的最后部分给出了答案，"目前的危机是全社会的危机，但是经济和上层建筑并没有出现突然崩溃，而是一种缓慢的病与熵"①。这种虽然不算剧烈但却缓慢持久的危机为无产阶级提供了宝贵的机遇，但根据上文的分析，无产阶级无法独立完成自身阶级意识的构建，安德森认为，只要英国工党接受改造就能够领导工人阶级把握住这一历史机遇并完成自身阶级意识的建构，获得卢卡奇所指认的总体性视野。

虽然，在《当前危机的起源》中"葛兰西只提到了一次"②，但是在1966年发表的《社会主义和伪经验主义》中，安德森为自己在《当前危机的起源》中运用外来的西方马克思主义考察英国本土历史与社会的方法进行了阐述，进一步表明了其研究方法的思想来源，"这种民族性参照系源自萨特、卢卡奇，不过最重要的源头还是葛兰西"③。布莱克里奇认为，"因为《共产主义者与和平》《理性的毁灭》和《狱中札记》都试图去分析本国社会形态的特质，并希望以此来支持更加可行的国内社会主义政治，所以，一旦成为《新左派评论》的掌门人，安德森的直接目标就是

---

①　Perry Anderson, "Origins of the Present Crisis", *New Left Review* I/23, January-February 1964.

②　张亮：《英国新左派思想家》，296页，南京，江苏人民出版社，2010。

③　Perry Anderson, *English Question*, London：Verso, 1992, p. 5.

模仿这种榜样"①。早在《大学与左派评论》和《新理性者》合并之际，"安德森和自己的伙伴们一起深入学习和探讨了葛兰西的学说，其成果就是形成了所谓的奈仁/安德森提纲"②。该提纲的核心观念在《西方马克思主义探讨》中得到了较为系统的表述："在西方，资本通过这种多层的默契结构对劳工所施加的灵活而强有力的领导权，代表了一种比社会主义运动在俄国所遭遇到的远远难以克服的障碍。为了对这种政治秩序作斗争，必须作长期艰苦的阵地战。"③

在葛兰西看来，霸权是一个集团在政治、道德和精神上对其他集团的领导权，霸权的形式有强制和潜移默化的教化两种，经济决定论的局限在于无视意识形态的重要性，并将方法论和社会历史本身混为一谈，"以政治社会和市民社会两者的区分为基础——这原本只是方法论的区分，可现在却俨然作为一种有机体的区分被提了出来"④。安德森认为，对于英国的现状与历史，教条的斯大林主义经济决定论的解释力度是极其有限的，按照经济决定论，最早发生生产力巨大变革的英国必然发生最激烈的社会主义革命，但事实却恰恰相反，在欧洲风起云涌的革命浪潮中，英国始终是发达资本主义国家中社会秩序最为稳定的国家，如果葛兰西的霸权理论不在场，那么这一状况就无法得到有效解释，英国社

---

① 张亮：《英国新左派思想家》，297 页，南京，江苏人民出版，2010。

② 张亮：《从激进乐观主义到现实主义——佩里·安德森与〈新左派评论〉杂志的理论退却》，载《马克思主义研究》，2003 年第 2 期。

③ ［英］佩里·安德森：《西方马克思主义探讨》，高铦、文贯中、魏章玲译，89 页，北京，人民出版社，1981。

④ ［意］安东尼奥·葛兰西：《现代君主论》，陈越译，55 页，上海，上海世纪出版集团，2006。

会主义的革命前景也无法预测。

正是借助以阶级分析为基础的葛兰西霸权理论，安德森才能够把握阶级意识与霸权这一英国社会历史的内核。他对英国当时社会权力结构是一个有弹性且无所不包的霸权秩序这一深刻的总体判断，就是在文化霸权范式的分析下做出的。英国诞生了最早的资产阶级却没有发生实质意义上的资产阶级革命的原因，英国出现了最早的工人阶级而工人阶级始终不具备革命的阶级意识的原因，全部社会意识、性格和观念的状况，正是在文化霸权理论范式下，才得到了清晰的展现。旧贵族如何将自己的阶级利益重重包裹，炮制出收编无产阶级意识的所谓社会共识，即在其意识形态的生产与再生产过程中整合其他阶级，并建构社会秩序的过程，在葛兰西文化霸权理论确立的范式分析下得到了详尽的阐述。英国霸权的特殊性在于其基本没有受到过挑战，在这种成功的文化霸权形态下，英国的统治阶级实现了无与伦比的漫长统治，从霸权这一自上而下的分析视角，安德森详尽分析了当时英国社会中存在的四种霸权形式。[1]

根据上文的分析，安德森认为英国的社会关系表现为经济收入的区分和观念的等级结构，后者在英国表现为统治集团通过上文所阐述的四个方面将贵族、封建地主阶级打扮成值得其他社会阶级尊重的集团。我们看到，安德森对社会秩序或社会结构的论述，是社会成员的经济地位与在霸权统治下的文化观念的混合体。因此，经济决定论在此是几乎无能为力的，必须将社会历史理解为一种文化、政治、经济综合互动的过程，而安

---

[1] Perry Anderson, "Origins of the Present Crisis", in *New Left Review* I/23, January-February 1964.

德森显然更多是从政治尤其是葛兰西文化霸权的角度来理解历史社会本质的。取消意识形态，社会就将陷入无序混乱状态，如果这一霸权理论成立，那么社会观念、社会文化乃至意识形态就不是被动性的因素也不是所谓具有一定能动性的社会要素，而是与生产并列的要素。于是，获得政治权力的根本途径在于获得社会观念的领导权，就成为文化霸权范式的必然结论。

二、将英国工党建构为文化霸权政党

在实现英国社会主义的过程中，将英国工党改造为社会主义文化霸权政党是英国第二代新左派的一次关键历史选择，也是安德森的一次重大政治决断，因而构成了其思想演进过程中的一个重要节点，而目前国际国内学界尚未对此进行研究。以历史与逻辑相统一的方法考察这一事件就会发现，安德森选择英国工党作为英国社会主义文化霸权执行者的政治审慎性，以及支持英国工党在市民社会中展开文化领导权阵地战的策略合理性。英国工党选取平庸的议会斗争道路，促使安德森回顾英国左派的全部历史经验，并阐释英国工党构建社会主义文化霸权的深远意义，而英国工党在政治、经济和意识形态方面做出的种种抉择，也使安德森不得不对工党由批判性支持转向放弃。

（一）

安德森于 1964 年制订文化霸权范式，为了寻找可以执行其战略的现实左派政治团体，分别考察了当时的英国工党、英国共产党和英国新左派，认为当时的英国工党是英国社会主义文化霸权唯一可能的执行者。我们认为，安德森这种抉择在当时的政治格局下具有审慎性。与共产党在很多国家占据举足轻重地位不同，英国共产党势力并不强大，尤其在 1956 年的苏共二十大之后更加式微。英国共产党成立于 1920 年，建党之初有党员 3000 名左右，随即开展支持工人运动和不干涉俄国的斗争，取得了英国社会的认可，党员人数发展到 10000 人。1929 年世界经济危机爆发，积极发动工人运动的英国共产党赢得了英国社会的进一步支持，但共产国际要求英国共产党放弃深得人心的现行政策，使其陷入孤立，党员数量从 7000 人下降到 3000 人。英国共产党于 1935 年到 1938 年积极投入反法西斯斗争，但共产国际在《苏德互不侵犯条约》签订后不允许英国工人和共产党支持斗争，英国共产党只得调整其对德、意的策略。1941 年苏德战争爆发，英国共产党因支持英国政府动员一切力量反对法西斯而深得英国社会认同，党员人数于 1942 年增加至 5.5 万人。"冷战"爆发后，英国工党发动了大规模的反共运动，英国共产党在 1950 年的大选中没有获得一个席位，此后长期被阻挡在英国的主流政治之外。1951 年英国共产党将党纲中的武装推翻资本主义修改为和平过渡到社会主义。苏共二十大后，七八千党员退党的英国共产党从此一蹶不振，因此，安德森并未希冀其担当起建构英国社会主义文化霸权的重任。

苏共二十大、苏伊士运河事件和匈牙利事件之后，英国国内试图建构一条既不同于斯大林主义又不同于社会民主主义的社会主义道路，英国新左派对战后资本主义的强烈文化批判为此做出了重要贡献。然而，对于建构英国社会主义文化霸权这样一项重任而言，英国新左派存在的最大困难是在反对专制的道路上走向了取消必要程度组织化的极端。一方面，新左派内部缺乏严密的组织，因而无法形成统一的行动或有效的战斗力量，两代新左派之间的论战升级，导致代表刊物《新左派评论》陷入几乎瘫痪的境地，双方并未坚守组织内部斗争应有的顾全大局基本原则，反证出其组织化程度较低这一基本事实；另一方面，新左派与大众之间缺乏必要的组织化关联，他们特别是第一代新左派通过成人教育等方式与大众建立了联系并取得相当的成就，但是这些联系终究并不是组织性的。可见，内部组织松散与对外组织能力薄弱的英国新左派无力承担在英国建构社会主义文化霸权的重任。

英国工党在1959年大选失败后召开年会，以工党领袖盖茨克尔为代表的党章修正派，提出修正工党党章中自1918年以来确立的公有制条款，这种触动工党核心理念的观点在内部引起了巨大争论，最终结果为工党达成了一个既坚持社会主义公有制又采纳党章修正派关于"科学革命"合理观点的新共识。1960年12月，工党成立了隶属执行委员会主席的科学和工业分会，由威尔逊担任主席，威尔逊负责起草了《工党在60年代》。该文认为，"科学革命是战后社会最重要的特征"，所以工党一系列政策要以科学革命为基础，这构成了工党在科学革命的新时代里创造"更好的社会"的前提。[①] 威尔逊于1961年10月在《工党在60年代》的基础上，发表了为其赢得英国社会民众广泛支持的政策纲领《60年代的路标》，威尔逊于1963年2月当选为英国工党新领袖，随后发表将其科学革命思想系统化的《英国社会主义的有关问题》。

---

① Labour Party, *Labour Party in Sixties*, London：Labour Party, 1960, pp. 5-7.

我们认为，上述文献基本完整表达了威尔逊的社会主义思想。首先，阐述了英国社会主义的特殊性。在威尔逊看来，英国社会主义的基础是英国传统的保守主义思想和制度，因此，英国社会主义的实现方式只能是渐进式而非暴力革命式的。其次，科技革命是社会主义的新动力。威尔逊认为，在英国新的科学技术发展形势下，与社会主义联系最密切的就是科学，"如果有一个名词可以用来说明现代社会主义，那就是科学"[①]。"威尔逊一直希望通过中央机构重建国家经济，并且认为科学技术的进步能够使萎靡不振的英国经济得到复兴。"[②]最后，提出新的经济国有化理论，"由于繁荣的经济开始出现衰退，因此这一文件也对国家的'衰退症候'提出批评"[③]。威尔逊反对"1951年以来新出现的各种特权形式以及经济资源的过度集中"[④]，希望行之有效地对"我们国家的资源做出规划"[⑤]，承认混合所有制也是国有制的一种形式。

英国工党似乎忘记了英国工业革命的历史教训，工业革命时期，科学技术革命发展的成果不可谓不丰硕，社会结构也发生了重大变化，但是由于旧贵族的文化霸权，新兴资产阶级与工人阶级均被收编并认同旧贵族的统治；英国社会主义革命迟迟未能发动。20世纪60年代的英国工党将自己的战略局限在经济与科技方面，并未意识到社会主义文化霸

① ［英］哈罗德·威尔逊：《英国社会主义的有关问题》，李崇淮译，38页，北京，商务印书馆，1966。

② ［英］迈克尔·肯尼：《第一代英国新左派》，李永新、陈剑译，155页，南京，江苏人民出版社，2010。

③ Labour Party, *Signposts for the Sixties*, London, 1961, p. 8.

④ *Ibid.*, p. 9.

⑤ *Ibid.*, p. 12.

权在战略中的核心位置，这不仅是对历史教训的遗忘，而且是对当时形势的误判。英国于20世纪60年代迎来了自己的科学技术新时期，科学技术不但使生产力得到了显著发展，并且"随着科技进步，英国社会结构也开始发生变化，引人瞩目的现象是传统工人阶级数量的减少和服务业从业人员的大量增加，传统工人阶级文化走向边缘，消费文化成为英国的主流文化"①。而大众文化的崛起，为社会主义文化霸权的传播扩散创造了绝佳的历史机遇，构成了安德森对威尔逊主义时期的英国工党寄予期望的缘由之一。

在《威尔逊主义批判》一文中，安德森延续了其在《当前危机的起源》中关于英国社会持续十多年的政治经济平衡被打破的观点，认为实现英国社会主义的契机已经出现。安德森秉持其一贯的现实的理想主义态度，认为沉溺于极"左"立场的做派是无所作为的，因此其有保留地支持威尔逊主义，并认为威尔逊主义的主要特征之一是现代化。更为重要的是，威尔逊主义从战略高度来分析现代化，

> 他展示了一个比较深刻的关于英国社会结构的观点。面对统治阶级目前的危机，工党分化了保守的统治集团阵营。在需要分化的重要人口中，最为关键的是技术知识分子：公共和私人领域雇用的科学家、技术人员、工程师、建筑师、经理和专业工作人员。②

① Chris Hamnett, Linda McDowell, Philip Sarre, *The Changing Social Structure*, London: Sage Publications and the Open University, 1994, p. 21.

② Perry Anderson, "Critique of Wilsonism", in *New Left Review* I/27, September-October 1964.

在安德森看来，虽然英国社会出现危机，但在英国统治集团依然强大到足以中断英国社会主义文化霸权建构的形势下，威尔逊破解现存文化霸权的知识分子战略是明智的。

我们发现，威尔逊主义的现代化战略核心并非国家科学技术革新，而是在现代化过程中，将知识分子与专业技术人员从现存的文化霸权集团中分离出来，整合进社会主义霸权集团，这与其在《当前危机的起源》中制定的英国社会主义战略中争取知识分子的部分不谋而合。与此同时，安德森始终坚持自己的社会主义立场，"当威尔逊谈论遥遥无期的未来时，至少听起来是绝对社会主义的"①。对于威尔逊主义的战略模糊部分，安德森也有着清醒认识。在外交方面，安德森认为威尔逊主义没有理清英国与美国之间的关系、英国本土与英联邦国家之间的关系，"因而在外交领域与保守党存在着纠缠不清的关系"②。在至关重要的教育政策方面，"威尔逊仅仅做了一个关于终结公共教学体系可能性的空泛声明"③。在公共所有权、土地和房屋等领域，威尔逊主义也具有含混不清的特征。

总体来看，安德森在写作《威尔逊主义批判》的时期，对英国工党的基本态度是存在批判但总体支持的，并没有计划在工党之外寻找或构建一个新的政治力量。安德森认为，在帮助将英国工党建构为社会主义文化霸权政党方面，英国新左派有三个方面的任务。第一，对工党的现行政策做出

---

① Perry Anderson, "Critique of Wilsonism", in *New Left Review* I/27, September-October 1964.

② *Ibid.*

③ *Ibid.*

更为社会主义化的解释，并且推动这些政策的实行。第二，冲击现行的文化霸权，"文化产业的民主化将对英国现行的霸权意识形态的生产和传播发起进攻"①。第三，帮助工党夺取意识形态的领导权，促进工党进一步向左转。总之，"一方面，在政治社会中求得权力关系的重新组建；另一方面，在市民社会领域围绕着文化领导权进行持续的阵地战"②。

其后，英国工党在威尔逊的领导下在大选中以微弱优势获胜，安德森发表《分裂与征服》，坚持其已经确立的文化霸权范式，深化其在《威尔逊主义批判》中提出的观点，强调"三年以来，英国一直处于一个占主导地位的事实的阴影之中：保守主义的破产"③。在安德森看来，一种国家意识形态的失败，并不是所谓被决定的上层建筑中的意识形态失效，而是统治集团的总体性失败，保守主义的破产"不仅仅是一个政治事实，而是社会、文化和个人的一种生活方式和关于世界的独特观念的结束，是资产阶级通过这种霸权的特殊类型统治了几个世纪的结束"④。英国社会的其他危机虽然没有保守意识形态破产重要，但仍然构成了英国建构社会主义文化霸权的历史机遇，而面对"共同市场的谈判、接连不断的丑闻、迟来的殖民战争"⑤，英国保守党作为保守主义意识形态的执行者无力扭转局面，这是因为其"在耸人听闻的权力斗争中，候选人令

---

① Perry Anderson, "Critique of Wilsonism", *New Left Review* I/27, September-October, 1964.

② *Ibid.*

③ Perry Anderson, "Divide and Conquer", in *New Left Review* I/28, November-December 1964.

④ *Ibid.*

⑤ *Ibid.*

人绝望的失败使得保守党一个时代的完美形象消亡殆尽"①。

关于此时英国知识分子群体的观点变化，安德森认为，他们"中的大多数已经或明或暗地抛弃了保守主义"②，激进主义、变化、革新已经成为时代的普遍呼声。因此，工党在自己主导的"现代化"与"民族复兴"进程中自信十足。随着英国知识分子的倒戈，由威尔逊领导的英国工党在选举中的胜利已经是大势所趋了。对于工党得到了英国知识分子的支持，安德森认为这既是工党获得大选胜利的关键所在，又是其意料之中的事件，而工党必须要在胜利中看到无法将更多的选民整合进新的文化霸权之中而导致的危机。此种危机的表现有两个方面：第一，工党以微弱优势获胜的原因并不是更多的选民投票给工党，而是因为有 300 万张选票投给了自由党；第二，工人的投票率极低。因此，工党如果想得到持久的胜利，就必须动员工人阶级并将其整合进社会主义文化霸权。然而，"因为变革还仅停留在表面，尚未触及由保守主义外化而成的社会结构体系，所以工党的胜利包含着失败的可能性"③。

安德森指出，工党最有可能掉入的陷阱是争取议会多数的道路，工党必将实行中间路线，而这最终将导致其碌碌无为，所以必须坚决放弃这种思路，应该主动挑起党内论争，从而区分党内的激进派与保守派，完成党内的"分裂与征服"。我们认为，此处的"征服"是一种隐喻，象征着更紧密的团结。"分裂与征服"对于英国全社会的意义是分裂被保守主

---

① Perry Anderson, "Divide and Conquer", in *New Left Review* I/28, November-December 1964.

② *Ibid.*

③ *Ibid.*

义收编的英国民众，"征服"意味着将分裂后的英国民众吸收进工党建构的社会主义文化霸权之中，后者即葛兰西所谓的在市民社会中争取文化领导权，只有这样才能将工党取得的局部胜利扩大化、持久化。

（二）

英国工党并未按照安德森所指出的构建社会主义文化霸权的道路前进，反而堕入了平庸议会斗争道路。安德森对此深感忧虑，决定回顾英国左派的历史经验，进一步阐释英国左派的社会主义文化霸权的深远意义，他为此撰写了两篇著名文献《50 年代的左派》和《社会主义的战略问题》。在对 20 世纪 50 年代英国左派的回顾中，安德森从公有制争论、核裁军运动和新左派运动三个方面揭示了其失败的原因在于缺乏现实性组织与更为重要的纲领性理论，只有把握英国社会总体的纲领性理论，才能穿透保守主义意识形态并且在现实中领导有组织的政治力量。吸取了这个历史教训后，安德森在《社会主义的战略问题》中明确阐述必须建立英国社会主义文化霸权的纲领性理论，从而为英国社会主义的实现开拓了可能的道路。

安德森在《50 年代的左派》一文的开头总体分析了英国左派在 50 年代面临的总体斗争形势，并对 1964 年执政后的英国工党提出批判。安德森对英国 50 年代总体形势的判断是英国社会被保守主义的意识形态控制，保守党在 50 年代连续三次获得大选胜利，在这样的严峻形势下，左派的斗争是积极的和令人瞩目的，斗争的巨大成果是英国"最终出现了工党政府"①。

①　Perry Anderson, "The Left in the Fifties", in *New Left Review* I/29, January-February 1965.

然而执政后的英国工党却不再是曾经的左派，其不仅无法完成自身的进一步激进化而且无力推动整个英国社会的转型，这说明英国左派内部存在诸多问题。而解决这些问题的关键在于"重建一支独立而激进的左派力量，这支左派力量有具体政治目标和任务的时间表"①。完成这一历史使命的前提是回顾 50 年代左派的历史经验与教训，而回顾历史的最终目的并不在于关注历史本身，而在于准确分析当前的英国社会。安德森在《50 年代的左派》的一般背景中交代，丰裕社会和"冷战""一直主导着英国从 50 年代以来的社会主义斗争，这些问题提供了欧洲社会主义运动在我们这个时代最深的体验"②。在此背景下，安德森通过公有制争论、核裁军和新左派三个部分阐述了英国左派内部分歧重重的问题。今天的我们承受了英国工人阶级政党激烈斗争的后果，安德森问道，"是什么力量在发生作用？他们的想法是什么？他们的故事是什么？"③

在上述公有制争论、核裁军和新左派三个方面中，安德森首先追溯了关于公有制争论的历史。"关于公有制的第一个前哨战斗是 1952 年和 1953 年的工党会议"④。工党在其 1953 年的政策文件中，提出在钢铁和公路运输行业重新实行公有制，对于中型和轻型产业的公有制化做出了有条件的承诺。此项决定在工党 1955 年选举失利后，被盖茨凯尔与克

---

① Perry Anderson, "The Left in the Fifties", in *New Left Review* I/29, January-February 1965.

② *Ibid.*

③ *Ibid.*

④ *Ibid.*

罗斯兰等人认定为不能适应形势。他们在《社会主义的未来中》提出，实现更为充分的就业与更为有效的收入再分配并不需要继续扩大公有制，工党于 1956 年的布莱顿会议中将其确定为具体政策。出人意料的是，工党并未因此赢得 1959 年的大选，反而比 1955 年选举中得到的席位更少。工党选举失败后，公有制争论再一次被提及，但是如上文关于《威尔逊主义批判》所述，公有制基本被保留下来。当时，资本主义的支持者想方设法地将丰裕社会等同于资本主义，而将社会主义等同于斯大林主义。工党极力证明丰裕社会的中立性质，由于丰裕社会已经成型，工党面临的形势已经发生了重大的变化，工党右派重提公有制的争论，但被工党左派再一次成功抵制。至此，"工党仍然是一个反资本主义政党，并且在我们西欧世界中几乎是唯一一个不改初衷的社会主义政党"[1]。

在《50 年代的左派》第二部分，即讨论核裁军运动的部分中，安德森指出了核裁军运动的性质并分析了其失败原因，核裁军运动的性质"不能因为由柯林斯及罗素等人领导而将其简单地指认为英国自由主义传统的产物"[2]，因为核裁军运动的基础成分具有一种非常不同的特征，即有大量工人阶级成员和中产阶级成员参与其中，这一运动在一定程度上冲击了业已僵化的社会秩序与官僚系统，因此，"核裁军运动的性质是自发性、民主的和对资本主义制度的道德批判融为一体的大众性社会运动"[3]。然而，这一蕴含着新政治前景可能性的社会运动却半途而废

---

[1] Perry Anderson, "The Left in the Fifties", in *New Left Review* I/29, January-February 1965.

[2] *Ibid.*

[3] *Ibid.*

了，运动本身在尚未到达其目的前衰败并解体，随后销声匿迹。

我们认为，安德森之所以论定其并未达到目的，是因为核裁军运动不能提供一种连贯全面的政策以替代英国工党既有的政策。在安德森看来，其失败之原因在于没有把握"冷战"的全局：资本主义体系和社会主义体系的冲突，帝国主义和本土民族之间的矛盾，议会政治制度和专制政治体制之间的斗争，技术装备优先型军事体系和王者之师军事体系之间的对立。在如此复杂的局面中，核裁军运动只把握到了第四个内容，因此最终沦落为表面上支持者众多或者很少有公开的反对者，而实际上却收效甚微的尴尬局面。安德森认为，人们并不能够因此而对其过分责备，毕竟"在那一个令人痛苦的时代，没有任何人、没有任何运动认识到了真实的总体：'冷战'的真相"①。

在对新左派运动的分析中，安德森沿用了先回顾其历程然后再进行分析的方法，认为新左派运动与核裁军运动失败的原因大致相同，即纲领性理论与组织性的缺乏。安德森对这一运动的重述与其他著作对此的描述大致相同，即新左派运动是在苏共二十大、苏伊士运河事件和匈牙利事件之后英国一支试图寻找一条有别于斯大林主义和社会民主主义的社会主义道路的松散政治力量。新左派对战后资本主义的批判的文化力量是巨大的，但是由于缺乏纲领性的指导，因而最终的成果只是些理论的闪光点。除了缺乏指导性的思想纲领以外，新左派运动半途而废的另一个重要原因是组织性的缺乏，具体表现在新左派内部缺乏组织性和新

---

① Perry Anderson, "The Left in the Fifties", in *New Left Review* I/29, January-February 1965.

左派与大众的联系缺乏组织性，尽管后者因摆脱了欧洲知识分子与社会隔离这一缺陷，重新回到了经典马克思主义与群众联系的优良传统中而备受赞赏，但这种联系是松散、零星而非组织化、系统化的。理论纲领与现实组织性双重缺乏的新左派运动在"介入工党关于单边主义的论战后，就被工党领导集团轻易击败了"①。最终，"其中诞生出一股能够持久地推动社会转型的政治力量"②这一希望化为泡影。

安德森将左派在 50 年代失败的总体原因总结为缺乏纲领性理论和组织性，其中，英国工党作为一个成熟政党，显然并不存在缺乏组织性的问题，因此缺乏纲领性的指导理论就成为其失败的根本原因。对于核裁军运动和新左派运动的失败，这两个原因都存在，但两者相比较，缺乏纲领性理论显然更为根本。如果拥有纲领性的理论就可以击穿保守主义意识形态的重重迷雾，发现其所处社会的本质结构，把握真正的时代问题，形成真实的理论号召力，从而团结绝大多数理论工作者围绕时代的核心问题进行批判与建构。与此同时，当这些人围绕在这一纲领性的理论核心周围时，就可能形成一种有组织性的人员构成，若再辅助以恰当的政治智慧，那么一个具有战斗力的政治组织将会应运而生。然而，英国统治集团的意识形态极为强大，英国左派内部的"众声喧哗"在 60 年代均对其无效："工党左派已不再提出任何重大的反对党政策，核裁军运动明显瓦解，新左派消失无踪。"③

---

① Perry Anderson, "The Left in the Fifties", in *New Left Review* I/29, January-February 1965.

② *Ibid.*

③ *Ibid.*

在对左派在 50 年代的政治遗产以及运动失败的教训进行回顾总结之后，为了解决整个英国左派缺乏纲领性理论的问题，安德森于同年写作了《社会主义的战略问题》一文。在这篇关于英国社会主义战略的纲领性文件中，安德森完成了三项重要的工作：分析英国及西欧的特殊政治形势，明确了社会主义运动的核心任务是建构文化霸权政党，并因此重新分析了英国的社会结构。在英国以及西欧的特殊政治形势中，安德森继承了将欧洲社会主义版图分为社会民主主义和共产主义的传统划分方式，进而阐明了苏联共产主义的伟大成就和"社会民主主义相当差的历史记录"①。形成这样的局面的原因在于列宁主义根据当时苏联的特殊历史条件与政治形势发动了革命并将俄国建设成为社会主义国家，安德森对其赞赏有加：对于苏联而言，列宁主义的胜利"代表着巨大的、普罗米修斯式的进步"②。相对于苏联和中国成功把握住了其各自的环境而言，西方由于资产阶级过分强大从而形成了一个截然不同的整体，社会民主主义战绩乏善可陈的原因在于其并未把握到具体社会历史条件，对西方整个社会的权力布局产生了误判，误以为西方社会的权力中心就是议会，从而看不到西方社会的权力分配是多元的，同样无法认识到市民社会是维护资本主义文化霸权的核心地带，但同时也是社会主义者大有作为的领域。

安德森同意葛兰西对西欧形势的判断，认为西欧社会主义者的当务之急是构建文化霸权政党，在英国最现实的潜在力量显然是英国工党。

---

① *Perry Anderson*, *Towards Socialism*, London：Fontana，1965，p. 233.

② *Ibid.*，p. 230.

在安德森看来，工党必须认清上述西方社会的权力中心多元特性，放弃对议会民主主义的崇拜，进而将自己从对议会斗争的崇拜中解放出来，"它的行动范围不仅包括单纯的国家机构，而且包括市民社会的全部复杂状况"①。工党必须明确自身的目标是构建新的"历史集团"来颠覆英国社会原有的文化霸权，建立市民社会的文化霸权。工党必须认清英国的政治状况，即支持保守党的上层资产阶级政治热情长期高涨，而支持工党的工人阶级对政治则相对比较冷淡。在这样的情况下，工党如果试图完成在市民社会建立社会主义文化霸权的历史使命，就需要从一贯被动等待工人阶级，转变为引导大众（比如青年的激进特性）进行文化建设。丰裕社会和大众文化时代的来临，使得这一切变得现实可操作。这其中的关键是重视知识分子的重要作用，具体来讲就是团结知识分子引导大众思潮构建社会主义文化霸权，从而颠覆维持原有权力关系的或隐秘或公开的观念。

安德森试图通过对英国社会结构（工人阶级、白领工人、妇女和知识界）的分析来为社会主义战略在英国社会的实施寻找现实依靠力量。可塑造性是安德森对于英国工人阶级的总体认识，不论他们投票给工党还是保守党。投票给保守党的工人阶级对自身的利益状况一无所知，而投票给工党的工人并没有意识到组织集团是个人实现其利益的唯一可靠保障，既然两者都不能获得更多的利益，唯一合理的解释就是工人阶级受到了不同意识形态的影响。在此情况下，试图构建社会主义意识形态霸权的英国工党必须"争取亲保守党的工人阶级，而这一争取能否成功

①　Perry Anderson，"Problem of Socialist Strategy"，*Towards Socialism*，London：Fontana，1965，p. 244.

取决于意识形态"①。其中的关键在于使工人意识到联合是其保障自身利益的唯一途径，而工党则是联合的代表。在对随着服务业兴起而产生的白领阶层进行分析后，安德森认为表面上看来他们与传统的工人阶级似乎有很大区别，但从构建社会主义文化霸权的角度来看两者并无二致。安德森对于英国妇女的看法似乎有些出人意料，"工党的绊脚石之一是女性的保守主义"②，这说明妇女在已有意识形态之中被压迫与受害之深重。工党联合妇女的前提是意识到妇女的被压迫地位并非由经济利益而是由意识形态导致的，颠覆这种意识形态、构建与之相反的社会主义文化霸权后，妇女的解放问题自然会得到解决。

在《社会主义的战略问题》的最后部分，安德森重申了文化霸权的核心重要性，"社会主义意识形态是上述全部战略讨论的最大前提"③。在安德森看来，英国工党的意识形态缺陷有两个方面，一是对意识形态的极端重要性缺乏认识，只是消极应对而非积极建构，二是工党的意识形态内涵过于狭窄，无法容纳全部民族文化传统与国外理论资源。安德森认为，工党应该主动建构包括英国自由主义、浪漫主义、社团化的阶级意识、利维斯和威廉斯建立的文化传统、传统道德和美学批判在内的社会主义文化霸权。

（三）

根据前文所述，在安德森实现英国社会主义的路径构想中，工党始

---

① Perry Anderson，"Problem of Socialist Strategy"，in *Towards Socialism*，London：Fontana，1965，p. 283.

② *Ibid.*，p. 277.

③ *Ibid.*，p. 282.

终占据着举足轻重的地位，从对威尔逊主义的直接批判到对工党历史教训的总结再到将工党建构成为社会主义文化霸权政党的方式，安德森都倾注了大量心血、完成了大量的理论与现实工作。然而直到1966年，英国工党在政治、经济、意识形态方面的作为都令安德森深感失望。

　　1966年再次获得大选胜利的英国工党不仅没有完成社会主义文化霸权政党的独立建构，反而受到保守党意识形态的较大影响。工党试图推动的工会革新和上议院变革也在左右派的共同反对中宣告失败。工党在经济方面也面临严重问题。早在1964年，威尔逊刚刚上任就面临财政赤字问题，工党于1965年制订国家计划，该年年底到1966年年初英国经济形势较好，威尔逊决定趁势进行大选并以较大优势胜出。这一令人欣喜的情况并未持续多久，"英国经济在1966年年底再次出现危机，物价回升，实际工资下降，银根吃紧再次出现，经济指数降到了20个月以来的最低点"①。面对迫在眉睫的经济危机，工党内部对于如何处理危机产生了严重分歧，以布朗、克罗斯曼、克罗斯兰、詹金斯等内阁大臣为代表的一方坚持降低汇率，即使出现英镑贬值，也要维持经济的发展态势；而以卡拉汉为首的另一方认为必须进行财政紧缩、压缩政府开支、控制失业率、消除通货膨胀，使经济回到良性运行轨道。双方僵持不下，身兼英国首相和工党领袖的威尔逊左右为难，英国经济持续低迷。

　　此时，工党在政治、经济和意识形态方面的表现都让左派放弃了对

---

①　Kevin Jefferys，*The Labour Party since 1945*，Hampshire：Macmillan，1993，p. 67.

其的希望。安德森期望英国工党不要将议会斗争神圣化，而要注重自我构建霸权政党，从而完成市民社会领域的文化霸权建构，但这一期望已经化为泡影，安德森于 1967 年写作《工会行动的限制与可能性》，标志着他对工党从批判性支持转向放弃，开始重新寻求构建英国社会主义文化霸权的领导力量。在这篇文章中，安德森从两个方面展开论述："一方面，为工会和工人阶级对抗政府进行辩护；另一方面，为工会提供了一个为社会主义奋斗的战略。"①具体而言，英国工人阶级与英国工党的传统密切关系必须被截断，摆脱工党控制后的英国工人阶级接受社会主义意识形态，同时反对英国的右派政治势力和英国工党，与此同时，安德森根据其早期的精英主义立场认为，工人阶级及其工会的单独行动是难有作为的，"工会行动只是最基础的形式"②。

三、将英国知识界建构为文化霸权领导力量

安德森在试图实现英国社会主义的道路上经历了非常丰富的思想变化，学界以马克思主义或历史唯物主义来对此进行解读，为我们深入把握其思想奠定了良好的基础。如果要推进安德森研究的深化，则需要梳理其理论演进的各个环节。本节在对相关文本进行解读后，厘清安德森将英国知识界建构为文化霸权领导力量的历史与逻辑，就是这样一种尝

---

① Paul Blackledge, *Perry Anderson*, *Marxism and the New Left*, London: Merlin Press, 2004, p. 44.

② *Ibid.*, p. 46.

试。在认定英国工党无法建构英国社会主义文化霸权后，通过对德布雷理论的借鉴、对葛兰西方法论的反思以及对五月风暴事件的总结，安德森完成了将社会主义文化霸权领导力量转向英国知识界的相关理论准备。安德森发现英国知识界由于缺乏总体性社会历史视野，无法从宏观和整体上把握人类历史进程，因而需要经历一番改造才能完成上述任务。译介与探讨以及在理论研究中运用西方马克思主义成为安德森改造英国知识界的选择。虽然因社会主义运动的形势骤变，安德森将英国知识界建构为文化霸权领导力量的期望并没有实现，但他在相当程度上改变了英国知识界以经验主义为主导的研究方法论状况。

（一）

在认定英国工党无法建构英国社会主义文化霸权后，通过对德布雷理论的借鉴、对葛兰西方法论的反思以及对五月风暴事件的总结，安德森完成了将社会主义文化霸权领导力量转向英国知识界的相关理论准备。如果说，安德森于1967年发表的《工会行动的限制与可能性》，标志着对工党的态度由批判性支持转向放弃，那么1968年《国民文化的构成》的发表，则标志着他将建构英国社会主义文化霸权领导力量的希望转向了改造后的英国知识界。我们认为，安德森社会主义领导力量从工党到英国知识界这一期望转向的发生，可以从四个方面进行解释：一是上文所言及的工党在社会主义文化霸权方面的无所作为；二是受到了拉美革命中雷吉斯·德布雷理论的影响；三是对葛兰西方法论的回顾；四是受到了五月风暴事件的启示。工党方面的原因上文已做出论述，以下集中探讨其他三个方面的影响。

　　1967年4月9日，巴黎高等师范学校26岁的在校学生雷吉斯·德布雷(Régis Debray)在玻利维亚一块废弃的游击队营地被俘虏。在德布雷被审讯期间，由巴黎发起的声援德布雷的运动席卷全球。声援者包括知识界、文化界知名人士如让-保罗·萨特、玛格丽特·杜拉斯、雅克·拉康、弗朗索瓦丝·萨冈等人，还包括政界名人如向玻利维亚当局发出信息的法国总统戴高乐将军。同年，安德森在《新左派评论》发表编者按《雷吉斯·德布雷的马克思主义》，反对玻利维亚军事独裁者宣布雷吉斯·德布雷有罪。安德森高度评价了雷吉斯·德布雷的思想，并以为其与拉美革命和切·格瓦拉有着密切联系，"雷吉斯·德布雷完成的三个与拉美革命有着密切联系的研究，毫无疑问地构成了这些年关于马克思列宁主义的分析中最辉煌的范例"①。这三个研究是指《革命中的革命?》《拉美：长征》和与《雷吉斯·德布雷的马克思主义》同期发表的《拉美革命策略的问题》。

　　安德森认为，德布雷的这些文献因为密切关注制造彻底革命的列宁主义，从而展现了出与单纯关心政治、技术或军事问题的理论完全不同的品质。在安德森看来，面对德布雷这样彻底的革命理论，自己作为评论员的任务是"通过革命经验的理论转化来澄清革命的实践"②。因此，《革命中的革命?》在安德森的理论视野中呈现为，拉美革命游击队在卡斯特罗和格瓦拉的领导下，将革命理论与政治技术完美融合，因而能够调动起一切有利的革命因素，将革命的理论转化为革命的实践行动。安

---

　　① Perry Anderson，"The Marxism of Régis Debray"，in *New Left Review* I/45，September-October 1967.

　　② *Ibid.*

德森指出，《拉美：长征》一文的论述主题从《革命中的革命?》的革命成功经验积累转向了革命失败教训的总结，在德布雷看来，军事盲动主义是失败的主要原因，因为其根本无法调动处于沉寂状态的大众，从而使得军事革命缺失了社会基础与支持，所以他强调"在将政治理解为一门科学的框架外，将武装斗争理解为一门技术是没有意义的"①。安德森认为，在《拉美革命策略的问题》一文中，德布雷延续了《拉美：长征》所提出的将军事纳入政治范围的思路，并提出了解决以美国为代表的国外势力的干涉和拉美当地反革命势力问题的具体办法，将此前的纯粹游击军事斗争纳入革命战略，"游击部队如果不成为政治的先锋，那么是无法发展为军事力量的"②。因此，革命任务已经转变为调动包括偏远农村和城市低收入人群的革命热情，从而形成新型革命联盟的大众革命形势。显然，这是无法一蹴而就的，所以革命由速胜转为长期斗争，而拉美革命策略问题的核心就变成了如何动员起社会基层力量尽一切可能制造革命。安德森在对作为社会主义文化霸权领导力量的工党丧失希望后，对超越现行政治秩序、打碎原有国家机器的激进理论与行动的关注，正是为了在英国工党以及现存政治秩序之外探寻构建社会主义文化霸权领导力量的可能性，因此，他介绍了以列宁制造革命为理论内核的德布雷的马克思主义。

　　回顾固有理论资源、返本开新，是思想者在遭遇挫折时的一般性选择，安德森也是如此。在遭遇了在现存政治秩序内部无法实现社会

---

① Perry Anderson，"The Marxism of Régis Debray"，in *New Left Review* I/45, September-October 1967.

② *Ibid.*

主义的挫折时，安德森追溯了构成其思想范式核心内容的葛兰西霸权理论，发现在葛兰西的理论演进中也存在着一个思想跃迁，即从现存政治秩序中寻求社会主义领导力量到在政治秩序外构建领导团体的跃迁。《葛兰西简介(1919—1920)》是安德森对葛兰西这一理论跃迁的考察成果，从文章的题目集中于 1919 年到 1920 年我们就可以发现，安德森的关注重点并非展现葛兰西的思想全貌，而是要考察葛兰西思想何以发生跃迁、跃迁后的结果是什么，这对于安德森有极大的借鉴意义。

安德森在文章开始就点明葛兰西理论跃迁的历史语境，"布尔什维克革命和第一次世界大战的影响使得西欧和东欧自 1918 年之后变为一个从未平息的急剧动荡地区"①。安德森回顾道，在十月革命胜利的感召下，整个西欧爆发了风起云涌的社会主义工人运动，当时的社会主义者看到战胜资本主义从而使整个欧洲得以解放的理想正在日益变成现实，他们为推动这一事业付出了大量的辛勤努力。葛兰西就是他们中的一员，并在这一过程中发挥了重要作用，比如于 1919 年 6 月 20 日在其任职的期刊发表社论，呼吁在都灵开设工厂议会等。葛兰西在 1920 年以前，主张意大利工人委员会在组织上必须实现工人自治，工人委员会必须在思想上建构工人阶级文化来对抗工会内部盛行的官僚主义。然而这样的深刻理论却在 1920 年 7 月的罢工实践中惨遭失败。安德森考察其失败原因，认为内部权力结构复杂的工人阶级无法形成统一的文化与

---

① Perry Anderson, "Introduction to Gramsci 1919-1920", in *New Left Review* I/ 51, September-October 1968.

组织，推进都灵工人运动的期望只能落空，难以持续的工人运动最终只能与政府妥协。

安德森认为，葛兰西早期理论蕴含着诸多洞见、取得了出色成就；与此同时，也存在着局限，尚未产生在现行政治秩序以外建构社会主义领导集团的想法。这一理论局限在其接受了列宁主义后被克服了，虽然葛兰西"从未放弃争取工人阶级民主的信念"①，但已经认识到只有通过建构新兴领导集团才能使得工人超越其自身利益形成统一的激进力量。值得注意的是，葛兰西借助意大利本土思想资源马基雅维利，将这个新兴领导集团称为现代君主，即现行政治秩序以外的革命政党。至此，安德森在工党以外寻求构建英国社会主义领导力量的意图已经基本显现出来了。

1968 年法国五月风暴事件爆发，对国际社会主义形势密切关注的安德森撰写了《法国五月事件的简介》，介绍评论法国五月风暴事件，并以实践印证自己的上述思想转向。安德森在《法国五月事件的简介》一文中开宗明义阐明了法国五月风暴的性质，"然而，我们应该看到五月事件主要是一个胜利，而不是一个失败"②。在安德森看来，五月风暴的爆发是出人意料的，既没有任何预兆，也"不符合任何预先设想的模式"③。安德森分析认为，在当时的资本主义欧洲范围内，法国似乎是

---

① Perry Anderson, "Introduction to Gramsci 1919-1920", in *New Left Review* I/ 51, September-October 1968.

② Perry Anderson, "Introduction to Special Issue on France May 1968", in *New Left Review* I/52, November-December 1968.

③ *Ibid.*

最不可能遭遇社会动荡的，因为其既不像英国经历了长期的经济危机，也不像美国一样正在忍受着越战带来的不安，还不像意大利一样面临着脆弱议会联盟的问题，甚至不像西德和日本一样拥有激烈学生斗争的政治史。

安德森将轰轰烈烈的法国五月风暴并没有取得既定目标的原因归结为法国共产党执行了考茨基主义路线，法国共产党因此放弃了社会主义政党以大规模工人运动方式实现革命的传统，转向通过议会来实现社会主义的修正主义道路。法国五月风暴未实现预期目标，并不影响安德森认为其是一个胜利的判断，这是出于三个方面的原因：第一，西欧社会主义者一度希冀革命信号从远方传来，而革命终于在西欧本土爆发；第二，五月风暴规模庞大，渗入国民生活的各个领域，"超过一千万人停止工作：不仅学生和产业工人，还有农民、知识分子、店员，甚至是电视新闻的观众"①；第三，最为重要的是，如果说古巴革命和越战以及非洲等地的殖民地解放运动在世界范围内证明了打破资本主义体系的可能性，那么五月风暴则论证了在资本主义体系的中心地区爆发社会主义革命的可能性。

安德森指出，从主体维度来看，动员规模如此之大的五月风暴证明了资本主义社会中的被统治阶级并未被资产阶级完全控制，他们的自觉性和主体性必须被如实承认；从客体维度来看，作为资本主义发源地的西欧在国民生活的各个领域爆发范围如此广泛的革命性抵抗，说明资本

---

① Perry Anderson, "Introduction to Special Issue on France May 1968", in *New Left Review* I/52, November-December 1968.

主义体系内在矛盾之深刻剧烈。在对资本主义体系的困境与革命力量的成长进行了分析的基础上，安德森认为，构建工党之外的社会主义文化霸权领导力量是可行的。

　　具体到英国社会主义，安德森认为，对英国而言，"五月风暴主要有三项经验值得借鉴"①。"第一，它以巨大的力量彰显了马克思主义理论和革命文化的重要性。"②法国五月风暴取得胜利的原因在于，参与者在 1958 年到 1968 年生活在由法国知识分子创造的先进马克思主义文化之中。他们的思想解放并非一夜之间完成的，每一个法国学生都是法国马克思主义激进文化的自然继承人，"理论的生产和流通本身就是一个不可缺少的初步的实践"③。因此，英国社会主义革命最迫切需要的就是这个革命文化的水库。第二，"五月风暴证明了在动摇社会基础时，一个革命小群体的巨大潜力"④，社会革命是在一个小团体的领导与影响下发生的，居于领导地位的小集团是一项决定性的因素。第三，法国革命证明了处于原有政党体系以外的知识分子与学生能够构建出行之有效的革命领导力量，在英国，"工薪阶层已经明显开始从传统的改革派政党分裂出去，但并没有获得任何决定性的新方向"⑤，英国学生的反抗正在兴起。至此，现行政党体系以外的政治力量、领导集团、文化的极端重要性都已经显而易见，安德森以英国知识分子为核心建构社会主

---

　　①　Perry Anderson, "Introduction to Special Issue on France May 1968", in *New Left Review* I/52, November-December 1968.

　　②　*Ibid.*

　　③　*Ibid.*

　　④　*Ibid.*

　　⑤　*Ibid.*

义文化霸权的新思路已经基本清晰。

<h2 style="text-align:center">（二）</h2>

安德森认为，英国知识界需要经历一番改造才能完成上述任务。安德森在《国民文化的构成》中提出，"连贯和激进的学生运动尚未在英国出现"①的根源在于英国人文科学的核心是保守主义文化。在《国民文化的构成》一文中，文化并不是指广义的与自然存在相对应的人类创造物或创造活动，即由英国新左派威廉斯所提出并被广泛接受的"生活方式"，也不是一般精英文化所指称的经典性文本，而是特指人文社会科学的内核。基于此，安德森对当时英国的人文科学进行了系统性考察，认为英国文化由于缺乏总体性社会历史视野，或流于细枝末节的研究或仅仅关注抽象的学理性探讨，无法宏观和整体地把握人类历史进程。安德森描绘了上述文化主宰下英国哲学、政治理论、历史学、经济学、心理学、精神分析、人类学、文学批评等学科的具体状况。

哲学方面，"英国哲学自 20 世纪 30 年代开始就被维特根斯坦所主宰"②，维特根斯坦哲学的主要内容是逻辑实证论和语言游戏。安德森认为，尽管维特根斯坦后期认识到了语言形成的社会维度，"强调语言的社会性，但像他（维特根斯坦）那样是远远不够的：语言是一个历史的结构，它有一个历史，因为它的矛盾和分歧是由社会实践层面确定的"③。在安

① Perry Anderson, "Components of the National Culture", in *New Left Review* I/50, July-August 1968.

② *Ibid.*

③ *Ibid.*

德森看来，哲学的职责与使命是把握人类社会状况，而战后的英国哲学却远离社会，沦为一门纯粹技术操作的学科，而维特根斯坦主导下的英国哲学所确定的语言和谐只是无法进步的历史社会的一个副本。

安德森对英国政治理论的总体判断是，"无历史性的哲学产生了空洞的政治理论"①。政治理论的主导思想是以赛亚·伯林的积极自由/消极自由和卡尔·波普尔的开放社会/极权社会对立设置。伯林的政治理论脱离具体的历史条件，将所有探讨对象都做抽象处理，斯多亚学派、斯宾诺莎、卢梭、康德、黑格尔、马克思等追求人类自由的思想家都被贬低为独裁的帮凶。柏拉图、亚里士多德、黑格尔、马克思等人都被波普尔划入了集权社会。安德森认为，柏林与波普尔的思想都是为统治集团对抗马克思主义服务的，但即使不是为统治集团服务，柏林与波普尔的政治理论无论从政治上还是经济方面来看都是抽象的，因为政治理论成立的前提是具体的社会历史分析，而这种分析的对象只能是社会的阶级构成及其斗争。

纳米尔主导下的英国历史学，不能理解社会历史的宏大走向和人的主体能动性，只是以庸俗心理学方法与对细枝末节史料的考察来阐述历史。经济学的主流思想仍然是庸俗经济学而非政治经济学，其对经济的理解仅仅停留在平等交换等想象中，不能理解经济与政治权力的关系密不可分。贡布里希主导的美学理论也同样缺乏历史维度，绘画与建筑成为孤悬于历史社会条件关系之外的审美对象，其变迁只是由艺术家视觉

---

① Perry Anderson, "Components of the National Culture", in *New Left Review* I/ 50, July-August 1968.

方式本身的不断发展所决定。因此，真正的时间意识在英国美学理论中是不存在的，安德森指出，脱离历史而仅仅从技术发展来理解不同时期艺术之间的差异是不可能把握艺术演进史的。英国心理学的主流观点是"观念仅仅是情感的合理化，政治观念只是无意识的态度和激情的伪装表情"①。

艾森克执英国主流心理学之牛耳，他力图证明法西斯主义者与共产主义者有心理学意义上的相似性，虽然这种无稽之谈在数据计算和资料解释方面都遭到了彻底失败，然而却并不影响他在英国心理学界的领军地位。在利维斯主导的英国文学批评界，保守主义文学趣味大行其道，其认为文学已经丧失了细腻的精神描述而沦为大众的消遣性读物。安德森是同意这种观点的，但是由于英国文学评论界缺乏社会学的有力支撑，这些看似深刻的批判因为不能解释文学大众转向的深层原因，从而沦为空泛的道德批评。梅莱尼·克莱因引领下的英国精神分析学在理解弗洛伊德理论的同时发展出独创性思想。英国人类学在马林诺夫斯基的坚持下，具备了总体性视野，这是因为其研究对象并非英国社会而是遥远的原始部落，任何结论都不会对政治统治构成影响，所以才得以蓬勃发展，与此同时，英国也需要客观了解其海外殖民地以便统治，所以人类学的科学性也才得以保持。然而，精神分析与人类学并未对英国主流人文学科产生重大影响。

安德森认为英国人文社会科学上述局面产生的原因主要有四个方

---

① Perry Anderson, "Components of the National Culture", in *New Left Review* I/50, July-August 1968.

面。第一，英国传统贵族与新兴资产阶级通过妥协形成新统治集团，资产阶级不需要全面完成社会改造，只需在原有社会制度内部进行一些无关宏旨的修补，"这种社会的统治意识形态不过是传统主义与经验主义的结合"①，统治集团不需要宏观把握社会历史的理论，同时其意识形态也阻碍了英国学者在外部产生这种理论。第二，英国本土学者缺乏欧陆思想家如斯宾诺莎、卢梭、康德、费希特、黑格尔和马克思那样登高望远的情怀。第三，第一次世界大战以后，大批原本拥有总体社会历史视野的欧洲学者移民英国，然而他们并没有用他们的优势理论来改造英国学界，恰恰相反，他们很快熟悉并利用了英国本土学界的弱点，为英国忽视总体社会历史的倾向推波助澜。在这些学者来到英国之后，除经济学与文学批评分别由英国本土学者凯恩斯与利维斯主导以外，英国人文社会科学其他各个领域都迅速被这些外来学者占领，比如"来自奥地利的哲学家维特根斯坦、来自波兰的人类学家马林诺夫斯基、来自德国的心理学家爱森克、来自奥地利的社会学家波普尔、来自拉脱维亚的政治理论学家伯林和来自奥地利的心理学家克莱因"②。安德森将他们称为反动白色移民，因为不论这些理论家的初衷如何，至少在事实上他们为英国的贵族文化霸权助威呐喊，从而严重阻碍了英国社会主义革命。安德森指出，从他们大部分人得到了爵士封号这一结果来看，一贯排斥欧洲移民知识分子的英国统治集团对他们极度欢迎，这不能不令人得出他们与统治集团自发或自觉合谋的结论。与此形成鲜明对照的是，

---

　　① Perry Anderson, "Components of the National Culture", in *New Left Review* I/50, July-August 1968.

　　② *Ibid.*

"来自波兰的马克思主义史学家艾萨克·多伊彻"①来到英国后却备受零落甚至排挤，不仅没有得到任何官方荣誉甚至难觅教席，与此前一百多年前马克思在英国的不公平遭遇如出一辙。第四，马克思主义具备总体社会历史视野，风起云涌的工人运动是其在英国以外的欧洲地区迅速传播的社会基础，而在英国，本应肩负传播与实践马克思主义这一历史重任的英国工党执行的却是改良主义，因此，马克思主义并未对英国人文社会科学产生应有的影响。

由于上述英国人文社会科学学者与英国统治集团的文化霸权存在密切合谋关系，所以不仅无法产生统摄各个学科的革命理论，而且各个学科内部也形成了难以逾越的鸿沟。如果不对这样的文化进行革命，阻碍革命实践形成的思想基础就不可能被颠覆，也就无法孕育出社会主义文化，因此，"合乎逻辑地推论出它最后应该产生总体的社会主义理论"②，这个总体性理论就是经典马克思主义与西方马克思主义。安德森在阐述清楚这一思想后，随即投身于改造英国学术文化界的行动之中。

（三）

安德森于1962年担任《新左派评论》主编后，立即将刊物方针调整为翻译、介绍和探讨欧陆理论，并在研究实践活动中应用这些理论。而这一方针的执行是在安德森将文化霸权的领导集团从工党转向知识分子以后，并且将译介欧洲理论的范围限定在西方马克思主义之内。安德森

---

① Perry Anderson, "Components of the National Culture", in *New Left Review* I/50, July-August 1968.

② *Ibid.*

主导的《新左派评论》编委会于 1968 年年底成立 Verso 出版社，用于出版马克思主义翻译著作，译介西方马克思主义理论，这一工作"有条不紊地进行到 70 年代初才告结束"①。在安德森的主持下，翻译引进英国的西方马克思主义著作包括卢卡奇的《历史与阶级意识》《理性的毁灭》，柯尔施的《马克思主义与哲学》，葛兰西的《狱中札记》，萨特的《共产主义与和平》与《辩证理性批判》，阿多诺的《否定辩证法》，阿尔都塞的《保卫马克思》和马尔库塞的《爱欲与文明》等。关于这些著作的众多探讨文章刊登在《新左派评论》上，《新左派评论》也因此成为英国译介西方马克思主义的思想阵地，最终成为西方学界左派力量的核心杂志。这些讨论文章于 1974 年结集出版时，安德森为其作序，这篇序言由于篇幅过长最终以《西方马克思主义探讨》为书名单独出版，安德森在其中探讨了西方马克思主义的特征。

在安德森看来，"西方马克思主义首要最根本的特点就是，在结构上与政治实践相脱离"②，这一结论来源于他所考察的 1918 年至 1968 年西方马克思主义的历史。在安德森看来，西方马克思主义的创始者卢卡奇、柯尔施及葛兰西，都是所属政党的领导人，他们的理论是在领导或参与无产阶级斗争过程中产生的，因此，他们的理论与革命实践联系密切。然而他们处于共产国际在西方共产党推行斯大林主义的时期，这迫使卢卡奇不断做检讨，柯尔施因拒绝接受共产国际批判而被开除出党，葛兰西被抓入意大利法西斯监狱最终病故狱中，马克思主义的理论与实

---

① ［英］佩里·安德森：《西方马克思主义探讨》，高铦、文贯中、魏章玲译，4 页，北京，人民出版社，1981。

② 同上书，41 页。

践统一由此中断。在此之后，德国的马克思主义完全与政治脱离，成为专门的学术研究，以法兰克福学派为代表。法国的马克思主义由于法国共产党与共产国际斯大林化运动保持高度一致，所以几乎没有理论创新。斯大林化运动对意大利影响较小，但是由于他们将葛兰西的理论教条化，因而实践成果也乏善可陈。

在政治理论和经济理论方面，安德森认为西方马克思主义的第二个理论特征是"在创作这两个领域的重要著作方面所表现的学术成果，实际上是一片空白"①。其原因除了上述的革命低潮与斯大林化运动，也与青年马克思最重要的著作《1844 年经济学哲学手稿》（以下简称《手稿》）的重新发现密切相关。《手稿》的发表，掀起了重新探讨马克思思想本质的热潮。在这一背景下，马克思思想发展史得到了重新考察，马克思与黑格尔以及西方哲学唯心主义传统的关系被重新认识，最终造成了青年马克思与晚年马克思的对立。这造就了西方马克思主义重回抽象哲学的第三个特征。

安德森将西方马克思主义重回抽象哲学的另一个原因归结为受到了西方思想的影响。安德森指出，卢卡奇的代表作《历史与阶级意识》中的主要范畴"物化"受到了齐美尔的重要影响，而"无产阶级是历史的主客观一致"则源于黑格尔而非马克思。葛兰西的《狱中札记》在本质上是与克罗齐的对话。法兰克福学派的主要理论来源是弗洛伊德精神分析学。萨特的重要理论来源为现象学与存在主义哲学。阿尔都塞则受拉康等人的影响。《精神

---

① ［英］佩里·安德森：《西方马克思主义探讨》，高铦、文贯中、魏章玲译，62页，北京，人民出版社，1981。

现象学《法哲学原理》则对马克思影响深刻。

安德森指出，西方马克思主义的第四个特征为主要创新成果集中在文艺学、美学领域。阿多诺、列斐伏尔、马尔库塞、萨特等人是这方面的代表，这种从政治经济学到文艺的主题转换，也成就了西方马克思主义的理论创新。"换句话说，西方马克思主义典型的研究对象，并不是国家或法律。它注意的焦点是文化。"①安德森对西方马克思主义在这方面的理论创新持肯定态度，

> 这些主题的创新，反映或预示了历史对第一次世界大战后半个世纪以来社会主义运动所提出的世界中心问题。西方马克思主义者在这方面的所有著作及论断，其内容之广博、种类之繁多，同历史唯物主义的经典遗产中所有其他著作相比，都要丰富得多，也深刻得多。②

我们发现，安德森对西方马克思主义做出上述特征认定的基础是理论与实践的关系问题。在当时的安德森看来，一部马克思主义思想史就是以"理论与实践"为主题的发展史，他在《西方马克思主义探讨》的扉页上引用了列宁的著名论断"正确的革命理论只有同真正群众性的和真正革命的运动的实践密切地联系起来，才能最终形成"③。他说，"贯穿全书的这个主题的前提，当然是理论与实践的统一这一被传统地视为规定

①　[英]佩里·安德森：《西方马克思主义探讨》，高铦、文贯中、魏章玲译，97页，北京，人民出版社，1981。

②　同上书，100页。

③　同上书，6页。

马克思主义认识论本身的前提"①。以此为标准，安德森勾勒了马克思主义的历程，从而更为清晰地界定了西方马克思主义的特征与思想语境。

安德森认为，虽然马克思和恩格斯都十分重视理论与实践的统一，但是他们出生于无产阶级政党诞生之前，因此，他们的丰厚理论成果包括了对资本主义生产方式的科学系统分析，但缺乏无产阶级与资产阶级斗争的系统思想。安德森指出，拉布里奥拉、梅林、考茨基和普列汉诺夫四位理论家，总结而非发展了马克思和恩格斯的理论。列宁、卢森堡、托洛茨基、希法亭出现于19世纪末与20世纪初，当时资本主义主要国家的对外垄断已经完成，因此他们的理论主题是分析帝国主义和创立关于无产阶级斗争的战略与策略。前一个主题的成果是《俄国资本主义的发展》《帝国主义是资本主义的最高阶段》《金融资本》《资本积累》。第二个主题的主要成就集中体现在列宁的著作中，他坚持具体问题具体分析的历史唯物主义方法论，依据变动的革命形势，领导俄国革命走向胜利，实现了理论与实践的统一。斯大林主义兴起之后，理论的探讨在苏联已经丧失了历史条件，在苏联以外的欧洲其他地区，由于资本力量的强大，革命实践没有获得成功。安德森由此认为，作为马克思主义核心的理论与实践统一已经不再可能，因此，在西欧地区以学术探讨的面貌出现了与经典马克思主义有所区别的西方马克思主义，安德森将他们指认为第三代马克思主义。安德森对其内部也进行了代际划分，认为第

---

① ［英］佩里·安德森：《西方马克思主义探讨》，高铦、文贯中、魏章玲译，135页，北京，人民出版社，1981。

一代是在第一次世界大战中形成的知识分子，以卢卡奇、柯尔施、葛兰西等人为代表；第二代则在第一次世界大战之后出现，他们的代表人物是法兰克福学派、阿尔都塞、列斐伏尔、戈德曼和萨特等人。

我们认为，安德森的上述判断大部分是正确的。虽然西方马克思主义确实是理论与实践相脱离的产物，但这并非马克思恩格斯的思想特征。马克思和恩格斯的思想中不仅包含着阶级斗争的指导原则，也包括斗争的具体策略。在《共产党宣言》中，马克思恩格斯指出，"至今一切社会的历史都是阶级斗争的历史"①，并深入分析了资本主义时代阶级斗争的特征，为无产阶级的阶级斗争理论奠定了深厚的思想基础。在《共产主义者同盟中央委员会告同盟书》一文中，马克思恩格斯指出，工人政党必须使每一个支部都成为工人协会的中心，工人协会必须保障工人阶级的利益不受资产阶级的影响。马克思恩格斯不仅提出工人阶级在斗争中自我建设的思想，而且还提出了诸多行之有效的斗争策略，"工人应当极力将那些肯定不会采取革命手段而只会采取改良手段的民主派所提出的主张加以提升，把这些主张变成对私有制的直接攻击"②。

我们认为，安德森对从列宁到斯大林时期的马克思主义的特征的概括是比较准确的，但他将眼光局限在一时一地，忽视了广大的第三世界国家。这不仅是我们所不能同意的，实际上随着安德森本人思想的进展，他自己也逐渐修正了这一观点。他在 20 世纪末期提出了他的后现代主义理论，认为"后现代性的要义在于西方国家成为后现代性世界体系的组成部

---

① 《马克思恩格斯文集》第 2 卷，31 页，北京，人民出版社，2009。
② 同上书，198 页。

分，非西方世界的崛起所组织成的世界体系的新格局是后现代性的世界性本质的核心内容，世界体系呈现出多民族竞争的多元态势，而以资本主义文明为核心的现代性遭遇了由后发民族国家在政治、军事、文化所构成的总体权力关系的世界性挑战"①。当然，安德森对于当时在西欧地区以学术探讨的面貌出现的马克思主义的判断是准确的，即当时的马克思主义实践正处于极为严峻的形势下。因此，安德森指出理论与实践相脱离绝不是经典马克思主义的特征，而只是西方马克思主义的特征。

与此同时，安德森还以马克思主义史学观念来改造英国历史学，这方面的代表作品为 1974 年出版的《从古代到封建主义的过渡》和《绝对主义国家的系谱》。关于这两本历史著作的具体内容国内目前已经有相当成熟的研究②，因此，本书所要完成的工作是阐明安德森在进入英国历

---

① 乔茂林：《世界性的真正开端——佩里·安德森后现代性思想研究》，载《马克思主义与现实》，2016 年第 6 期。

② 国内相关研究参见国恩松：《佩里·安德森的史学思想评介》，载《史学理论研究》，1998 年第 4 期；郭方：《评佩里·安德森的〈从古代到封建主义的过渡〉》，载《史学理论研究》，2001 年第 2 期；王晋新：《评佩里·安德森的封建主义社会形态研究》，载《东北大学学报》，2005 年第 3 期；姜芃：《霍布斯鲍姆和佩里·安德森对唯物史观的理解》，载《史学理论研究》，2006 年第 3 期。国外相关研究参见 Betty Behrens, "Reviews: Feudalism and Absolutism", in *The Historical Journal*, vol. 19, no. 1, 1976; David Macgregor, "Review: The End of Western Marxism", in *Contemporary Sociology*, vol. 7, no. 2, 1978; Peter Gourevitch, "Reviews: The International System and Regime Formation: A Critical Review of Anderson and Wallerstein", in *Comparative Politics*, vol. 10, no. 3, 1978; 西达·斯考切波主编：《历史社会学的视野与方法》，封积文等译，177—216 页，上海，上海人民出版社，2008; Frank Mcmahon, "Reviews: Up, Up and Away", in *Oxford Art Journal*, vol. 19, no. 1, 1993; Richard Lachmann, "Comparisons Within a Single Social Formation: A Critical Appreciation of Perry Anderson's Lineages of the Absolutist State", in *Qualitative Sociology*, vol. 25, no. 1, 2002; Stefan Collini, "Marxism and Form", *Nation*, Vol. 281, no. 20, 2005.

史学研究时英国史学的状况，并从方法论的角度来揭示安德森对英国历史学的改造。保守主义和经验主义史学理论是英国历史学的传统，"（当代）英国史学总的特征是高度经验主义的，不十分关心理论"。当时英国马克思主义史学基本上继承了英国的史学传统，如汤普森、霍布斯鲍姆、希尔顿等人强调在历史研究中重现平民革命史和坚持自下而上的历史研究视角以及经验主义的方法论，汤普森对这一方法的总结更为直截了当，"除去马克思、维柯和一些欧洲小说家外，我最熟悉的先贤祠是一个地方性的茶馆：英格兰人和爱尔兰人的聚会"①。安德森提出了以自上而下、总体性以及系谱学三种方法来改造上述英国史学传统的观点。

从上述安德森确立的文化霸权范式来推断，选择自上而下的历史研究方法是顺理成章的。阶级斗争的最终解决层面并非经济而是政治，阶级或阶级斗争只要存在，阶级统治的复杂运作机制就必须通过自上而下的方法来展示，国家作为阶级统治的手段自然成为安德森史学研究的核心内容之一，并且"国家的建构与解构始终标志着生产关系的重大变迁"②。在《从古代到封建主义的过渡》与《绝对主义国家的系谱》中，安德森运用自上而下的方法，将国家置于从古希腊与罗马到近代的2000多年历史进程中进行考察。安德森认为，封建主义国家建立在封建等级社会的基础之上，封建领主通过劳役、租税捐税等超经济强制手段对全国的剩余劳动价值进行剥削，并通过司法确立这种统治与剥削的合法

---

① E. P. Thompson, *The Poverty of Theory and Other Essays*, New York：Monthly Review Press, 1978, p. 109.

② Perry Anderson, *Lineages of the Absolutist State*, London：N. L. B, 1974, p. 14.

性。在封建等级社会中，封建君主居于等级的最高层，最下层是农奴和平民，中间是各级封建领主、主教、小教士。国家内部自上而下的行政机构极不完善，国家自上而下的职能薄弱，政治权力分散，国家君主只是封建领主而非全部国家主权的象征，他的权威不足以与整个贵族集团斗争。安德森运用自上而下的研究视角观察到，欧洲专制国家的性质是由西欧贵族决定的，其目的是为整个贵族阶级服务。资产阶级的起源也因此得到了合理的解释，因为作为统治集团的贵族阶级内部并不是铁板一块而是相对散裂的，他们之间为了利益进行着持续的斗争与冲突，贵族和资产阶级在散裂的权力空间中才能生长。

在安德森看来，历史研究的总体性方法是指马克思主义与历史研究相融合，"从总体上把握历史上各个地区、各个层面上的相互联系和差别的规律"[1]，孤立研究国家、阶级斗争、阶级意识等问题的意义极为有限，在总体性方法的观照下，将这些问题置于古代奴隶社会、封建社会、资本主义社会的历史演进上，才有可能把握其本质。以《从古代到封建主义的过渡》为例，安德森考察的时间长达 23 个世纪，横跨了从公元前 8 世纪的古希腊奴隶制国家到 15 世纪的欧洲封建社会危机。对于古代希腊罗马奴隶制国家问题，安德森认为，海外贸易与战争以及奴隶掠夺是其存在的必要外部条件，而为了维持这种外部条件，国家行动与国家内部经济结构发生了严重冲突，从而导致了奴隶制国家的崩溃。对于封建主义社会的来源问题，安德森在总体性方法的观照下，超越了从

---

[1] Theda Skocpol ed., *Vision and Method in Historical Sociology*, Cambridge：Cambridge University Press, 1984, p. 171.

崩溃的古典社会直接过渡而来的观点，认为必须将视野扩大到以原始部落组织和土地公社为特征的日耳曼人的入侵才能解决这一问题。日耳曼人的社会组织方式与本土的古罗马社会组织方式发生了程度不同、范围各异的冲突与融合，产生了部落公社制主导的地区、古代奴隶制残余主导的地区、古代奴隶制残余与部落公社制并存的地区，而只有在第三种地区中，两种制度的冲突与融合才产生了封建主义。

这种总体性思路延续到了《绝对主义国家的系谱》，安德森认为，英国史学界认为绝对主义国家是封建贵族与新兴资产阶级的仲裁者，这一观点是有待商榷的，绝对主义国家作为国家的一种历史形态不可能超越利益范畴，其在本质上是维护封建贵族集团的，是权力受到威胁的贵族的新政治策略。具体而言，由于税收方式从实物地租向货币地租转化、劳动力从受到束缚到自由流动以及其他生产要素的流动，西欧封建领主对社会以及农奴的控制能力大大削弱，为了应对这种变化，必须对政治结构进行重组，在更大的君主制国家范围内形成集权统治，从而维护旧统治集团贵族的阶级利益。

社会发展是统一性与多样性的集合，因此必须对不同情况、问题、社会形态分别加以考察，安德森因此反对单一进化论方法，他批判不懂系谱学方法只会笼统研究问题的方法论，"只有在无知的黑夜，一切不熟悉的东西才会具有相同的颜色"①，认为必须以系谱学方法才能深刻把握历史进程。这一点从上述两本历史学著作书名中的过渡（passages）

---

①　[英]佩里·安德森：《绝对主义国家的系谱》，刘北成、龚晓庄译，567 页，上海，上海人民出版社，2001。

和系谱(lineages)均使用了复数也可以看出，"应当从整体上把握经济、社会、政治、文化诸因素多维的结构功能上的相互作用，并从各地区、国家间具体历史的联系和互动中深入理解社会形态发展过渡的轨迹"①。

在《从古代到封建主义的过渡》之中，安德森讨论了西欧与北欧以及欧洲东部封建主义的具体状况，认为封建主义诸因素形成的早晚不同、发展的完整程度各异、各因素间结合程度有高低差别，从而形成了不同的国家与政治形态，即国王权力、教会、贵族领主、城市的差异性力量对比，对这些国家与地区其后的社会经济发展持续发挥着深远影响。其中，西欧地区是封建主义成长最完整的地区。北欧地区虽然缺乏与部落公有制相结合的古代奴隶制残余，但是由于其长期入侵西欧并与西欧进行贸易，所以很快引入了西欧封建主义。封建主义在欧洲东部的发展非常缓慢，这个地区既不存在古代奴隶制也没有将这些要素引入的外部条件，亚洲游牧部落向东欧的入侵又使得这一地区原本缓慢的封建主义进程经常中断。东欧统治集团采取的方式是加大经济统治的力度来剥削更多的剩余产品，用以对付西欧的军事压力和封建主义的危机，在这种情况下，商品、城市以及货币均无法得到发展，因此，资本主义难以在东欧产生。

系谱学方法也是安德森对绝对主义国家进行考察时所采用的方法之一，他在对不同国家的状况进行了考察的同时，又阐述了各个国家之间

---

① Theda Skocpol ed., *Vision and Method in Historical Sociology*, Cambridge: Cambridge University Press, 1984, pp. 197-198.

的相互影响。西班牙最大的特点是海外殖民为其创造了建立绝对主义国家的财富；法国的状况是，虽然"绝对主义并不拥有在西班牙那种获利极丰的海外帝国的早期优势"①，但国内没有任何一个拥有广大领地的贵族能与之相抗衡，因此，绝对主义国家在建立过程中没有遇到大的阻碍力量；英国封建君主的传统力量非常强大；绝对主义在意大利遭遇的阻碍不是来源于旧势力，而是由于意大利北部城市率先发展，形成了新型的强大社会权力中心，君主力量不能将其兼并。

　　然而西方世界正在发生巨大变化，20 世纪 70 年代中后期，代表工人阶级的政党在欧洲接连失败：德国社会民主党遭遇巨大失利，意大利社会党被淘汰出局，瑞典社会民主工党下野，法国社会党一败涂地，1968 年"五月风暴"的传统所剩无几，政治局势出现了令绝大多数人意外的大逆转。就英国而言，"70 年代中后期，随着资本主义的重新稳定，新左派运动开始分化、瓦解，并在 1979 年英国撒切尔保守党政府的上台后正式走向终结"②。虽然安德森将英国知识界建构为社会主义文化霸权领导力量的努力并没有取得预期效果，但是在他的努力下，西方马克思主义在英国学界得到了广泛且深入的讨论，并在此基础上产生了一些新的研究方法，从而在相当程度上改变了英国以经验主义为主导的方法论，安德森改造英国知识界的目的在一定程度上实现了。

----

① ［英］佩里·安德森：《绝对主义国家的系谱》，刘北成、龚晓庄译，82 页，上海，上海人民出版社，2001。

② 张亮：《作为思潮的"晚期马克思主义"》，载《南京大学学报（哲学·人文科学·社会科学版）》，2003 年第 2 期。

第二章 | 对于文化霸权范式的反思与范式转换的尝试

20世纪70年代中后期，英国资本主义社会日趋稳定，英国新左派运动开始分化、瓦解，在此语境下，英国新左派理论家开始梳理自己以及所属流派的思想。其中，安德森以与爱德华·汤普森的第二次论争为契机，对新左派内部的理论分歧进行总结，其成果《英国马克思主义的内部争论》融合了第一代英国新左派的观点，构成了其文化霸权范式松动的证明。安德森在《当代西方马克思主义》中，通过回顾西方马克思主义的总体进程，探究了主体与结构的关系的问题，这构成了其对文化霸权范式根基的反思。1983年，英国保守党在撒切尔的领导下再次赢得大选，英国新左派大势已去成为定局。安德森对杰弗里·德·斯蒂·克罗克斯关于古代社会研究的评论，对马歇尔·伯曼的现代性与革命理论的探讨，都继承了其对主体与结构关系的思考。在重视文化领域霸权的同时，安德森强调分析物质分配领域的重要意义，并由物质分配打开了对古代社会的新解释空间；在对伯曼的评论《现代性与革命》中，安德森同时运用原有文化范式中的和范式转换尝试中的物质分配，以这两个维度来考察伯曼所指认的作为现代性核心的个人。对阶级结构中物质分配的强调，对主体与结构关系中作为主体一方的把握，构成了安德森的范式转换尝试。

一、文化霸权范式的松动：与爱德华·汤普森的第二次论争

汤普森与安德森的理论论争是国外马克思主义研究的一个重要课题，研究层次从最初的英国新左派运动的领导权争夺，深入到英国实现社会主义的路线之争，取得了一系列理论成果。随着探究的拓展，学界已经获知的关于双方争论的认知图景对相当多新材料的解释力度有所下降，而路线取向是由方法论的抉择内在规定的，这就要求我们将视角深入到方法论的层次，本书就是在上述思想指导下做出的一种努力，以期推动该项研究向思想的深层突进。汤普森将安德森的方法论指认为经济还原论与历史一元论。安德森则认为，汤普森不能从社会总体把握社会的部分原因可以归结为经验主义方法论。在第二次理论论争中，汤普森认为，英国第二代新左派将阿尔都塞的结构主义作为方法论，在研究英国历史时只能得到抽象理论。安德森围绕历史学的三个关键问题，对汤普森的批判进行了回应，把汤普森所强调的客观经验，吸纳为文化霸权

方法的一个逻辑环节。第一次论争形成了针锋相对的态势，其原因在于，彼时英国乃至欧洲的社会主义运动形势一片大好，为路线差别奠定基础的方法论就成为根本问题。1979 年以来，欧洲社会主义革命的前景渺茫，第二次争论正处于这一历史语境中，因此整合新左派内部的理论分歧，为社会主义运动寻求新的方法论成为唯一的合理选择。

（一）

安德森对文化霸权范式的坚持有所松动，这一变化需要在思想史的对比之中展现，因此，我们首先要回顾安德森与汤普森的第一次理论论争。汤普森于 1965 年发表《英格兰的特性》，将英国第二代新左派领军人物安德森指认为民族虚无主义者，认为对英国社会的理解必须突出英格兰的特殊性，历史研究应当注重经验而不是过度理论化。① 面对汤普森的严厉批判，安德森于次年发表《社会主义与伪经验主义》一文，展开了针锋相对的反批判。安德森在文章开端便指出，《英格兰的特性》一文过于感情用事，"爱德华·汤普森以愤怒的声音，谴责英国社会主义者的历史和理论工作，显然是在向社会主义者同胞们开火"②。安德森认为，《英格兰的特性》中虽然充满了挑衅意味，但其实并无多少实质性思想，这不仅是由汤普森过度愤怒的情绪所导致的，更为重要的是，汤普

---

① 关于汤普森在此文中批判安德森的主要观点，学术界已有比较成熟的研究，此处不再赘述。参见张亮：《阶级、文化与民族传统——爱德华·P. 汤普森的历史唯物主义思想研究》，136～140 页，南京，江苏人民出版社，2008。

② Perry Anderson, "Socialism and Pseudo-Empiricism", in *New Left Review* I/35, January-February 1966.

森囿于经验主义的方法论，不能理解《当前危机的起源》①中蕴含的文化霸权方法论的价值。安德森将汤普森对他的批判归纳为三个方面，即"十八九世纪英国贵族与资产阶级的关系问题、19 世纪新教与自然科学在英国资产阶级中的作用问题、共产党在 20 世纪劳工运动和英国马克思主义发展中的作用问题"②。《社会主义与伪经验主义》围绕上述三个方面的内容，对汤普森的批判给予了回应。

关于十八九世纪英国贵族与资产阶级的关系问题，安德森将《英格兰的特性》中的观点总结为，"在他看来，我们犯了一些严重的错误"③，汤普森认为，十七八世纪的地主不能被视为统治阶级，因为他们在这两个世纪内已经转化为资产阶级，安德森将地主视为统治阶级是错误的。安德森的研究方法是还原论，所以他不仅对 1640 年资产阶级革命缺乏深刻理解，而且对新兴资产阶级的力量估计不足，还无法透视贵族与资产阶级融合形成新阶级的历史进程。安德森指出，汤普森将英国 1640 年革命视为资产阶级革命，这一观点是难以成立的，"1640 年革命根本没有对社会发展起到促进作用"④，"在任何意义上，这都不是一场纯粹的资产阶级革命"⑤。汤普森希望通过追溯 12 世纪英国的反抗运动，来证明英国资产阶级的革命性具有悠久的历史，而这不过是一厢情愿。安

---

① Perry Anderson，"Origins of the Present Crisis"，in *New Left Review* I/23，January-February 1964.

② Perry Anderson，"Socialism and Pseudo-Empiricism"，in *New Left Review* I/35，January-February 1966.

③ *Ibid.*

④ *Ibid.*

⑤ *Ibid.*

德森分析，新的统治阶级是由贵族与新兴资产阶级融合而成的，因此，地主与资产阶级的对立关系纯属子虚乌有，地主阶级被资产阶级替代只是一个神话故事。他们融为一体后，统治集团所要面对的问题是如何对付被统治阶级。因此新统治集团内部并不存在革命问题，因为革命的本质是一个阶级以暴力方式推翻另一阶级的统治，因此新统治集团内部的斗争，无论如何也谈不上是革命。关于低估新兴资产阶级力量的问题，安德森认为，汤普森的批判并不成立，因为英国资产阶级从一开始就和贵族有着千丝万缕的联系，并且处于较低的地位，在政治关系和意识形态方面不具有独立性，因此不仅无法独立承担推动社会转型的使命，而且在原有统治集团政治地位诱惑与意识形态引导的双重压力下，很快与贵族达成了妥协。在此基础上，安德森重述了在《当前危机的起源》中已经阐明的社会权力来源的多样性，指出这并不意味着多种权力之间的力量是相等的，也不意味着新兴力量一定比旧有力量强大，更不意味着社会权力集团不会分化组合构成新的权力集团。

关于 19 世纪新教与自然科学在英国资产阶级中的作用问题，汤普森认为，安德森由于仅仅"专注于边沁主义者的功利主义和传统主义"[1]，从而"没有正确估量新教的解放力量和现实意义以及英国自然科学的伟大成就"[2]，这最终导致安德森严重低估了英国经验主义民族传统的特性。安德森认为，"汤普森的上述反对建立在极大误解的基础上。

---

[1] Perry Anderson, "Socialism and Pseudo-Empiricism", in *New Left Review* I/35, January-February 1966.

[2] *Ibid.*

我们并没有说英国资产阶级没有任何文化成就"①，而他要指出的是新兴力量的文化在整个社会文化体系中的地位问题，即"资产阶级并没有生产出能够成为社会霸权的政治哲学"②。在安德森看来，他尊重并且正确估量了资产阶级所创造的文化，但是如果试图将资产阶级认定为推动社会转型的领导阶级，那么其在文化上的成就必须达到两个标准：一是能够独立对社会历史的进程进行总体性把握，二是能够独立争夺社会文化领导霸权。资产阶级的文化成果显然没有达到这一水平，而这与资产阶级没有进行纯粹革命互为因果。

安德森认为，英国贵族统治阶级的意识形态"是一个十分复杂的系统"③，它由经验主义、保守主义、功利主义以及自由主义综合而成，新教和科学以及资产阶级意识形态并未对其霸权地位构成威胁，这是汤普森的经验主义方法论所不能理解的。在自然科学方面，自启蒙运动以来达尔文的进化论就是自然科学的最高原则，在这种思想诞生之初，贵族统治阶级的意识形态就与之结盟融合，因此，自然科学的政治结果不过是构成了原有文化霸权统治的一个部分。新教由于其非世俗性的一面并没有得到充分的发展，资产阶级也并未抓住这一契机来筑造其文化的革命性。在英国贵族强大的文化霸权统治下，英国社会内部并没有产生颠覆性的文化力量，这当然也包括自然科学和新教。革命性的思想既然无法在英国社会内部产生，那么作为外来革命文化的马克思主义自然无

---

① Perry Anderson, "Socialism and Pseudo-Empiricism", in *New Left Review* I/35, January-February 1966.

② *Ibid.*

③ *Ibid.*

法在英国成为主流文化，英国学术界远离了马克思主义与社会学思想运动的原因也由此得到了充分说明。

我们发现，汤普森与安德森关于共产党对 20 世纪劳工运动和英国马克思主义发展作用的争论，其实质就是一个领导权与文化孰先孰后的问题。汤普森认为，在一个阶级经过政治乃至军事斗争获得了统治权的前提下，文化领导权工作才能够开展，英国本土也有着特殊的马克思主义传统，在这一传统中诞生了英国左派运动，英国共产党从来就不是故步自封的。安德森认为，在欧洲统治集团极为强大的形势下，遵行上述路线无异于刻舟求剑，汤普森对于西方马克思主义的把握不够深入，这使其不能理解葛兰西颠倒革命顺序的战略意义。在安德森看来，汤普森固守经验主义方法，无法从总体上分析英国形势，导致汤普森不能深刻把握英国社会主义运动的客观条件。

就英国的现实社会主义力量和马克思主义传统的具体问题而言，安德森从社会权力结构与文化霸权两个维度出发，认为英国共产党从一开始就没有提出独立的文化霸权纲领，因此在政治上长期依附英国工党和斯大林领导的共产国际。英国共产党自身并不具备独立的文化霸权，无法担当领导社会进行革命转型的重任。安德森进一步推论，在新左派运动开始之前，具备革命性与总体性的马克思主义并未在英国广泛传播，已经传入的马克思主义又被英国本土的文化霸权改造得面目全非，因此，必须重新引进西方马克思主义来重构英国的马克思主义理论。

我们认为，阶级问题是《英国工人阶级的形成》的核心内容，因此理解汤普森对于阶级问题的阐述是把握其方法论的关键路径。在该书中，汤普森运用了自下而上看历史的方法，认为阶级不能以范畴或结构乃至任何抽象方式来概括，阶级是一种显性社会存在，必须在人与人的具体社会关系中把握，又因为阶级处于历史过程之中，所以必须通过历史过程描绘的方法来解读。汤普森认为，安德森的方法论是经济还原论和历史一元论，其《当前危机的起源》就是这种斯大林式的方法论的产物。安德森反对汤普森将其方法论认定为"经济还原论和历史一元论怪物"①，指出这种观点有三个方面的错误，一是曲解了安德森的方法论来源；二是夸大了《当前危机的起源》的经济论述部分；三是对汤普森自己伪经验主义的严重局限性视而不见，所以也无法理解第二代新左派新方法论的优势所在。

具体而言，关于安德森方法论的来源问题，安德森认为，他的方法与第一代英国新左派的本土方法不同，也并非汤普森所指认的斯大林主义，而是"受到了卢卡奇和葛兰西的决定性影响"②，具有非经验主义和总体性的特征，因此无法接受汤普森将其指认为经济决定论和历史还原论的判断。在安德森看来，正是因为汤普森本人没有从关于斯大林经济决定论的讨论中超越出来，所以才将他假想为斯大林主义经济决定论的当代翻版。关于《当前危机的起源》的主旨，安德森认为，以一篇文章的篇幅来叙述英国近三四百年的漫长历程，难免在具体问题上有些论述不充分之处，但这并不能构成汤普森曲解《当前危机的起源》主旨的理由，经济讨论只是这篇文章的一个方面，汤普森却将其夸大为全文中心。

在安德森看来，汤普森经验主义方法论的局限性导致其思想缺乏总

---

① Perry Anderson，"Socialism and Pseudo-Empiricism"，in *New Left Review* I/35，January-February 1966.

② *Ibid.*

体性，不能从社会总体出发把握社会中的一个部分，从而使得其著作只是未经反思的新闻记者式的描述，这在《英格兰的特性》与其在 1957 年到 1961 年关于政治形势的讨论文章中表现得非常明显。比如，在论述英国革命的动力——人民时，汤普森从未以总体性的方法考察"谁是英国人民或谁是这一阵营中的一般民众，这个问题永远不会被言及——他们的存在只是道德修辞上的臆想"①。因此，英国社会主义革命的动力，就这样被汤普森以浪漫化与泛道德化的方式想象出来了，由此英国历史仅仅被汤普森简化为平民革命的一元论。

（二）

汤普森与安德森的第二次理论论争可以追溯到汤普森 1978 年发表的《理论的贫困或错误的太阳系仪》一文，汤普森在此文中维护了自己与威廉斯开创的英国文化马克思主义，对第二代英国新左派的方法论展开了激烈的批判，并将其指认为阿尔都塞结构主义的马克思主义。同年，汤普森在《理论的贫困》中进一步分析了阿尔都塞结构主义方法的内在困难，并指出第二代英国新左派在这种方法论指导下，在民族主义和国际主义问题争论中所犯的错误。我们必须给予澄清的是，汤普森并非彻底反对理论的极端经验主义者，他反对的只是某一类理论，即与自己所理解的马克思主义相去甚远的理论。汤普森在《理论的贫困》中指出，阿尔都塞的结构主义方法违背了马克思主义具体的、一定的、历史的基本方

---

① Perry Anderson, "Socialism and Pseudo-Empiricism", in *New Left Review* I/35, January-February 1966.

法，只是一种抽象的形而上学的理论。因此，他模仿马克思的经典著作《哲学的贫困》，将自己的文章命名为《理论的贫困》，意在把马克思批判的普鲁东与第二代英国新左派在方法论上等同起来，认为两者在本质上都是形而上学，真实的历史现实在逻辑范畴的演绎中失去了踪影，取而代之的是空洞的教条与枯燥的说辞。在汤普森看来，马克思主义者观察社会历史就如同天文学家观察天文现象，阿尔都塞结构主义的马克思主义就像一台错误百出的太阳系仪，这种仪器所演示出的天文现象注定是谬之千里的假象。这种方法把社会历史现实当作抽象的理论范畴，正如普鲁东把经济事实当作哲学教条一样，阿尔都塞也把社会历史当作哲学教条。第二代英国新左派将这种教条作为方法论来研究英国历史，所得到的只能是抽象理论而非历史事实。

汤普森随后对这种方法导致的理论贫困展开了具体批判[1]，指出这种方法论在解决学院派的那些问题时是得心应手的，但是在面对人民群众的普通生活经验时则束手无策，而后者占据了社会历史的绝大部分内容。只有马克思主义方法论才能真正对其展开分析，"这是一些现实的个人，是他们的活动和他们的物质生活条件，包括他们已有的和由他们自己的活动创造出来的物质生活条件。因此，这些前提可以用纯粹经验的方法来确认"[2]。汤普森将马克思的这一方法论进一步延伸，认为应该直面普遍的经验，旧的观念体系崩溃了，新的问题式将应运而生。这必然会影响到认识结果，但阿尔都塞的认识论对此却视而不见，只是密

---

[1] E. P. Thompson, "The Poverty of Theory Or An Orrery of Errors", in E. P. Thompson, *The Poverty of Theory and Other Essays*, London: Monthly Review Press, 1978, pp. 4-5.

[2] 《马克思恩格斯文集》第 1 卷，519 页，北京，人民出版社，2009。

切关注认识者，"而这个认识的生产者又只关心认识的原料是否按时送达，至于原料是从哪里来的，他则根本不予考虑"①。汤普森指出，阿尔都塞结构主义的马克思主义只能分析来自经验的概念，而无法处理经验本身。比如只能分析《资本论》文本，而在处理《资本论》所面对的真实的经验世界时则无能为力。虽然其只是脱离了资本主义社会现实经验的唯心主义，因而在本质上是一种理论的贫困。

在经历了西方马克思主义的译介与吸收后，第二代英国新左派的方法论确实产生了新的变化，他们对该文的反应强烈，斯图亚特·霍尔（Stuart Hall）、保罗·赫斯特（Paul Hirst）、特里·伊格尔顿（Terry Eagleton）、理查德·约翰逊（Richard Johnson）等第二代新左派陆续撰文对汤普森进行了反批判。② 其中，安德森作为第二代英国新左派的领军人物，于1980年出版了《英国马克思主义的内部争论》，来回应第一代英国新左派的批判。针对汤普森将第二代英国新左派的方法论指认为阿尔都塞结构主义的马克思主义这一问题，安德森并未针锋相对地为结构主义进行辩护，实际上安德森也并不认为自己的方法论就是阿尔都塞的结构主义，而是以更宏大的视角就历史学、马克思主义、斯大林主

---

① E. P. Thompson, "The Poverty of Theory Or An Orrery of Errors", in E. P. Thompson, *The Poverty of Theory and Other Essays*, London: Monthly Review Press, 1978, pp. 7-8.

② Stuart Hall, "In Defence of Theory", in Samuel Raphael, ed, *People History and Socialist Theory*, London: Routledge, 1981; Terry Eagleton, "The Poverty of E. P. Thompson", in *Literature and History*, 5(2), 1979; Paul Hirst, "The Necessity of Theory: A Critique of E. P. Thompson's The Poverty of Theory", in *Economy and Society*, 8(4), 1979; Richard Johnson, "Edward Thompson, Eugene Genovese, and Socialist-Humanist History", in *History Workshop Journal*, 6, 1978.

义、国际主义、乌托邦和革命战略等方面的问题对汤普森的观点给予回应。在此由于研究主题与篇幅所限，仅从双方在历史学领域的争论出发来总结安德森在这一次争论中的观点。

安德森认为，汤普森在《理论的贫困》的开端提出的"针对史学作为一门学科的某些一般性的问题"①可以进一步区分为三个部分，"第一，证明历史学是一门科学的依据是什么？第二，理解历史进程的恰当观念是什么？第三，什么内容构成了历史学的客观对象？"②安德森不同意汤普森认为历史学不是一门科学的观点，"历史学并不是一个生产杰出理论的工厂。历史学的任务是要发现、解释和理解它的客体：真实的历史"③。安德森认为，汤普森将历史和过去的存在等同起来，由此历史学沦为过去事情的记录，所以他反对将历史学称为一门科学，因为"把历史称为一门'科学'的企图总是无益的并且容易引起混乱"④。

在安德森看来，历史学清晰明确的理论体系与历史本身变动不居的现实之间，并不存在不可调和的矛盾，面对社会历史进程复杂的经验材料，必须使用清晰明确的抽象理论工具，排除解释社会历史进程时不必要的琐碎复杂性，使得社会历史进程的结构性本质关系展现出来。也就是说，人使用思维逻辑结构去拷问社会历史，直至其展现出自身的清晰逻辑结构。由于这个清晰的逻辑结构并非出自想象，而是通过抽象观念

---

① Perry Anderson, *Argument within English Marxism*, Veto Editions, 1980, p. 5.

② *Ibid.*, p. 5.

③ E. P. Thompson, *The Poverty of Theory and Other Essays*, London: Monthly Review Press, 1978, p. 46.

④ *Ibid.*, p. 231.

来表达社会历史的本质，因而具有严格的客观性。安德森认为，历史唯物主义当然包括了汤普森所说的从经验事实出发，但是历史唯物主义本身也是一整套理论体系，具备成体系的概念群。只有以这些概念组成的理论体系为中介，把社会历史进程中的经验结构化，才能真正把握住那些经验，理论与经验的结合才是历史唯物主义的要义。也只有通过抽象的结构，我们才能在杂乱的社会历史经验中发现规律，使其呈现出较为严谨的秩序，从而为预测历史走向和社会主义运动提供依据。阿尔都塞结构主义的马克思主义，正是因为符合经验和抽象结构的辩证统一，所以属于马克思的历史唯物主义。安德森于 1983 年对这一点总结道，"马克思主义主要地而且是出类拔萃地属于那种探讨整个社会的本质和发展方向的思想体系的范畴"①。历史学既可以把握社会历史进程的一般性结构，又能根据经验事实得出的框架性结论来预测未来，因此，历史学是一门科学。

汤普森认为，历史唯物主义是理解历史进程的恰当观念，具备历史性、经验性、清晰性，因而与其他解释体系不同。这种总体不是"已经完成的理论真理，也不是虚伪的'模式'，而是发展着的认识，尽管是临时的、近似的、尚有不少空白和杂质的认识"②。汤普森认为，这种认识在理论与实践中同时发生，但这种认识并非教条式地出现在历史学著作的每一页上，如果历史学家真的这么做了，那么史学著作就会让人难

---

① ［英］佩里·安德森：《当代西方马克思主义》，余文烈译，2 页，北京，东方出版社，1989。

② E. P. Thompson, "The Poverty of Theory Or An Orrery of Errors", in E. P. Thompson, *The Poverty of Theory and Other Essays*, London：Monthly Review Press, 1978, p. 49.

以接受。"然而，在与经验的每一次遭遇中，在历史学家面对证据定位自己的方式中，以及在提出来的问题中，都暗含着这种逻辑。"①汤普森由此认为，以阿尔都塞结构主义为方法论的第二代英国新左派把握到的历史"事实"具有浓重的主体建构色彩。

安德森重申了其在 1974 年就提出的观点，即认可汤普森等第一代英国新左派的价值，同意历史唯物主义是理解历史进程的恰当观念，"理应一清二楚的是，马克思主义编史工作中的进展，对马克思主义理论的发展有着潜在的极端重要性"②。但安德森同时指出，汤普森只是抓住了历史唯物主义的纯粹经验这一个维度，单以经验为中介是无法把握历史本身的，虽然对经验的重视是十分必要的，但是历史研究并不能把理论排除在外。这种理论也不是一般的理论，而是能够使历史呈现出其本身结构的阿尔都塞结构主义，否则历史学将陷入无穷无尽的史实考证之中。因此，安德森在与汤普森的探讨中恰当地使用了"历史编纂学"（historiography），而非"历史学"（history），从历史编纂学提升到历史学则需要以结构主义的理论为中介。安德森认为，汤普森的历史研究工作只是对史料进行了编纂，而这并非历史学的目的。从历史编纂学到历史学的过程是一个将编纂的经验事实通过抽象上升到理论的过程，然后理论再反过来规定经验事实，将意义赋予经验事实。是否以阿尔都塞的结构主义作为方法论来理解史料是这一方法的关键所在。

---

① E. P. Thompson, "The Poverty of Theory Or An Orrery of Errors", in E. P. Thompson, *The Poverty of Theory and Other Essays*, London: Monthly Review Press, 1978, p. 49.

② ［英］佩里·安德森：《西方马克思主义探讨》，高铦、文贯中、魏章玲译，138页，北京，人民出版社，1981。

关于什么内容构成了历史学的客观对象这一问题，汤普森认为，社会存在和社会意识的辩证关系在阿尔都塞那里消失了，社会意识的能动性不复存在。在汤普森看来，社会存在的变化带来社会意识的变化，要求社会意识以新的内容去反映这种社会存在，与此同时，社会意识也不是处于完全被动的地位，而是能够主动地去认识这些社会存在的变化。汤普森说："不论是非自我意识的文化，还是神话、科学、法律或明白表达的意识形态，都回头向存在形成冲击，当存在被思考时，思想本身也获得了生命。"①历史学当然属于社会意识的范畴，因此其研究对象是过去的社会存在，在历史思想与社会存在的不断对话过程中建构史学生成史。历史学用以前研究社会存在得出的概念、判断和理论，来研究新出现的经验事实，并反过来用这些研究对象来证明史学观点的正确性，放弃已经证实的错误观点，不断修正已有的历史成果和假设，从而对曾经的社会存在展开更高水平的研究。在汤普森看来，作为历史学研究对象的经验事实保障了历史学观念的真实性，也就是说，如果历史学观念能够被经验事实证实，那么其就具备合法性。反过来说，如果历史学观念被作为社会存在的经验事实所驳斥，那么需要修正的就是历史学理论。

安德森认为，历史编纂学固然是以经验事实为研究对象，但经验事实并不是历史学研究的根本对象。历史学研究的对象以观念的先在性为基础，在历史学研究中曾经给予他们重大启发的不是推崇经验的英国历

---

① E. P. Thompson, *The Poverty of Theory and Other Essays*, London: Monthly Review Press, 1978, p. 12.

史学，而是重视观念的法国哲学，"是法国哲学家，而不是英国历史学家在这个场合给了我们最好的答复——因为其是足够坚定的、明确的证伪"①。安德森认为，在历史编纂学的意义上，汤普森关于历史学的客观对象的观点完全正确，但是历史学和历史编纂学的本质是不同的，进而两者的研究对象也是完全不同的。

安德森指出，"历史"的概念并非指过去时间层面上的历史，不是简单地指在过去的时间中发生的事情，因为这些过去的故事并不构成我们对于世界的理解。真正的历史是一种自我理解，是一种对自己和自己所处时代的自觉意识，历史甚至就是人的全部自我理解。因此，安德森理解的历史唯物主义中的"历史"就是人类的"世界图景"，哲学建构了历史，历史构成了哲学的全部内容，它消除了朴素唯物主义中的线性时间观念，将其在"当下意义"场域中进行重新建构。这种建构是指向未来的，是为了推动英国社会主义运动而创建的，而历史在"当下"的重建工作，是以主体的认识能力和认识水平为前提的，安德森认为，恰恰在这一问题上，汤普森犯了朴素唯物主义反映认识论的错误。

在安德森看来，历史认识是在主客体的相互作用和双向建构中完成的，历史认识的过程在本质上是一个主体性的创造过程。历史学研究深入的过程，并不是历史学研究的客观对象自身不断深化的过程，而是历史学的研究对象在历史认知主体中不断被建构的过程，这当然需要历史认识主体不断进行自我深化。历史学客观对象的确立取决于主体维度，

---

① Perry Anderson, *Argument within English Marxism*, London: Verso, 1980, p. 14.

历史学研究的客观对象是由主体建构而成的。因此，历史并非一种朴素的实在，历史学的客观研究对象并非一种现成的、容易获得的存在，安德森总结道，"汤普森的警示意义在于告诫我们在面对任何回到过去的诱惑时要保持坚定的立场"①。

（三）

我们必须首先予以明确的是，汤普森与安德森的两次争论绝非出于个人恩怨，而是英国实现社会主义的路线之争，而方法论的抉择则内在规定了双方不同的路线取向。我们看到，在两次争论中，汤普森的经验主义方法论原则并无明显变化，而安德森的变化则相对明显，从而单方面构成了两次争论的差异。在第二次争论中，安德森的态度与第一次的针锋相对明显不同，安德森回忆道，在《英国马克思主义的内部争论》一书中，他"对汤普森的成就表示了敬意，同时，通过争论也更好地理解了他们那一代人取得了多么重大的成就。那一次汤普森做了很好的回应，我们形成了较为辩证的关系。在汤普森去世之前，我们取得了和解"②。就实现社会主义的路线而言，针对汤普森对安德森太过重视权力而忽视道德的评价，安德森的回应是，"战略若无道德则为权谋，于现实社会主义运动无所裨益；道德若无战略，则为只从伦理上反对世界的人

---

① Perry Anderson, *Argument within English Marxism*, London：Verso，1980，p. 15.

② 参见汪晖：《新左翼、自由主义与社会主义——P. 安德森访谈》，见南京大学马克思主义社会理论研究中心：《实践与文本》，http：//www. ptext. nju. edu. cn，2008-01-04。

道社会主义，注定是无用的悲剧，缺乏现实力量的高尚只能导致灾难"①。

这与安德森在第一次争论时否定道德的战略意义的观点有相当大的区别。以双方方法论争论的焦点历史学为例，在第二次争论中安德森在坚持历史学是一门科学的前提下，承认汤普森的历史编纂学在一定层次上的价值，可以说是将历史编纂学吸纳为历史学的一个环节。安德森重申了马克思主义是透视社会本质和发展方向的思想体系，他以此为理论根基，将汤普森强调的客观经验纳入其文化霸权方法之中，组成其逻辑环节的一个部分。历史学既可以把握社会历史进程的一般性结构，又能够根据经验事实得出的框架性结论来预测未来。显然，安德森对霸权及其进一步演化的结构主义方法的坚持，已经与20世纪70年代中期以前有所不同，他开始注重在坚持霸权方法第一位的前提下，吸收以汤普森为代表的第一代英国新左派的理论成果，这构成了安德森原有方法论变化的证明。

要探究上述变化产生的原因，我们必须深入两次争论的不同历史语境。构成英国新左派运动理论阵地的《新左派评论》是在1959年由《新理性者》和《大学与左派评论》合并而成的。合并的原因，一方面是新左派力量迅速壮大，需要成立一个正规组织来发展他们的事业；另一方面则是"面对即将来临的1959年大选，在是否支持工党的问题上却出现了意见分歧，所以很多新左派都希望成立一个机构来解决非政党体制所带来的各种问题"②。但是合并不仅没有解决他们的理论差异问题，而且进

① Perry Anderson, *Argument within English Marxism*, London: Verso, 1980, p. 206.
② 张亮、熊婴编：《伦理、文化与社会主义——英国新左派早期思想读本》，11页，南京，江苏人民出版社，2013。

一步形成了英国新左派运动的内部张力乃至重大分歧。他们之间的差异产生于不同的理念，以汤普森为代表的《新理性者》的理念是消除斯大林主义对马克思主义的曲解，返回马克思主义的本原，从而达到复兴马克思主义的目的。以安德森为代表的《大学与左派评论》的理念是将马克思主义本身视为一种理论遗产，而非必须遵循的思想教条，认为面对新的历史条件与形势，必须对经典马克思主义本身进行重新评估。

我们认为，这种分歧导致了他们在《新左派评论》成立的第二年就开始了尖锐的斗争。安德森认为，20世纪30年代后期，第一代英国新左派产生于反抗法西斯主义的大众运动之中，他们的主要成员为共产党人，都是各个领域的专业学者和知识分子，其中的杰出代表人物是爱德华·汤普森。安德森说，"第二代于50年代'冷战'时期形成，这一代与英国的共产主义运动无关"[1]。安德森指出，不仅英国马克思主义而且英国的学术传统本身都存在严重的缺陷，即缺乏系统批判理论，"有一个另类的马克思主义传统，即欧洲大陆的传统，提供的正是英国马克思主义传统所缺乏的东西"[2]。在安德森看来，欧陆马克思主义传统包括匈牙利的卢卡奇、意大利的葛兰西，他们代表了重要的一代；其后的几代包括法兰克福学派如阿多诺、马尔库塞等，法国的萨特和阿尔都塞等。在这样的严重分歧下，双方斗争持续了三年，"最终使刊物的控制权于1962年3月落入时年22岁的能干而富有的第二代新左派佩里·安

---

① 参见汪晖：《新左翼、自由主义与社会主义——P. 安德森访谈》，见南京大学马克思主义社会理论研究中心：《实践与文本》，http：//www. ptext. nju. edu. cn，2008-01-04。

② 参见汪晖：《新左翼、自由主义与社会主义——P. 安德森访谈》，见南京大学马克思主义社会理论研究中心：《实践与文本》，http：//www. ptext. nju. edu. cn，2008-01-04。

德森手中"①。

我们发现，安德森在主持《新左派评论》后，立即全面执行了第二代新左派的理念，即为了解决英国批判理论匮乏的问题，开始全面地翻译、批判、运用欧陆马克思主义理论。安德森运用葛兰西霸权主义，分析了当时英国的状况，并于 1964 年出版了著名的《当前危机的起源》，汤普森则于 1965 年发表《英格兰的特性》对此进行批判，安德森则以《社会主义和伪经验主义》予以反击。双方各执一词的根本原因在于，彼时英国乃至欧洲的社会主义运动势头正猛，欧洲多数国家的工人政党占据着有利的政治地位，他们认为英国社会主义的实现指日可待，因此路线及其内在规定的方法论差异就成为一个根本问题。

汤普森与安德森第二次争论的历史语境与第一次争论的语境差异非常之大。"70 年代中后期，随着资本主义的重新稳定，新左派运动开始分化、瓦解，并在 1979 年英国撒切尔保守党政府的上台后正式走向终结。"②从西方大的背景来看，代表工人阶级的政党在欧洲接连遭遇失败。德国社会民主党遭遇巨大失利，意大利社会党被淘汰出局，瑞典社会民主工党下野，法国社会党一败涂地，1968 年的革命传统被消耗得所剩无几，新社会运动和改良主义暴露了工人阶级政党自身的不彻底性与软弱性，政治局势出现了令绝大多数人意外的大逆转。社会主义运动严重受挫，1979 年撒切尔、里根上台，80 年代右派开始获胜，革命的前景更加渺茫。

---

① 张亮、熊婴编：《伦理、文化与社会主义——英国新左派早期思想读本》，11页，南京，江苏人民出版社，2013。
② 张亮：《作为思潮的"晚期马克思主义"》，载《南京大学学报（哲学·人文科学·社会科学版）》，2003 年第 2 期。

　　究其原因，英国和奥地利等许多国家，由于工人政党执政而实现了大量工业企业的国有化，由此带来了令人满意的高就业率和社会保障，为工党赢得了大量的民众支持，从而获得了巨大的政治成功。工党的经济手段主要是货币政策，即通过降低利率、刺激需求和货币贬值恢复贸易平衡。这使得英国和西欧左派政党执政时的经济发展成就十分显著。然而，经济国有化的长期问题在于经济活力下降，经济个体也在社会力量的保护下逐渐与市场脱节，市场的敏感性急剧下降，在此经济形势下，货币政策的效力开始逐步下降乃至接近消失。由此带来的经济增长率下降、失业率上升和通货膨胀率居高不下等问题，使得英国民众对工党执政的信心大幅下降。以私有化为核心的新自由主义经济政策推动英国经济局势明显好转，最终在保守党的意识形态宣传攻势下，作为工党执政选民基础的工人阶级也开始转向英国保守党。英国保守党的意识形态核心在于，将造成英国当时经济困境的责任悉数推向英国工党，并着手构建"历史性主体集团"①，其简要过程，正如大卫·哈维所言，"英国保守党通过居者有其屋、私人财产、个人主义和创业机遇的自由"②，赢得了中产阶级的认同。随着中产阶级价值观念的广泛传播，以及在保守党执政下英国经济的逐渐好转，英国工人阶级的政治倾向也开始倒向英国保守党。在这样的历史语境中，新左派思想家开始逐步梳理自己与英国新

---

　　① 20世纪70年代末80年代初，"历史性主体集团"的建构只是初步显现，其发展成熟是在1983年英国保守党再次赢得大选之后，参见乔茂林：《斯图亚特·霍尔的撒切尔主义批判》，载《国外理论动态》，2014年第10期。

　　② ［英］大卫·哈维：《新自由主义简史》，王钦译，71页，上海，上海译文出版社，2010。

左派的思想。《批评与意识形态》与《马克思主义文学理论》(伊格尔顿，1976)、《政治无意识》(杰姆逊，1981)就是他们的反思成果。在上述社会主义运动困境中诞生的《英国马克思主义的内部争论》(安德森，1980)，不但不可能尖锐批判第一代英国新左派，而且整合新左派内部的理论分歧，为实现社会主义的可能性寻求新的方法论才是其唯一合理的选择。

二、反思文化霸权范式的根基：主体与结构关系问题探究

1982 年，安德森辞去《新左派评论》主编职务，由罗宾·布莱克(Robin Blake)接任。次年 6 月，安德森出版《在历史唯物主义的轨迹之中》①一书。在西方马克思主义取得相当大理论成就的前提下，理论却没有掌握群众，安德森由此对主体与结构的关系这一文化霸权范式的根基进行反思，确认了经典马克思主义者并没有对这个历史唯物主义最根本的问题给出始终如一的答案。从萨特到阿尔都塞的西方马克思主义者也没有使问题得到解决，而是时而过度张扬主体性从而陷入脱离结构的盲目主义，时而过度强调结构性而使得主体性消解，从而将社会主义变成了无须人为的自然主义。安德森指出，经典马克思主义虽并未巧妙解决这一问题，但是至少对问题的重要性及其内在张力给予了深刻阐述。安德森能够将主体与结构的关系指认为马克思主义的核心问题，从

---

① Perry Anderson, *In the Tracks of Historical Materialism*, London: New Left Books, 1983. 中译本名为《当代西方马克思主义》，遵照学界习惯，本书对此书引文均统一使用中译本书名《当代西方马克思主义》。

而把握住了人本主义与"人已死亡"之间的矛盾，这是其文化霸权范式在特定历史语境演化下的必然结果。

（一）

根据本书第一章的分析，安德森于 1964 年发表的《当前危机的起源》，标志着其文化霸权研究范式的确立，该范式以阶级斗争研究方法为基础，着重关注霸权和阶级意识之间的互动关系，主要受到经典马克思主义、卢卡奇的阶级意识理论、葛兰西的霸权理论的影响。我们认为，19 年之后，在生产资料占有和分配方面，英国知识分子和工人阶级的状况并未明显变化，也就是说他们在英国社会生产体系中所处的地位没有变化，自己支配的财富占社会财富的比例没有显著变化。在阶级意识方面，由于英国工党没有实现安德森所期望的社会主义文化霸权的构建，因此，英国工人阶级没有超越自身社会地位的局限，仍然不能达到卢卡奇所强调的总体观察和理解的水平，正如卢卡奇所言，

因为如果从特定的阶级地位这样一个立场出发，竟全然不能觉察现实社会总体的话，因为如果连对自身的利益所作的归因于这些利益的深刻思考也没有涉及这个社会的总体的话，那末一个这样的阶级就只能起被统治的作用，就决不能影响历史的进程，无论是维持这一进程，还是推动这一进程。①

---

① ［匈］卢卡奇：《历史与阶级意识》，杜章智、任立、燕宏远译，106 页，北京，商务印书馆，1996。

　　在文化霸权方面，英国工党始终没有带领英国工人阶级摆脱英国旧统治集团的文化霸权。以保守党为代表的英国统治集团为了维护自身的阶级利益，重新制造出了掩盖剥削本质的意识形态以及所谓的社会共识，使得建立英国社会主义文化霸权的阻力进一步加大。安德森对文化霸权范式在揭示和建构社会结构方面的价值并不怀疑，但近二十年的英国社会主义实践证明，除英国保守党力量十分强大以外，作为新左派自身理论与实践范式的文化霸权在分析社会结构和建构新社会结构方面的能力也有待加强。

　　在这样的历史语境下，安德森对作为文化霸权范式理论基础的西方马克思主义进行了反思，尤其是对由葛兰西文化霸权发展而来的结构主义、对人的主体性与客观存在的限制性之间的关系进行了探讨，这标志着他对文化霸权范式的思想根基进行了反思。安德森在 1983 年出版《当代西方马克思主义》，就是为了完成这一工作。我们发现，与 1980 年出版的《英国马克思主义内部的争论》相比，文化霸权范式松动的状况得到了进一步发展，这首先表现为，安德森重申，历史唯物主义属于批判理论，但与其他批判理论具有本质区别，"历史唯物主义首先表现出来的这种批判的特色在于，它不可分割地、不间断地包含了自我批判"[1]。

　　安德森处理这一问题的理论背景包括马克思主义批判理论和文学体系批判理论，"当代习惯用语'批判理论'应该具有两种主要涵义就并非完全偶然了——一是概括的文学理论体系，另一种是马克思传下来的一种独特的社会理论体系"[2]。将马克思主义批判理论和其他批判理论区

---

　　① ［英］佩里·安德森：《当代西方马克思主义》，余文烈译，4 页，北京，东方出版社，1989。

　　② 同上书，3 页。

别对待的原因在于，第一，马克思主义并非局限在一个领域探讨某一个问题，而是"主要而且是出类拔萃地属于那种探讨整个社会的本质及其发展方向的思想体系的范畴"①。即使是社会中的某一个小问题，马克思主义仍然是在社会总体的背景下来理解它的，因为每一个社会小问题都内在地包含了几乎全社会的矛盾，缺乏整体社会视野，则无法真正研究任何一个小问题。第二，对资本主义社会持坚定的、毫不动摇的、彻底的批判，这是马克思主义的基本理论立场，霍克海默将其生动地表述为批判理论家"唯一关心的"是"促进其向没有剥削的社会发展"②。

这种坚定的自我批判，保证了马克思主义虽然从属于批判理论，但却与其根本异质；也使得马克思主义将全部资本主义社会作为视角成为可能，还使得马克思主义维持了旺盛的生命力。安德森引用马克思自己的话为此证明，

> 例如 19 世纪的革命，则经常自我批判，往往在前进中停下脚步，返回到仿佛已经完成的事情上去，以便重新开始把这些事情再做一遍；它十分无情地嘲笑自己的初次行动的不彻底性、弱点和拙劣；它把敌人打倒在地，好像只是为了要让敌人从土地里汲取新的力量并且更加强壮地在它前面挺立起来；它在自己无限宏伟的目标面前，再三往后退却，直到形成无路可退的局势为止，那时生活本

---

① ［英］佩里·安德森：《当代西方马克思主义》，余文烈译，2 页，北京，东方出版社，1989。

② ［德］马克斯·霍克海默：《传统理论与批判理论》，载《社会研究杂志》（德国），1937 年第 2 期。

身会大声喊道：这里是罗陀斯，就在这里跳跃吧！这里有玫瑰花，就在这里跳舞吧！①

安德森文化霸权范式的主要思想来源是经典马克思主义、卢卡奇阶级意识理论、葛兰西的霸权理论，在指出马克思主义的核心特质在于自我批判之后，安德森对全部西方马克思主义进行了深入反思。安德森认为，1964 年以来，马克思主义在西方资本主义国家也取得了相当的成就，其理论宣传范围逐步扩大，研究中心也在欧美多地成立，在文化理论、政治哲学、资本主义社会运行机制等方面的研究取得了显著成就。然而，随着上述社会形势的变化，70 年代后期右派政治势力的迅速强大，使得作为马克思主义最终目的的政治实践并没有实现，马克思主义从社会斗争转入理论研究，从历史斗争的舞台退回了书房，革命的理论变成了书斋中的学问。安德森重申了 9 年前对西方马克思主义的总体判断，"自俄国革命胜利和孤立之后，西方马克思主义经历了很长时期的形成过程，它基本上是 1911 年布尔什维克首次突破之后，欧洲大陆发达资本主义堡垒中工人运动一再失败的产物"②。

正是这三次失败造就了一种新的马克思主义，也就是西方马克思主义，安德森对其进行了探究。第一，1918 年至 1922 年，德国、意大利、奥地利和匈牙利的无产阶级革命失败，导致法西斯主义在这些国家兴起。第二，20 世纪 30 年代后期，西班牙共和国和法国左翼的崩溃，标志着法

① 《马克思恩格斯文集》第 2 卷，474 页，北京，人民出版社，2009。
② ［英］佩里·安德森：《当代西方马克思主义》，余文烈译，10 页，北京，东方出版社，1989。

国和西班牙人民阵线的瓦解。第三，欧洲共产党和社会党在"二战"之后，未能把他们的武装优势转变为政治领导权。西欧经济繁荣与民主政治以及消费社会的形成，使得劳动在总体上再次成为资本的奴隶，也就是说，除了英国这个最老牌的资本主义国家和美国这个最强大的资本主义国家之外，在德国、意大利以及法国，工人运动曾经一度壮大到对资本主义构成严重威胁，但是仍未能推翻资本主义，因此不断经历着失败。在上述三国中，西方马克思主义找到了生成、发展的土壤，其创始人都是本国共产主义的创始人或领导者，"由于这些先驱者们要么被流放，要么在牢狱中逝世，理论与实践产生了致命的分离"①，"到50年代严酷冷战时期，这一变化实际上就定型了。此时几乎没有一个有影响力的马克思主义理论家在阶级斗争中有什么地位，而只是在学院里占有一席之地"②。

由此安德森做出了关于西方马克思主义的最为著名的论断，即马克思是从哲学走向了政治经济学，而西方马克思主义则是从政治经济学退回到了哲学，葛兰西霸权理论也销声匿迹了。资本主义国家政治与经济的现实分析已经偃旗息鼓，任何通往社会主义的战略都已经不见踪迹，西方马克思主义回到了哲学方法论的探讨。令安德森感到欣喜的是，西方马克思主义者在文学、艺术以及意识领域取得了杰出的成就，丰富了马克思主义的上层建筑理论，这样的繁荣持续了很多年，但最终在20世纪60年代末70年代初，以西欧社会主义运动的失败为标志而宣告衰竭了。在安德森看来，这种衰竭有其内在的深刻原因，"所有这些事件

---

① ［英］佩里·安德森：《当代西方马克思主义》，余文烈译，11页，北京，东方出版社，1989。

② 同上书，12页。

中，群众造反的原动力没有一个是来自左派组织的党，无论是社会民主党还是共产党"①。

安德森对于西方马克思主义在20世纪70年代中期以后的发展状况持肯定态度，"他们悉心致力的理论活动在大多数情形下常常结出了重大的综合性成果"，这些政治经济学、政治学、社会学、东方资本主义的成果的扩展却"并未引起哲学或文化领域——西方马克思主义硕果累累的独特园地——之相应的收缩"②。安德森认为，可以从上述学科的发展来总结西方马克思主义这一阶段的理论成就。

自从格罗斯曼关于大萧条的理论形成以来，政治经济学一直处于沉寂状态。通过以下三位人物的努力，马克思主义者对当代资本主义的探讨又一次达到了卢森堡和希法亭时期的水平：第一，欧内斯特·曼德尔（Ernest Mandel）及其开拓性著作《晚期资本主义》；第二，哈里·布雷弗曼（Harry Braverman）及其研究20世纪劳动过程转变的《劳动与垄断资本》；第三，米歇尔·阿里塔及其《资本主义管理论》。③ 在政治学领域，随着一系列著作的产生，西方马克思主义关于现代资本主义国家结构研究的空白在很大程度上得到了填补，这些著作包括"尼克斯·普兰查斯的五部著作，探讨了议会型的、法西斯型的、军事型的资本主义国家的全部领域；英国的拉尔夫·米利班德的更富有经验基础的著作；西

---

① ［英］佩里·安德森：《当代西方马克思主义》，余文烈译，15页，北京，东方出版社，1989。

② 同上书，22页。

③ 参见《当代西方马克思主义》原书注释："欧内斯特·曼德尔：《晚期资本主义》，伦敦1977年版；哈里·布雷弗曼：《劳动与垄断资本》，纽约1975年版；米歇尔·阿里塔：《资本主义管理论》，伦敦1979年版。"

德资本论逻辑学派的辩论和克劳斯·奥费的文献；以及瑞典社会学家戈兰·索伯恩具有轴心地位的最新著作《统治阶级统治时干些什么？》"①。在社会学领域，西方马克思主义的研究集中于晚期资本主义社会阶层划分的新形式，代表作品有埃里克·奥林·赖特的《阶级、危机与国家》《阶级结构和收入的决定性》、古利尔莫·卡切迪的《社会阶级的经济划分》、克里斯蒂昂·博德洛和罗歇·埃斯塔布莱的《法国的资产阶级学派》。在东方资本主义社会的国家性质方面，鲁道夫·巴罗的《东欧的抉择》、多梅尼科·马里奥·纳蒂的《社会主义经济学的矛盾》、洛兹迈尔茨·布鲁斯的《社会主义所有制与政治体制》等著作一道突破了这一研究禁区。西方马克思主义在文化研究领域也取得了丰硕的成果，雷蒙·威廉斯的唯物主义文化研究《乡村与城市》《马克思主义与文学》《政治学与文学》《唯物主义和文化中的问题》和弗雷德里克·詹姆森的《政治的无意识》是其中的代表。在哲学领域，"科恩的《卡尔·马克思的历史理论——一种辩护》第一次把分析哲学的程序标准引进历史唯物主义的基础思想之中，这部著作显然是 70 年代这一研究领域的里程碑"②。

从地域上来看，马克思主义的研究中心已经从德法等国转移到了英美，历史唯物主义呈现出由英美两国主导的态势，这主要是由两个方面的原因造成的，一是英国和北美的左派对经济、政治、社会学、文化领域研究的浓厚兴趣以及由此衍生出的一系列刊物，二是马克思主义编年史工作的崛起。汤普森经过与阿尔都塞主义的辩论而形成的《理论的贫

---

① ［英］佩里·安德森：《当代西方马克思主义》，余文烈译，21 页，北京，东方出版社，1989。

② 同上书，23 页。

困》绝非仅仅具有澄清思想的意义，更为重要的是，其打破了将西方马克思主义的争论限制在本国范围内的壁垒，西方马克思主义内部的国际性探讨由此开始。对于沃勒斯坦的世界资本主义体系的探讨和布伦纳的向资本主义过渡的探讨，"引起了德国、法国、英国和波兰的历史学家的国际性的反响"[①]。

（二）

我们不禁要问，既然西方马克思主义取得了如此令人满意的理论成就，那么理论为什么还是难以掌握群众，换言之，理论到实践之间的过渡究竟出了什么问题？在安德森看来，根本原因是，"继西方马克思主义之后的马克思主义同其先辈共同有的东西是'战略的贫困'，而不是'理论的贫困'"[②]。也就是说，他们都没有清楚地阐明从资本主义社会过渡到社会主义的具体可行战略。在这方面，上述具有丰富理论内涵的著作中，几乎没有哪一部可以与卢森堡、列宁和托洛茨基的著作相提并论，因为它们都没有果敢的政治行动力和复杂的理论想象能力。"有一个关键性的领域，就是马克思主义战略的问题，在这一领域中还很少或没有与我的预言相吻合的著作出现。"[③]

关于这一问题的答案，要进入《当代西方马克思主义》的第二个主题即结构与主体的考察才能获得。安德森由此进入了对于西方马克思主义

[①]　［英］佩里·安德森：《当代西方马克思主义》，余文烈译，29 页，北京，东方出版社，1989。

[②]　同上书，30 页。

[③]　同上书，108 页。

的地域性考察，并指出，"纵观整个学术场面，我们还存在一个百思不解的矛盾。马克思主义作为一种批判理论在说英语的地区空前高涨，恰恰就在这时，在战后曾是最有影响最有成果的拉丁民族地区，这种理论却经受着急遽的下降"①。具体而言，法国和意大利的历史唯物主义在取得了一系列堪称辉煌的理论成就之后忽然沉寂了，在局部地区甚至到了崩溃的地步。安德森不同意一种解释，即拉丁地区的马克思主义在60年代中期以后被更高级的结构主义取代了。这是因为，"结构主义从未深入到两者之间的正式论争领域，即结构和主体的关系问题，因而没有对充分相信自身的历史唯物主义构成真正的挑战"②。

我们看到，历史唯物主义是安德森分析结构主义的理论支撑。安德森表面上关注的是结构主义取代马克思主义成为拉丁地区的主流理论这一现象，但实质上他关注的是主体与结构的关系问题。主体与结构的问题恰恰是文化霸权范式中最为核心的问题，对主体与结构的交互作用的理解，揭穿了整体社会意识、观念的文化霸权本质。具体而言，就是英国的旧贵族如何将本阶级的利益炮制包装成全社会的利益，从而收编无产阶级的阶级主体意识，将无产阶级的主体意识容纳进所谓"社会共识"。安德森正是通过文化霸权的主体与结构的互动关系来把握社会结构的，从而没有落入经济决定论的窠臼，即一种社会成员经济地位与在霸权统治下的文化观念混合体。

因此，安德森不仅要指出马克思主义自身存在的问题，还要说明在

---

① [英]佩里·安德森：《当代西方马克思主义》，余文烈译，34页，北京，东方出版社，1989。

② 同上书，34页。

欧洲拉丁语系地区结构主义并未真正取代马克思主义。安德森之所以能够做出这样的判断，是因为他已经能够从主体与结构关系的高度来俯视思想史问题，他穿透关于"二战"后法国文化从马克思主义到结构主义再到后结构主义转变的众说纷纭的解释，认为"在这方面并不是神秘地突然一下子从一个认识的'山头'整体转到另一个'山头'（福柯），或从一个'疑团'转到下一个'疑团'（阿尔都塞），相反，很清楚，所有的争论者都是围绕一个主要问题展开"①。安德森指出，所有相关争论的主题都是主体与结构的关系问题，人本主义是主体力量的极致化，"人已死亡"则是结构力量的极致化。表面上看来，结构主义在这一问题上取得了相对于马克思主义的最初胜利。

我们发现，安德森对主体与结构关系问题的思想价值给予了极高的评价。在安德森看来，结构与主体的关系问题并非马克思主义次要或者局部问题，而是马克思主义全部问题的核心，也是"解释人类文明发展的历史唯物主义之最重要和最基本的问题之一"②。在安德森看来，马克思的长期思考就是围绕这一问题展开的，一方面，以 1859 年的《〈政治经济学批判〉导言》为代表，马克思把历史变革的动因归结为客观的生产力和生产关系的矛盾运动，安德森将这一点总结为"涉及到结构的实体，或更确切地说涉及内在结构的实体：这就是当代社会学称之为系统综合的序列（或用马克思的话，就是潜在的分裂）"③。另一方面，以《共

---

① ［英］佩里·安德森：《当代西方马克思主义》，余文烈译，38 页，北京，东方出版社，1989。

② 同上书，39 页。

③ 同上书，39 页。

产党宣言》为代表，马克思又将历史变革的动力归结为阶级斗争，安德森将这一点概括为，涉及为控制社会形态和历史进程而互相竞争、互相倾轧的主体力量。安德森认为，对于应该如何消解这两种解释原则在历史唯物主义中造成的理论困难，"经典马克思主义在其鼎盛时期也并未给出始终如一的答案"①。

我们认为，虽然主体与结构的关系确实是至为关键的问题，但安德森对于马克思思想的这一判断是需要商榷的。回顾思想史我们可以看到，他的这一思想受到了阿尔都塞理论的深刻影响。在阿尔都塞看来，马克思的思想可以分为两个阶段，"1845年断裂前是'意识形态'阶段，1845年断裂后是'科学'阶段"②。与阿尔都塞的"断裂说"不同，安德森更加强调"分裂"，前者突出时间的前后不一致，后者则注重思想内部从始至终的张力。笔者并不同意安德森将马克思的思想归结为主体与结构的"分裂"，因为这是一种单一实体历史动力观下的思维结果。考察思想史我们可以看到，这种单一历史动力观并不新鲜，不论是基督教哲学中的上帝，还是黑格尔哲学中的绝对精神，都将历史发展动力视为单一实体。马克思恩格斯指出，历史发展动力并非具体实体，而是一个包含多个层次的动力系统。马克思恩格斯揭示了生产力与生产关系的基本矛盾运动是社会发展中最基本的矛盾，恩格斯在此基础上指出，"一切重要历史事件的终极原因和伟大动力是社会的经济发展，是生产方式和交换方式的改变，是由此产生的社会之划分为不同的阶级，是这些阶级彼此

---

① ［英］佩里·安德森：《当代西方马克思主义》，余文烈译，40页，北京，东方出版社，1989。

② ［法］阿尔都塞：《保卫马克思》，顾良译，14页，北京，商务印书馆，1984。

之间的斗争"①。阶级矛盾的程度决定了将会采取改革还是革命的方式，从而构成了历史发展的直接动力。

因此，马克思恩格斯关于历史动力的观点是根本动力与直接动力辩证统一的。在安德森看来，这种主体与结构的张力，导致了在实践中第二国际右派的改良主义和极"左"派无政府主义的对立，虽然列宁在不断地调和这些极端对立，但他只是在处理现实危机而非理论困难的层面上解决上述结构与主体的对立问题。既然我们已经分析了安德森所指出的马克思思想中的主体与结构的张力并不存在，那么上述说法自然也并不成立。然而，问题的复杂性在于，我们并不能够因为马克思思想中不存在这一难题，就断定西方马克思主义也一样无此理论困难。

马克思主义在法国衰微，我们可以直接看到，法国马克思主义编年史学很快被年鉴学派学替代，历史学很快为年鉴学派所支配。那么其原因何在？这是因为相比年鉴学派而言，法国马克思主义编年史学放弃了对历史动力的探寻，也就是安德森所说的"在其寻求历史的更深远或长久的东西时，对动力本身基本上不关心"②。我们看到，布罗代尔将历史分为环境史、社会史、事件史，其中事件史"最激动人心、最富有人性，但它也是最危险的"，其特征是既有"短暂、急促、紧张不安的波动"，又"极端敏感"，"它能引起这种历史的全部领域颤动"③，历史动

---

① 《马克思恩格斯文集》第 3 卷，509 页，北京，人民出版社，2009。

② ［英］佩里·安德森：《当代西方马克思主义》，余文烈译，41 页，北京，东方出版社，1989。

③ ［法］布罗代尔：《论历史》，刘北成、周立红译，4 页，北京，北京大学出版社，2008。

力就掩藏在事件史之中，人们对于事件的抉择影响着历史的走向。我们可以看到，这种观点具有强烈的唯心主义色彩，然而它毕竟直面了历史动力这一根本问题。安德森给出的另外一个原因也是成立的，即虽然战后法国左派人数众多，而且作为工人阶级的主要组织对法国资产阶级构成严重威胁，但他们并未积极处理这一理论难题，因为此时的法国左派已经是一个僵化的官僚组织，不断错失回答这一问题的时机。

（三）

在安德森看来，上述局面使得学者们对主体和结构的关系不断进行探索，其中的代表人物是萨特、斯特劳斯、阿尔都塞、索绪尔。笔者并不认同其原因分析，其中，关于经典马克思主义并不存在实践与理论的脱离、主体与结构的对立，上文已经给出证明。我们认为，上述学者的理论兴起的原因可以归结为两点，一是由胡塞尔和海德格尔奠基的现象学和存在主义在当时已经成为最有影响力的哲学形态，其本质在于强调主观的本体论，这是文化方面的原因。更为重要的是，萨特、列维-斯特劳斯等人处于与俄国十月革命有着巨大差异的社会历史环境，他们需要回答的时代课题，并非无产阶级解放的政治斗争，而是对发达资本主义社会异化的治疗，其核心在于日常生活的解放。我们认为，安德森关于西方马克思主义在不断探索主体和结构的关系这一总体概括是准确的，但是其原因并非经典马克思主义的理论困境，而在于西欧的新历史环境使得上述学者需要以主体与结构的关系问题来发展新的理论。换言之，不论安德森如何论证思想史的同质性，都无掩盖西方马克思主义与经典马克思主义之间存在着相当程度的"理论裂痕"。

　　安德森认为，悬置或直面这一问题，都会导致经济主义的"人已死亡"与张扬人的力量的人本主义之间各执一端的激烈争论。萨特关于这一问题的观点集中出现在他的《辩证理性批判》与《方法论的若干问题》这两部著作之中，其共同目的是要建立一门历史的、结构的人类学。《辩证理性批判》将主体与结构的难题表述为实践与过程、个体与集体、群体与惰性实践在一个失去控制的世界中的困境，而《方法论的若干问题》是关于理解个体生命的总体意义，"主张将马克思主义概念、精神分析概念和社会学概念综合于一个统一的解释方法之中"①。列维-斯特劳斯围绕这一问题给出的答案是，关于人的问题，历史主义是荒谬的，因为人的心灵具有不变的属性，"人类学科的最终目的不是去构筑人，而是去分解人"②。

　　这当然与阿尔都塞抵触乃至对立了。安德森认为，在主体与结构的关系这一问题上，阿尔杜塞与列维-斯特劳斯的关系其实并不遥远，《保卫马克思》和《读〈资本论〉》并不是面向列维-斯特劳斯对其批判的解释，而是赞同列维-斯特劳斯的主张，因为他们共同重塑了关于的人的解释的共时性，从而反对了人本主义马克思主义，因为人本主义马克思主义关于人的解释的历史性不过是共识性知识本身的各种形式的发展。阿尔都塞认为，萨特是历史唯物主义的假朋友，虽然列维-斯特劳斯公开批判历史唯物主义，但他比萨特更加接近历史唯物主义。

---

　　① ［英］佩里・安德森：《当代西方马克思主义》，余文烈译，43 页，北京，东方出版社，1989。
　　② ［法］列维-斯特劳斯：《野性的思维》，李幼蒸译，252 页，北京，中国人民大学出版社，2006。

在安德森看来，阿尔都塞独特的理论体系和其广泛的影响都是需要认真继承的遗产，"他的体系的新颖和独创性很快对法国的左派产生了巨大的影响并获得巨大的声誉"①，先前诸多理论家如萨特、列斐伏尔、戈德曼等人都被其取代，可以说阿尔都塞的理论"实际上完全塑造了年轻一代的马克思主义者"②。安德森认为，阿尔都塞的理论体系与结构主义有着千丝万缕的联系，就其质性而言，即使在阿尔都塞的理论和影响达到顶峰的时期，也依赖于在时间上更早并比其更为持存的结构主义。如果说列维-斯特劳斯对这一问题的处理方式是将主体从所有学科知识领域中分离出来，从而试图解决主体与结构这一永恒难题的话，那么，阿尔都塞则以相反的路径取消主体，认为所谓主体不过是意识形态建构出的虚幻主体，从而使得马克思主义变得更为激进。安德森认为，阿尔都塞将人的主体性彻底消除的方案虽然可以取得一时的理论效果，但是其代价也同样高昂，这表现为，在短短一年之后，"他先前的学生福柯抛出了'人的终结'这个如雷贯耳的口号"③。在安德森看来，阿尔都塞主义的非主体性思想在理论上被福柯推向极端，除了暴露了其理论的深刻内在矛盾以外，在现实性上也遭遇了"五月风暴"带来的难堪，"人们还能想象到有什么更为壮观的个体和集体主体的冲击力量能与1968年法国的学生、工人以及许多其他民众造反相比呢?"④

---

① ［英］佩里·安德森：《当代西方马克思主义》，余文烈译，45页，北京，东方出版社，1989。

② 同上书，45页。

③ 同上书，46页。

④ 同上书，46页。

回顾思想史，我们可以看到，20 世纪 70 年代中期，阿尔都塞的思想由于缺乏实质内容而丧失了影响力，萨特的《福楼拜传》在其文化周期意义上已经是一部遗嘱，这标志着马克思主义在巴黎被排斥到了边缘地位，结构主义占据了法国理论的中心，其代表性人物拉康、福柯、列维-斯特劳斯都有大量杰出的研究成果出版。在《野性的思维》问世之后的 20 年间，拉康、福柯、巴特、德里达等人的作品相继出版。

那么，结构主义和后结构主义为什么会取得如此巨大的成功？它们在法国取代了马克思主义的主流地位，是不是因为其在主体与结构的关系这一人类历史社会的根本性问题上给出了更为高明的答案？根据安德森的考察，结构主义起源于语言学，

> 正是在这个学科中，德·索绪尔发展了语言（language）与言语（speech）之间的对立、共时性秩序（synchronic order）与历时性秩序（diachronic order）之间的差异以及作为能指（signifier）和所指（signified）之统一体的记号（sign）概念，这记号概念与其语词所指的对象的关系在任何既定的语言之内实质上都是任意的或无目的的。①

索绪尔这套学说经由雅克布逊传给了列维-斯特劳斯，而列维-斯特劳斯将这一套理论运用到人类学之中则标志着结构主义的诞生。安德森把结构主义和后结构主义理论运动的内在逻辑勾勒为，列维-斯特劳斯

---

① ［英］佩里·安德森：《当代西方马克思主义》，余文烈译，50 页，北京，东方出版社，1989。

认为亲族系统与音位学的分析形式相吻合，而在亲族系统中起中介作用的是妇女，这距离将这一人类学的认知扩展到社会一切主要结构只有一步之遥，经济在社会结构中的作用如同妇女在亲族网络系统中的作用。语言学模式对人类心理结构的分析的扩展是由拉康完成的，他不仅运用语言学分析范式，而且将语言本身指认为一个无意识的异化领域。德里达将这一思路推向了极致："话语（text）之外无他物，话语之前无他物"①。

安德森指出，"正是索绪尔本人警告不要从他的研究领域出发随便进行类比和肆意引申，而这种做法在过去的几十年中却从未停止过"②。在索绪尔看来，语言具有强烈的独特性，亲族和经济不能和语言模式相类比，因为家庭制度是有目的、有意识的，而语言记号并无目的。安德森认为，亲族关系与符号交流系统的语言是异质的，词语和妇女并不能像列维-斯特劳斯所认为的那样去互换，虽然任何言说者都不能离开词汇，但是却可以反复使用任何一个词汇，而在亲族关系中已婚妇女显然不能恢复曾经的女儿身。在安德森看来，经济的本质也不在于交换，生产和所有权才是更为根本性的东西。安德森指出，列维-斯特劳斯的认知范式是对全部权力、剥削和不平等关系的掩饰，而这些关系是原始经济与资本主义文明所固有的。

安德森强调，语言和言语关系问题的本质仍然是主体与结构的关系问题，将言语推向极致从而完全压抑语言的结果与张扬结构从而完全取

---

① ［法］德里达：《论文字学》，158 页，巴尔的摩，1976。——佩里·安德森原书注
② ［英］佩里·安德森：《当代西方马克思主义》，余文烈译，53 页，北京，东方出版社，1989。

消主体的结果是一样的，而这一步正是由后结构主义者德里达完成的，"任何稳定的结构根据总是取决于悄然设定的一个并不完全'从属'于它的中心，换句话说，取决于设定一个与它相区别的主体"①。然而，德里达并未剖析这些与之相区别的主体的内在结构及其操纵手法，相反却肃清了意志自由主义残余，产生了没有主体的主观主义这一荒谬结论，而其理论结果却并非如德里达所愿得到一个更加高级和纯粹的结构。因为一旦结构彻底丧失主体，完全由结构自己操作，结构将立刻因失去对等物而危及自身存在。

安德森发现，萨特等人的难题并未像结构主义宣称的那样得到了解决，而把语言模式当作揭开人类历史社会的钥匙是"结构和主体"关系问题的倒退。因为其不但没有解决问题，反而连这一问题本身都没有描述或揭示清楚。这导致了对结构的肆意张扬或对主体的盲目崇拜，对主体的过多推崇也必将伤害结构。在安德森看来，结构与主体作为一对范畴一直是相互依赖的，尽管马克思深刻认识到这一问题的重要性及其巨大内在张力，但对这一问题的解决却尚待理论的进一步深化。如何超越更加坚固的资本主义国家结构，如何把握这种国家结构的运行机制，文化霸权在这种国家结构中发挥着什么样的作用，动员什么样的主体力量才能打破和超越这种资本主义国家结构，都取决于对主体和结构关系的重新思考。

①　[英]佩里·安德森：《当代西方马克思主义》，余文烈译，71—72页，北京，东方出版社，1989。

三、文化霸权范式转换的尝试

1983 年，英国保守党在撒切尔夫人的领导下再次赢得大选，英国新左派大势已去。英国社会历史自 20 世纪产生的重大变化是其深层原因，英国左派在面对这种重大变迁时做出的错误判断和右派势力的趁机崛起也构成了其重要原因。安德森对杰弗里·德·斯蒂·克罗克斯关于古代希腊社会研究的评论和对马歇尔·伯曼的现代性与革命理论的探讨，继续思考了主体与结构的关系问题。在评论《古希腊社会的阶级斗争》中，安德森对阶级分析的范式进行了再思考，在重视文化领域霸权的同时，强调分析物质分配领域的重要意义，由此打开了对古代社会的新解释空间。在《现代性与革命》一文中，安德森以文化霸权范式和范式转换尝试中的物质分配两个维度，来考察作为伯曼所把握的现代性核心的个人，认为伯曼由于过分强调文化维度，而脱离了对现实性个人的理解，以至于没有把握住现代性的本质。这两个维度共同构成了安德森文化霸权范式转换的尝试。

（一）

英国保守党于 1983 年在撒切尔夫人的领导下再次赢得大选，英国左派大势已去，这是理解相关历史语境的关键。但我们对问题的把握不能停留在政治现象层面，而是应当深入社会历史的深层结构变迁之中。英国社会结构自 20 世纪 60 年代以来发生了重大变化。20 世纪初，英国仍然以纺织、煤炭和造船等为支柱产业，伴随第三次科技革命，自 20 世纪 60 年代起，英国的劳动力结构开始发生巨大变化，"对劳动者的文化教育水平要求越来越高，而体力劳动也越来越简单"①。20 世纪 70 年代，战后最严重的经济社会与政治危机袭击英国，庞大的社会福利导致政府财政不堪重负，"自 1949 年至 1985 年，社会福利开支从 65.7 亿英镑增加到 362.9 亿英镑，增加了 3 倍，比经济增长快一倍"②，英国经济在 70 年代陷入停顿。英国在国际贸易中的地位也不断下降，比如"在资本主义世界工业生产中的比重由 1948 年的 10.2% 降至 1978 年的 4.3%，1957 年全球贸易的一半是用英镑支付的，而到 1977 年仅为 20%；50 年代后期，英镑在资本主义世界货币储备总额中占 1/3，70 年代末却只占 1% 多一点"③。

英国保守党把握住了这一历史机遇，赢得 1979 年大选。尽管英国保守党在 20 世纪 80 年代中后期获得了巨大成功，但是在保守党执政的 1979 年到 1982 年，撒切尔主义不但未能奏效，反而使得英国经济出现更严重的衰退，保守党一度似乎要失去刚刚获得的执政党地位。出乎英国左派意料的是，撒切尔政府利用 1982 年的马岛战争，在国内推动了爱国主义情绪的蔓延，迅速加强了英国保守党及其领袖撒切尔本人的权威，确保了 1983 年大选的胜利。撒切尔在保守党连任后，利用重组内阁的机会大大提高了党内新自由主义支持者的数量，大幅压缩中间派的力量，对英国左派继续实施打击。1983 年以后，英国保守党加速推动国内经济改革的步伐，当年年底，广受诟病的改革阵痛期逐渐过去，英

---

① 商文斌：《战后英国共产党的衰弱及其成因》，载《当代世界与社会主义》，2003 年第 4 期。

② 李琮：《西欧社会保障制度》，100 页，北京，中国社会科学出版社，1989。

③ 施惊：《80 年代的英国经济》，载《西欧研究》，1989 年第 1 期。

国的社会、经济状况明显好转。

英国工党与英国共产党对上述形势把握不准确、对策不得当，导致了英国左派在政治上的被动局面，既失去了构成其政治力量传统基础的产业工人的支持，也没有得到新兴中产阶级的认可。而英国保守党的文化宣传和经济改革取得了英国民众的认同，他们从英国工党转向英国保守党，对新左派运动也日益失去了热情。英国保守党也积极推进这一政治共同体建构进程，通过恢复大英帝国的历史荣誉感来感召英国民众，将自身塑造为一直与英国民众休戚与共的政治集团。英国保守党十分有效地利用了这一形势，通过文化宣传和经济调整以及政治策略，对英国左派予以打击，主导了 20 世纪 80 年代英国社会和经济及文化，从而使得英国的社会主义运动陷入前所未有的艰难局面。

凯恩斯主义是战后英国工党与保守党的共识，国家资本主义在英国的实施也取得了巨大成功，但是在 70 年代英国经济面临困境时，英国保守党有意回避与凯恩斯主义的历史渊源，而是将责任全部抛给了英国工党。国际著名马克思主义学者斯图亚特·霍尔对此的分析是，"很明显，政府直接面对此种危机的目的是为了获得选举的政治支持"①。在1983 年获得连任之后，撒切尔夫人领导的英国保守党对英国左派在价值观层面予以彻底打击，

> 我批评的不是英国，而是英国的社会主义，我还要继续这么做，因为社会主义对英国是有害的。我认为英国的光荣传统是人人

---

① Stuart Hall，"Thatcherism—A New Stage"，in *Marxism Today*，February 1980.

都有劳动权，有支配自己财产的权利，有拥有财产的权利，有作国家的仆人而不是凌驾于其上的权利。这些是一个自由国家的本质。我们的一切自由，都建立在国家享有这种自由的基础上。①

英国保守党的自由主义文化霸权给英国的社会主义运动造成了巨大困难。

在经济改革方面，英国保守党对作为英国工党政治基础的工会给予严厉限制：第一，将英国面临的经济困境归咎于工会，从而使其失去了民众的道德支持；第二，在经费方面，对工会的政治基金做出严苛规定；第三，重新建立工人与企业效益的联系，切断工会与资产者内部的密切关联；第四，积极推动企业股份制度改革，使工人转变成劳动者与资产者相混合的身份。这最终"在政治方面，大大削弱了作为工党传统政治基础的工会的力量及其两者之间的联系；在经济方面，将经济所有制重新大力私有化；去福利化政策也对工党的存在和发展造成了阻碍"②。此外，英国保守党还降低了国内税率来扩大国内消费能力，解决生产过剩问题从而刺激经济发展。

（二）

本书在第一章中提出，安德森的文化霸权范式以阶级斗争研究方法

---

① ［英］彭妮·朱娜：《撒切尔夫人传》，谷景书译，143—144 页，武汉，长江文艺出版社，1986。

② ［英］约翰·格雷：《撒切尔改革后遗症：离婚率失业率上升，贫富差距扩大》，http://news.ifeng.com/history/shijieshi/special/saqieerfuren/detail_2013_04/08/23987419_0.shtml，2015-06-16。

为基础，着重关注文化霸权和阶级意识之间的互动关系。这受到了经典马克思主义、卢卡奇的阶级意识理论、葛兰西的霸权理论的影响，阶级问题则贯穿于三者之中。在为杰弗里·德·斯蒂·克罗克斯《古希腊社会的阶级斗争》一书撰写的评论《杰弗里·德·斯蒂·克罗克斯和古代社会》中，安德森反思了阶级分析范式，在重视文化领域霸权的同时，强调物质分配领域的重要意义，这构成了其范式转换尝试中的重要内容。其中，安德森在被统治阶级的阶级意识方面的分析走得过远，需要我们用经典马克思主义理论来加以审视与批判。

在此评论中，安德森对《古希腊社会的阶级斗争》给予了高度评价。一方面，他认为该书一经问世，就出人意料地大大改变了英国历史唯物主义的形象，这一形象是由希尔、霍布斯鲍姆、希尔顿、汤普森等著名英国马克思主义历史学家所塑造的，克罗克斯也由此跻身上述思想家之列；另一方面，许多马克思主义者把古代社会和现代欧洲割裂开来，而克罗克斯把"古代社会恢复到了一个自然、中心的地位"[①]，从而改变了这一局面。安德森指出，《古希腊社会的阶级斗争》能够取得不凡史学成就的根本原因，在于其自觉使用了阶级结构分析方法，客观展现了剥削的物质结构，描绘了构成古代社会城邦和社会形式的剥削和压迫，"斯蒂·克罗克斯以令人耳目一新的尖锐、明晰的散文体，开始了阐明古代社会进程中各个阶段的阶级结构的奥秘这一艰巨的工作"[②]。在阶级结构分析方法的观照下，《古希腊社会的阶级斗争》取得了巨大的思想成

---

① ［英］佩里·安德森：《交锋地带》，郭英剑、郝素玲等译，2页，北京，中国社会科学出版社，2008。

② 同上书，5页。

就，其原因在于克罗克斯在某些方面比其他大多数历史学家更为博学，占有了大量的甚至是数量惊人的史料。这表现在，古代流传下来的历史资料的价值已经被史学家开发殆尽，甚至可以作为文物资料来处理，所以用途反而十分有限，而抒情诗、市政铭文、《圣经》读本、法律大典、领袖辩论、叙事体编年史、帝国宪法、早期教会元老院议员之间的通信、普通的碑文、政府文稿、古币标记、哲学对话、医疗药方等材料在克罗克斯艺术家般灵动的技巧下获得了井然的秩序。

此时，安德森把物质分配纳入阶级结构分析方法，从而为 1964 年确立的文化霸权范式注入了新内涵，"斯蒂·克罗克斯著作的主旨，在于展示了压迫和剥削的物质结构，而正是压迫和剥削奠定了古代层出不穷的城邦和社会形式的历史基础"①。与此同时，安德森仍然坚持文化霸权中的观念统治，他非常赞同《古希腊社会的阶级斗争》对被统治阶级的描述与分析。安德森与克罗克斯一致认为，正如该书的卷首插页上凡·高《吃土豆的人》所展现的，被统治阶级是占据大多数的无声无息的民众，他们创造了伟大文明，而文明却往往遗忘了它们的创造者。安德森指出，被统治阶级的阶级意识，就是其关于自己在整个社会生活中的地位的自觉，这是在社会剥削关系中客观形成的。他进一步分析，这种意识并非被统治阶级的自觉，而是统治阶级文化霸权统治的结果，换言之，是被统治集团塑造的结果。安德森认为，正如其他马克思主义者所言，对剥削的抵抗是一直存在的，但是这种抵抗并非普遍存在的，而是

---

① ［英］佩里·安德森：《交锋地带》，郭英剑、郝素玲等译，8 页，北京，中国社会科学出版社，2008。

非自觉的、非集体的、零星的反抗，当然也不会在统治集团一手编纂的历史档案中留下明显的记录。

安德森在探讨奴隶制在古希腊、罗马经济中的地位时，开始正式进入物质分配领域的分析。他认同克罗克斯关于这一问题的新发现，"我的观点常常被人忽视的一点是，马克思所关注的每一社会的真正特点，并不是大量的生产劳动的生产方式，而是其剩余价值是怎样从直接生产者那里汲取的"①。克罗克斯反对一种观点，即关于奴隶制的探讨只能集中在古希腊，甚至仅仅限制在雅典时期，而不能延续到古代罗马时期，因为小生产者的数量比奴隶大得多。他指出，奴隶制是古代文明的实质组成部分，"在古代，人力操作的大部分劳动也许总像那些非奴隶生产者的工作一样——无论是小农、工匠还是非独立的佃户都一样，然而，直至罗马帝国晚期普遍推广的农奴制出现为止，为统治阶级提供衣食财富的剩余劳动力主要来源于对奴隶的敲诈"②。安德森认为，克罗克斯清晰地描绘了罗马共和国和雅典城邦农业庄园的奴隶劳动力状况，论证了当时根本无法找到富农剥削农民的证据，如果不是通过剥削奴隶的剩余价值，那么农业生产将无法维持，社会也无法维持当时的运转状况，而且以当时的生产技术水平和土地的广袤程度，雇佣劳动远远无法实现奴隶劳动的工作量。在自觉使用阶级分析范式并且突出其中的物质

①　杰弗里·德·斯蒂·克罗克斯：《古希腊社会的阶级斗争》，52页，伦敦，1981，转引自[英]佩里·安德森：《交锋地带》，郭英剑、郝素玲等译，10页，北京，中国社会科学出版社，2008。

②　[英]佩里·安德森：《交锋地带》，郭英剑、郝素玲等译，10页，北京，中国社会科学出版社，2008。

分配方法论前提下，安德森进一步阐发，在古代社会条件下，只有奴隶剥削制度才能提供其他任何剥削制度都无法提供的剩余价值量，这为古代文明的成就奠定了物质基础。在解释了这种剩余价值（物质）的分配（剥削）的基础上，安德森认为，人们心驰神往古代民主，克罗克斯则深刻揭示了其本质，即一种少数人而且是极少数人的专政，"正因为它是一种民主，更为贫穷一些的市民在某种程度上受到保护免于强权的侵犯，而绝大多数市民还要属于市民以下的阶层"①。如果对阶层地位更低的市民无法进行全面剥削，对古希腊城邦中拥有部分公民权的外侨（metics）进行深层剥削也不可行，那么唯一剩余的途径就是对奴隶进行更多的额外剥削，才能实现我们今天所知的奴隶制在雅典比在其他任何地方都更为迅速的发展。在对古希腊罗马社会的经济（生产）、分配（政治）进行了阶级结构的分析之后，古希腊的精神（文化）状况物质基础便一目了然了，正是在上述由奴隶为奴隶主提供的大量丰富的物质基础上，这些摆脱了体力劳动的奴隶主阶级创造了古代社会在艺术、文学、科学和哲学方面的辉煌文化成就，而这些是以奴隶被残酷剥削为前提的。剩余产品（物质）分配是解读一个社会结构（阶级结构）的核心方式，因此，安德森跟随斯蒂·克罗克斯的视角，在奴隶制剥削形式之外，又分析了其他不占主导地位的剥削形式，一是地主或农场主，即依靠土地这种生产要素来进行剩余产品分配的群体，二是妇女这个曾经在最早、最基本的分工中占据着特殊地位的群体，在奴隶制度下成为必须依附于

---

① 杰弗里·德·斯蒂·克罗克斯：《古希腊社会的阶级斗争》，141 页，伦敦，1981，转引自［英］佩里·安德森：《交锋地带》，郭英剑、郝素玲等译，11 页，北京，中国社会科学出版社，2008。

男人的被剥削群体，显然上述两种其他的剥削形式要么不能在数量上占据主导地位，要么本身就是从属于奴隶制剥削的。

增加了新的物质分配的阶级结构分析范式，不仅解释了奴隶制度是如何为统治阶级的生存提供保障，而且还打开了古代社会长久变革的解释空间。安德森认为，在斯蒂·克罗克斯看来，奴隶制是古代获取剩余价值的最有效方式，"一般来讲，奴隶制是古代榨取剩余劳动的最有效形式——它使有产阶级把剥削的效率提高到了最高程度，因此，常常是只要条件许可，他们就总是愿意采用奴隶制"①。然而，值得认真对待的是，保障奴隶制度运行的前提是一定数量的奴隶，而一定数量的奴隶又主要有两种来源，一是在战争中俘获其他国家的居民，将其变为本国的奴隶，二是保障本国奴隶的生育率。其他学者（特别是韦伯）认为，"在图拉真之后，一旦罗马帝国的边境稳定下来，为战争猎取奴隶量就减少了，其结果是奴隶大量、泛滥地繁殖，因为地主们要竭力保留自己庄园上的劳动力"②，而这正是罗马帝国崩溃的根本原因。安德森仅仅跟随斯蒂·克罗克斯所使用的阶级结构以及物质剥削视角探究下去，在没有战争获得外部奴隶的情况下，为了保障生产的正常运转，奴隶的数量必须得到保障，这就意味着女奴隶的生存状况必须得到改变，应尽量让她们生孩子而不是去耕地，同时必须保障相当数量的女性奴隶，在一定程度上还必须保障男女奴隶能够建立稳定的同居关系，这就大大提高了生产成本，降低了剥削程度。在存在对外扩张的前提下，由于从战争

---

① ［英］佩里·安德森：《交锋地带》，郭英剑、郝素玲等译，13页，北京，中国社会科学出版社，2008。

② 同上书，13页。

中获得的奴隶是无偿、持续、大量的，所以在外部保障了奴隶使用的低成本，而在战争停止的时代，在古希腊、罗马母婴死亡率极高的情况下，剩余产品的提供量持续下降。那么，统治集团对奴隶阶级的榨取达到最高程度仍然不能满足其需要的时候，为了补偿曾经由奴隶劳动提供的剩余产品，自然只能加大自由劳动的剥削程度，曾经的自由民由此变为新的奴隶，"其不可避免的结果是，有产阶级不能保证从奴隶劳动中获得同等的利益，并且，为了避免生活水平下降，他们很可能被迫加强对卑贱的自由人的剥削程度——我相信，当时的罗马统治阶级正是这样逐步实施的"①。这导致了曾经社会的中间层级成为后来的 humiliores（弱小阶层），并且在 2 世纪以后，统治阶级制定实施了一系列法律来保障这种新的阶级结构，旧有的社会结构发生变化，曾经的中等阶级沦为底层阶级，他们和小农场主以及奴隶一起组成了彻底的被统治阶级。新制度下剥削程度有一定的下降，"但随着更大规模地在农村榨取剩余劳动，它的剥削量毫无疑问是上升了，古罗马上议院财产规模的日益增长可以为此佐证，更不要说高额的帝国诉讼费用或是牧师的俸禄了"②。这样的阶级结构可以一目了然，罗马社会后期分化为两个对立的阶级，中产阶级这时也成为统治阶级的敌对力量，在这样的情况下，罗马社会自然无法抵抗来自外部的入侵，入侵者不费多少力气

---

① 杰弗里·德·斯蒂·克罗克斯：《古希腊社会的阶级斗争》，231 页，伦敦，1981，转引自[英]佩里·安德森：《交锋地带》，郭英剑、郝素玲等译，14 页，北京，中国社会科学出版社，2008。

② [英]佩里·安德森：《交锋地带》，郭英剑、郝素玲等译，14 页，北京，中国社会科学出版社，2008。

就可以摧毁本来就脆弱不堪的、两大阶级对立的罗马社会秩序。

我们看到，除了对妇女是否构成一个阶级这一较为不重要的问题持保留意见外，在安德森看来，杰弗里·德·斯蒂·克罗克斯揭示了历史的真相，即一个古代社会系统的崩溃，是因为奴隶供给量下降导致的阶级结构的变化，而奴隶要么没有进行反抗，要么反抗的意义微乎其微，"奴隶和奴隶主之间的阶级斗争的主要表现形式——奴隶反抗——在此并没有起到前因后果的作用"[1]。更为重要的是，安德森显然支持斯蒂·克罗克斯以阶级结构范式来贯穿历史的分析方法，"斯蒂·克罗克斯对阶级的重新定义以及对古代阶级社会中奴隶制的重新定位，都具有使人非相信不可的力量"[2]，并且安德森对其将视角集中在物质分配（剩余价值）上大为赞赏，明确赞同不应以人数多寡来评判一个社会的性质，而应以一个社会主要的剩余价值是由什么阶级来提供作为判断标准。斯蒂·克罗克斯引证了由帝国纳贡终止而引发的经济危机，以及雅典在调动相应海军军队时接踵而至的重重困难，"正是独立农民的消失，才逐渐破坏了 5 世纪罗马部队的活力"[3]，从国家社会秩序崩溃的内部原因来看，由于彻底的剥削导致的社会阶级结构的两极对立使得社会丧失了自我改革的能力，"罗马政治制度加速了对人民大众——无论是奴隶还是自由人——毁灭性的剥削，使得根本的改革成为不可能，也就是说，完全由不同的物质剥削方式导致的社会阶级结构的变化所导致的社会秩序

---

① ［英］佩里·安德森：《交锋地带》，郭英剑、郝素玲等译，21 页，北京，中国社会科学出版社，2008。

② 同上书，15 页。

③ 同上书，27 页。

变迁"。安德森在分析社会结构时使用了新的物质（剩余产品）分配视角，他引用斯蒂·克罗克斯的话，将对剩余产品的分配比作吸血蝙蝠："如果让我用一个比喻来描述上层阶级手中财富的积累，我不会想到像排水泵一样简单、机械的东西：我会联想到更有意图、更深思熟虑的词汇——或许是吸血蝠。"①这种新的分析范式的理论成长，标志着安德森反思旧文化霸权范式的开端。

（三）

在英国的社会主义运动日益严峻的形势下，佩里·安德森依旧保持了乐观的革命态度与坚定的革命意志，在完成范式转换尝试中的物质分配方面的内容后，他又考察了社会主义革命的新历史条件，即以《现代性与革命》为题，对马歇尔·伯曼（Marshall Berman）的《一切坚固的东西都烟消云散了：现代性体验》进行了考察，以求把握新的社会主义革命实现条件的现代性，并在其中顺着伯曼的思路将现代性聚焦到个人。在这一过程中，安德森同时运用原有范式的和范式升级尝试中的物质分配分析方式，以两个维度来考察作为伯曼所把握的现代性核心的个人，认为伯曼由于过分强调文化维度，而脱离了对现实性个人的理解，从而没有把握住现代性的本质。

在安德森看来，伯曼理解的现代性有两个方面的内容，一是由于资本主义世界市场的形成，社会在客观上发生了巨大的变迁，即现代性基本上是指经济发展；二是在这种新兴社会体系下，人的生活与个性发展发生了

---

① 杰弗里·德·斯蒂·克罗克斯：《古希腊社会的阶级斗争》，502～503页，伦敦，1981，转引自[英]佩里·安德森：《交锋地带》，郭英剑、郝素玲等译，29页，北京，中国社会科学出版社，2008。

巨大的变化，主体的体验极大丰富起来：幸福与痛苦、希望与绝望、兴奋与沮丧等以史无前例的力度重新定义着人所具有的特质。在这样的形势下，革命自然发生了变化，革命并非原始意义上的下层阶级推翻上层统治的暴力活动，而是在这个变动的新的世界中，每个人都不仅要接受变化，更要积极主动地寻找、创造变化。伯曼认为后者才是真正的现代性，安德森通过分析认为，伯曼由于错误地理解了马克思关于现代性的界定而没有把握这一时代的革命条件，由此引发的对革命的理解自然是没有现实根基的。此外，我们看到，如果按照安德森旧的文化霸权范式，伯曼这种分析范式与结论是完全正确的，而范式转换时期的安德森则明确表示了这种分析不够充分。

在《现代性与革命》中，安德森充分肯定了马歇尔·伯曼的《一切坚固的东西都烟消云散了：现代性体验》一书的学术价值，认为其在现代性与革命这个学术热点问题上，"以无可抵挡的力量重新燃起了人们对其讨论的热情"[1]。伯曼以《一切坚固的东西都烟消云散了：现代性体验》为题，那么，关于现代性所带来的这种一切坚固的东西都烟消云散了具体是指什么，安德森引述了伯曼的观点，"有一种重要体验的方式——时间与空间的体验、自我与他人的体验、生存与危险的体验——当今世界所有人所共有的体验，我将把这样的主体体验称为现代性"[2]。具体而言，这种体验就是环境和人都超越曾经的界限，阶级与民族、宗教与意识形态、地理与种族等传统的区隔被打破，创造出一个新的、矛盾的、不和谐的统一体，所有事物都沉浸在新的永恒解体之后的含混与矛盾的大旋涡之中。

---

[1] Perry Anderson, "Modernity and Revolution", in *New Left Review* I/144, March-April 1984.

[2] *Ibid.*

安德森认为，对上述大旋涡的解释是在现代化（modernaization）、现代性（modernity）、现代主义（modernism）的背景下完成的，大旋涡对于伯曼而言是一个复杂的总体的社会过程，包括工业的急剧变革、人口的激增、城市的扩张、民族国家的兴起、科学技术突飞猛进，而这一切都被市场经济所推动，安德森把这一过程概括为社会—经济的现代化，将主体在这一过程中的观念称为现代主义，"纷繁复杂的视野与观点，这种视野与观点意在使人们同时成为现代化的主体与客体，给予人们改变正在改变着他们的世界的力量，在大旋涡中前进并走自己的路"①。而处于现代化与现代主义之中的现代性，既不是指经济过程的现代化也不是指文化视野中的现代主义，而是两者之间的历史体验。经济过程的现代化所描述的对象，是指由于资本主义市场经济的出现而导致社会产生的巨大客观变迁；而个人生活的现代化是指加大了人的力量、丰富了人的体验；现代性就是"上述两者结合导致的个体本身的急剧的张力"②。这种急剧的张力即人们内心深处的不安全感、绝望与兴奋，与之相伴的是扩张感与兴奋感，在每一个个体心中同时释放。伯曼将其描述为："这种焦虑、骚动、内心迷失、沉醉、迷惘、经验的可能性的扩张、道德界限和个人枷锁的粉碎、自我的扩张和精神迷乱、街上和人们内心中游荡的幽灵。"③安德森认为，现代性对伯曼而言是主体在传统习

---

①　Perry Anderson，"Modernity and Revolution"，in *New Left Review* I/144，March-April 1984.

②　*Ibid.*，p. 98.

③　Marshall Berman，*All that is Solid Melts into Air*，p. 15，cited in Perry Anderson，"Modernity and Revolution"，in *New Left Review* I/144，March-April 1984.

俗限制或者社会角色限制崩溃的过程中，在现代化和现代主义之中自我发展的历程，是一种在解放与考验、得意与绝望、恐惧与欢喜之间复杂矛盾的体验。

这种复杂的、充满矛盾和冲突的体验淡化了马克思共产主义制度下道德的内在凝聚力和稳定性，安德森考察了伯曼现代性的起源后认为，伯曼这种观点的来源是让-雅克·卢梭。作为现代性核心概念的自我发展来源于卢梭对人性的界定，即一种"激进的个人主义"。虽然伯曼对卢梭的分析是丝丝入扣、引人入胜的，但是仍然无法解决两者思想中共同存在的内在矛盾，这一矛盾在他们两人的作品中贯穿始终："如果不受限制的自我发展是所有人的目标，那么人与人相互制约的共同体如何可能出现？"①伯曼认同卢梭对于这一问题的答案，人类这种不受限制的自我发展是源于对自己的爱，把对自己的爱延伸到他人身上就变成了美德。因此，伯曼并不认同这一问题本身，他认为共同体并不是互相制约的，而是相互促进的。具体而言，是自我发展之路而非自我压抑之路把人类引进了共同体，随着人们自我发展能力的加强，他们爱自己与同类的能力同时增强。虽然卢梭在解决这一理论的内在困难时曾经进行了从"人"到"市民"的转变，伯曼也对这一点做了反复的辩护，但在安德森看来，伯曼和卢梭都没有解决这一难题，因为伯曼为卢梭的自由主义做出的辩护是自相矛盾的，

---

① Perry Anderson, "Modernity and Revolution", in *New Left Review* I/144, March-April 1984.

19 世纪社会主义和无政府主义的计划、20 世纪福利国家和当代新左派的计划，都可以被认为是孟德斯鸠和卢梭所建立的思想的进一步发展。而这些大相径庭的运动有一个共同点，它们对即将到来的重大政治任务的阐释方式是相同的：都使现代自由社会捍卫它所做出的承诺，去改革它——或使之革命化——为的是实现现代自由主义的理想。两个世纪前孟德斯鸠和卢梭提出的激进自由主义的议事日程至今悬而未决。①

在这样对个人与社会进行理解时，伯曼必然误解了马克思对于共产主义的看法，"变为马克思的共产主义基础的个人主义的深度"②，这种个人主义的深度在伯曼的思想中是一种激进虚无的个人主义。

通过对马克思关于个人与共同体的概念和关系的界定，安德森对伯曼这种现代性观点提出了反对。安德森认为，马克思的原文对于人类的概念不同于伯曼的理解。在马克思那里，人的社会性并不是与个性相脱离的，而是与个性同时产生的，自我并非存在于与他人的关系之前，而是与他人一同共生的，个人之间的界限是永恒存在的，没有这种界限，共同体的存在就无从谈起。如果存在着一种不受任何拘束和限制的人性，那么共同体就无法存在，同时人自身也无法存在，甚至作为性别的男女也是在社会关系中得以确立的，"只有在共同体中，个人才能获得

---

① Marshall Berman, *All that is Solid Melts into Air*, p. 15, cited in Perry Anderson, "Modernity and Revolution", in *New Left Review* I/144, March-April 1984.

② *Ibid.*, p. 110.

全面发展其才能的手段，也就是说，只有在共同体中才可能有个人自由"①。多数人并没有掌握马克思关于人的这一概念，这一概念本质上是对任何关于人的形而上宗教本质性设定的反对，这当然会引起他们的误解甚至反感。安德森认为他的上述结论是言之有据的，"这是个简单的、文字学上的真实，只要大略地考察一下马克思的作品就可以搞清楚"②。人的本质这一问题对于马克思而言，包括了成体系的内在基本要求和能力以及天资，这些人与生俱来的东西当然不会被抹去，但是这绝不是抽象意义上的发展，也绝不是朝向虚无主义的、没有任何限制的发展，个人的真正发展是以全体的自由发展为前提的。在人类对自然的控制力全面发展的同时，人类本身也得到了充分的发展，人的创造性在他的真实与理想的普遍性中得以现实地展开。尽管伯曼言语有力、理论坚定，但是他并没有把握马克思在共产主义中表现出的真实的个人的现实自由。至此，安德森从抽象文化意义上的个人自由，返回了马克思现实意义上的个人自由，从而完成了对伯曼的矫正，也同时完成了他对现代性的观点阐述。

　　既然伯曼对作为社会主义革命条件的把握是体验，也就是体验意义上的现代性，那么对于伯曼而言，在他所指认的现代性基础上的革命范围自然是扩大了。资本主义给我们的生活带来了不断的革命性剧变，这是一场永久性的革命，现代人必须在他们的个人生活与共同的社会生活

---

① *The German Ideology*，London 1970，p. 83. 参见《马克思恩格斯文集》第 1 卷，571 页，北京，人民出版社，2009。

② Perry Anderson，"Modernity and Revolution"，in *New Left Review* I/144，March-April 1984.

中不断迎接变化，他们必须放弃因循守旧的思维方式，必须要学会为流动性和变动性而感到满心欢喜并且盼望未来时刻存在新的发展。"社会主义的到来不会中断或阻止这个进程，恰恰相反，它极大地加速和推广了这个进程。"①我们可以看到，社会主义革命和资本主义革命的本质区别在伯曼这里消失了，都同质性地成为加速社会发展的革命形态，唯一的区别仅仅在于速度而已。安德森认为，虽然这种提法在新的左派革命不容乐观的形势下获得了大范围的认同，但是无论如何这些解释在力度上都是无法与历史唯物主义相比拟的。安德森重申了马克思主义意义上革命的真正内涵："革命是一个内涵精确的词语，即来自下层的社会力量在政治上推翻了国家秩序，并用另一种社会秩序取而代之。"②这种关于革命本质的清晰界定，是无论通过时间跨度的方式淡化还是通过社会空间扩展到各个部门的跨越都不能模糊的。安德森批判说，如果将资本主义革命与社会主义革命相等同，那么就意味着简单的社会变化也可以与政治急剧变动的社会主义变革相等同，这种差异比社会民主派与科学共产主义关于革命用法的区别都大；与此同时，这在表面上看起来似乎扩大了社会主义革命的范围，其实是将其缩小到仅仅是一个假象的精神转化的道德隐喻。因为社会主义革命与资本主义革命都是一个漫长的过程，因而特别容易使人混淆它们在革命的关键点上的区别，于是安德森在与资本主义革命本质相区别的意义上，重申了社会主义革命的真正含义："一场社会主义革命就是震撼人心的政治变革中一个时间紧迫、目

---

① Perry Anderson, "Modernity and Revolution", in *New Left Review* I/144, March-April 1984.

② *Ibid*.

标明确的进行曲，它的明确开端在旧国家机器仍然完整无损的时候，它的明确结尾是旧的国家机器被粉碎、新的国家机器初具规模的时候。"①至此，安德森在寻求范式转换的同时，坚定地表明了其矢志不渝的社会主义革命信念。

必须指出的是，安德森的范式转换，并不意味着对文化这一领域的放弃，而是指文化的中心地位发生变化，成为新范式的一个环节，从而实现了扬弃。正如马克思在1845年的《德意志意识形态》中所完成的历史唯物主义范式转换一样，不是彻底将观念从人类社会中消灭，而是将观念放在一个被限定的合理范围内，从而恢复物质生产这一根本性的人类活动应有的中心地位。安德森认为，当今发达资本主义文化的本质是消费主义，这种文化对人们进行深度控制，人们如果不以总体性的批判眼光来观察，就极其容易陷入其中，从而使深刻的、富有想象力的、超越千篇一律的消费主义的社会主义文化成为不可能。在安德森看来，发达资本主义的消费主义文化虽然以现代主义对自身进行包装，但是其内涵是空洞的，与文艺复兴、浪漫主义、新古典主义相比，现代主义只是一个抽象的概念，其所取得的文化成就是乏味甚至是苍白的。社会主义必须终止这种并无生命气息的文化。安德森指出，社会主义文化的特征在于放弃表面上的求新，从而避免沦落为一种很快被其他新文化所取代的虚假文化，而是去探寻和建立一种具备真正意义的生活方式的文化。在社会主义的生活方式中，文化成为一种有机的文化，艺术生活的轴心

---

① Perry Anderson, "Modernity and Revolution", in *New Left Review* I/144, March-April 1984.

将平行发展而不是垂直发展。既然安德森已经放弃了文化霸权范式，那么通向社会主义文化的道路是什么，处于探索之中的安德森还没有得出一个确定的答案，但其坚定的社会主义立场没有丝毫动摇，这在其回顾社会主义战士多伊彻的过程中得到了充分展现。

第三章

社会主义的坚定信念与总体权力
范式的确立

在社会主义运动遭遇困顿的形势下，安德森的社
会主义信念并未发生动摇。通过对艾萨克·多伊彻
(Isaac Deutscher)为人和理论的回顾，安德森汲取了
坚持社会主义信念的精神力量。安德森指出，多伊彻
在艰难形势下，对斯大林式社会主义的批判，对毛泽
东式社会主义的赞同与理论困难的指明，以及对未来
社会主义的展望，体现出了坚定的社会主义信念，构
成了新左派的精神力量。此后，一贯活跃于理论和政
治运动中的安德森，陷入了长达四年之久的沉寂状
态，这是极不寻常的，四年的漫长思考使得安德森的
思想发生了质性飞跃，理论范式的转换终于宣告完
成。文化霸权不是在经验主义意义上被全面抛弃，而
是在哲学意义上下降为总体权力范式的一个环节从而

获得了意义。安德森于 1992 年回顾自己的思想历程，"正是这些条件，造成了(20 世纪)80 年代后期的剧变。本书中的第四篇和第五篇文章，标志着我自己对 80 年代后期历史性剧变产生的反应的一个转折点"①。苏联解体、东欧剧变后，东欧和苏联的民族国家需要重新确立自己的民族身份。安德森分别以文化、经济、政治三个维度分析了这一基础性问题，通过对历史学家布罗代尔与历史社会学者韦伯的观点进行评论，并且以英、法、德为例对民族国家做出了解读，解释了民族国家的基本内涵，最终确立了其总体权力范式。

一、艰难形势下的坚定社会主义信念

安德森于 1984 年写作了《艾萨克·多伊彻的遗产》，开篇即对多伊彻给予了极高的评价："十七年前去世的艾萨克·多伊彻是本世纪伟大的社会主义作家之一。他既是马克思主义者，又是历史学家……他是战士、批评家、知识分子和富有战斗精神的人。"②我们发现，不同于按照十周年或二十周年等时间周期来纪念离世同道的传统，安德森在多伊彻去世十七周年之际撰文纪念似乎有些令人费解，但通过分析全文可以看出，安德森回顾艾萨克·多伊彻的为人和理论，是为了在社会主义运动陷入困顿的形势下汲取坚持社会主义信念的精神与情感力量。安德森认

① Perry Anderson，*A Zone of Engagement*，London：Verso，1992，p. Ⅻ.

② *Ibid.*，p. 56.

为，多伊彻在左派知识分子左右摇摆之时，在学术流派纷呈、令人眼花缭乱之际，依旧坚持社会主义，"历史仍给社会主义留有时间拯救燃烧的大厦，我们不要丢掉理想信念"①。

安德森先按照时间线索，满怀崇敬与深情地回顾了多伊彻的战斗生平与革命理论。多伊彻于 1907 年出生于波兰，十几岁就参加了革命，并于 1927 年加入波兰共产党。1931 年他访问苏联，目睹了苏联第一个五年计划带来的工业成就以及随之而来的农村饥荒。同时，多伊彻也对苏联的工人与农民表达了崇高敬意，"他们的抵抗使历史剥去了官僚主义的面具，展示了革命的真正本色：流血却保持尊严，艰苦却坚韧不屈"②。

多伊彻完全反对将斯大林在苏联的统治与希特勒在德国的统治相提并论。在 1946 年出版的《斯大林政治传记》中，多伊彻又将俄国革命和法国革命进行了比较，多伊彻认为，同盟国和卫星国内部的暴动加速了拿破仑的垮台，这本应该成为斯大林开始在东部欧洲建立苏维埃秩序时的历史教训。安德森对多伊彻将斯大林式的社会主义与社会主义本身进行严格区分大为赞赏，认为西方资本主义国家对斯大林式社会主义的批判超过了应有的界限。我们看到，在《斯大林政治传记》出版后的第二年，"冷战"就开始了，当时西方国家对斯大林的批判，已经超过了问题边界，开始攻击社会主义制度本身。多伊彻反对这种做法，并对在两种敌对环境中做出选择的杰斐逊、歌德和雪莱表示了赞同，因为历史已经

---

① Perry Anderson, *A Zone of Engagement*, London：Verso，1992，p. 56.
② *Ibid*.，p. 59.

证明，他们超越了他们所处时代的畏惧和憎恨。在斯大林去世以后，多伊彻是第一个敏锐发现苏联可能发生骚乱的思想家，他在《斯大林后的俄国》一文中表达了这一观点，并对苏维埃国家和社会的各种发展可能做出了预测。

安德森认为，多伊彻通晓德语和俄语，熟悉拉丁文化，又是个英语写作的能手，他把研究焦点选择在了俄国，自然是出于对社会主义的信念。"然而，1949年中国革命的胜利拓展了这个古典马克思主义世界的边界，把马克思主义的问题延展到了亚洲的背景中。"①安德森和多伊彻共同认为，亚洲历史悠久的文明比欧洲所有地区的文明都更富有连续性。安德森发现，多伊彻在当时很快就意识到了中国共产党推翻国民党统治这一事件的世界性意义，在1949年中华人民共和国建立之后，他写下《两种革命》着重强调了这一点。在这篇文章中，多伊彻指出，随着中国革命的到来，曾经的法国和俄国革命的比较研究，将让位于中俄两国革命的比较研究。

安德森发现，多伊彻对中苏两国的关注程度存在一个变化。在中华人民共和国建立之初，多伊彻密切关注中国，随后的几年目光又转向了苏联，直到50年代赫鲁晓夫执政时期，苏联的改革出现了动力缺乏的困局，其在国际共产主义运动中的绝对领导地位受到了中国的挑战之后，他才又把主要注意力转移到中国的社会主义建设和毛泽东思想上来。在安德森看来，多伊彻这批研究中国社会主义的作品中，最为出色的是《毛泽东思想的起源》，因为在这篇文献中，多伊彻准确论断了中国

---

① Perry Anderson，*A Zone of Engagement*，London：Verso，1992，p. 66.

按照苏联模式建设国家将会导致的问题，并认为毛泽东思想是对马克思主义的发展。安德森回顾了马克思主义及其在俄国的实践，"19 世纪末期的俄国通过一场以农民及其公有传统为基础的革命，能够直接从原始农民社会进入社会主义；假如西欧的先进工业国家中工人阶级掌握了政权，就能够对落后的俄国产生吸引力"①。

在多伊彻看来，毛泽东思想显然发展了马克思主义，但也因此产生了两方面的理论难题，"一方面，就其农村根源而言，中国革命得到了比布尔什维主义更多的群众认可，因为这是场大多数农民的运动，最初，同农民更加密切的关系也有益于中国抗战胜利之后执掌政权，这就使得新中国政府同列宁政府不一样，能够直接进行经济复苏的建设任务"②；另一方面，毛泽东思想受到中国农业社会文化传统的影响，与国际主义多元文化之间存在一定的张力。相对苏联而言，中国政府虽然在组织上奉行大一统的集权原则，但是在社会分配方面更加注重平均主义。此外，中国所倡导的"水火不容的阶级斗争和积极反对帝国主义的运动颇具号召力"③。

令安德森感到遗憾的是，多伊彻并没有能够看到中美两国在 20 世纪70 年代恢复外交关系。中国的"文化大革命"确实为多伊彻亲眼所见，在安德森看来，中国的"文化大革命"由于自称是一场抗衡等级制度和官僚主义的运动，欧洲和北美左翼知识界认为其带有巴黎公社的激进色彩，从而给予其广泛的关注和热情的支持。安德森认为，多伊彻的头脑是清醒的，并没有受到这种氛围的影响，而是保持了独立的判断。令安德森深感惊讶

---

① Perry Anderson, *A Zone of Engagement*, London: Verso, 1992, p. 66.
② *Ibid.*, p. 66.
③ *Ibid.*, p. 66.

与佩服的是，多伊彻不仅洞察到了中国"文化大革命"的消极作用，而且也做出了惊人准确的预言，认为中国的经济发展在这十年间几乎停滞，"工业化没有像斯大林领导下的苏联那样成功，无力解决农村的过剩人口，无力解决就业问题，而经济的低迷不可能为政治稳定提供保证。他们会感受到要求加大经济发展的压力，很可能会出现反拨"[1]。

安德森在《艾萨克·多伊彻的遗产》一文的最后，分析了在美国反战情绪日益高涨和西方年轻一代掀起了半革命性的、规模盛大的群众运动这一背景下，多伊彻对于当时最富有的资本主义国家社会问题的认识。安德森认为，多伊彻在《我们时代的马克思主义》一文中回答了这一问题，并同时回答了马克思主义是否过时的问题。多伊彻把历史唯物主义视为一种解放的理论，"马克思主义对资本主义的批判只有一个基本要素。它非常简单明了，但却集中了对资本主义制度全面的分析。这个基本要素就是，日益增长的社会化大生产同资本主义私有制之间的矛盾"[2]。安德森同意多伊彻的判断，在资本主义社会，生产者的独立性逐步丧失，人们的生存模式、整个社会的生产方式正在逐渐变得社会化。具体而言，社会中的每个因素、每个细节、每个环节都相互依赖，整个生产过程逐步变得国际化。与此同时，资本主义社会的财产私有制度却不能适应这种社会化大生产，两者之间的矛盾是当前所有资本主义暴政和不理性的根源。由于马克思的分析抓住了资本主义社会的根本矛盾，所以只要资本主义存在，马克思主义就永远不会过时。因此，安德

---

[1]　Perry Anderson，*A Zone of Engagement*，London：Verso，1992，p. 68.

[2]　*Ibid.*，p. 70.

森认为多伊彻把握住了马克思主义的根本。

在此基础上，多伊彻顺理成章地把握住了资本主义矛盾爆发的必然性与具体时间上的偶然性。安德森认同多伊彻的预测，一方面，资本主义在经过 20 年的繁荣之后，必将再次出现衰败，这是资本主义社会的根本矛盾所导致的；另一方面，动员工人阶级进行阶级斗争是一项艰巨的任务。安德森指出，后一方面是因为包括法西斯主义在内的所有反革命动员本质上都是为了维护社会现存秩序，在所有无产阶级革命动员中，巴黎公社是最为出色的，它以空前的深度和强度将工人阶级组织起来，从而导致了统治阶级的反革命动员处于永久戒备的状态，但即使是巴黎公社运动也没有成为一场真正的生死战争。

《论社会主义的人》是多伊彻人生中的最后一篇文献，安德森认为，多伊彻没有沉醉于乌托邦式的幻想之中，而是以十分清晰的头脑展望了社会主义的前景。多伊彻问道，"无阶级的社会一旦实现，我们该怎样评说人们的潜力及其局限性？"(《论社会主义的人》中的"人"指的是"依赖男性的女人和孩子")①安德森将多伊彻的答案总结为，社会主义也不可能解决人类的所有问题，比如托洛茨基发现的饥饿和性以及死亡这三大问题，在其中，能解决的是第一个问题，在社会主义社会中人类将获得超越文明对人性的束缚的动力。这些动力就是多伊彻答案的第二个方面，他认为，以弗洛伊德为代表的精神分析在一定范围内是合理的，但他也对其在历史领域的合理性给予了严厉的驳斥，"综观历史，男人们组成军队，掠夺彼此的财产和财产权；然而，除非在神话中，迄今为止

---

① Perry Anderson, *A Zone of Engagement*, London: Verso, 1992, p. 72.

他们并没有为性别领域的特权而战斗"①，相对于收效甚微的精神分析理论而言，是马克思主义给出了解决这些问题的路径。

多伊彻于1976年8月去世。安德森认为，"在多伊彻众多的品质中，最突出的是他坚定的政治立场，他在青年时代偶然发现了自己的政治理想，从此便忠实于此，即使经历了左翼大厦一个接一个被摧毁、不得不加以重建的灾难，他都矢志不移"②。安德森认为，与同时代用英语写作的其他学者相比，多伊彻和同行与读者的交流是广泛深入的，多伊彻的著作在全世界范围传播，其作品的魅力不仅仅在于优美的文学表现手法，更在于他紧紧把握住了时代走向与马克思主义的根本价值。在安德森看来，多伊彻的散文风格，使得他在话题和言说方面比其他历史学家更加富于个性和多样性。多伊彻不仅是一位对形形色色的事件进行评论的左派思想家，更是一位社会事件的参与者。多伊彻采用传记文学的表达手法，因为这是传播自己思想的最好形式，"就多伊彻而言，传记形式有特殊的深层含义。他可以把道德话语和必然性话语加入传主的个人生活"③。安德森总结，多伊彻始终保持了个性和世界观的一以贯之。这种对社会主义坚定不移的信念，"对整个左翼文化来说都是必不可少的"④。

二、总体权力范式的初步建构：权力关系及其构成的发现

迈克尔·曼恩在其著作《社会权力的来源》中对权力的深入研究，赢

---

① Perry Anderson, *A Zone of Engagement*, London: Verso, 1992, p. 72.
② *Ibid.*, p. 73.
③ *Ibid.*, p. 73.
④ *Ibid.*, p. 73.

得了社会学、历史学、政治学和人类学等学科学者的广泛赞誉。安德森在从文化霸权范式向总体权力范式转变期间遇到了曼恩的思想。安德森认为，写于 20 世纪 80 年代后期的《迈克尔·曼恩的权力社会学》一文是他思想发生历史性剧变的一个标志，在这篇文章中，安德森提出人类社会关系的本质是权力关系。主体与结构的关系问题是安德森反思文化霸权范式时思考最为深入的命题，这一难题在权力关系中得到了解决，超越两极对立的宏大视野与将历史理解为重大事件而非线性的平庸过程，共同构成了解决这一问题的新方法论。安德森在对曼恩关于权力来源于经济、意识形态与文化、军事这一观点的认同与批判中，展现出了自己对权力来源和构成的理解，即在曼恩所指出的经济、意识形态与文化、军事之外，又指出政治因素在构成权力来源方面具有同等的重要性。安德森在《W.C. 朗西曼的新进化论》一文中批判了朗西曼的《论社会理论》，认为政治是贯穿古今的权力来源之一，从而最终以政治、军事、文化、经济构成的总体权力范式来分析社会历史问题，由此完成了总体权力范式的初步建构。

（一）

　　安德森在《交锋地带》中认为自己的思想发生了重大变化，"本书中的第四篇和第五篇文章，标志着我自己对 80 年代后期历史性剧变产生的反应的一个转折点"①，其中，第四篇文章指的就是《迈克尔·曼恩的权力社会学》。我们认为，在这篇文章中，安德森发现了人类社会关系

---

① Perry Anderson，*A Zone of Engagement*，London：Verso，1992，p. xii.

的权力本质，并以理论的方式表述了这种权力关系的构成，这标志着总体权力范式的初步确立。主体与结构的关系问题是安德森在反思文化霸权范式时所触及的层次最深的理论问题，他在思考克罗克斯的古代社会研究与伯曼的现代性理论时重新回答了这一问题，但此问题的实质性解决则是由四年后《迈克尔·曼恩的权力社会学》一文完成的。安德森的总体权力范式并非全盘抛弃了文化霸权范式，而是将其从主导内容下降为总体权力范式中的一个环节，物质分配也成为总体权力范式中的一个有机组成部分。

在方法论层面上，安德森明确表达了对曼恩的认同，他们共同反对将主体与结构对立，也反对盲目张扬其中任何一个方面，认为这种研究方法毫无益处，超越这种狭隘的对立除了需要宏大的视野以外，还需要深入了解权力类型的各种来源。在安德森看来，曼恩并没有停留在对权力来源的抽象思辨上，而是把它们置于产生这种权力的组织之中，深入宗教教条、税制结构、国家外交、军事战略、阶级关系、土地生态等各个具体的方面，从而使研究获得了深厚的根基。也正是因为如此，他才能够"有效地解决唯物主义与唯心主义的分野"[1]，完成方法论革新。因此，安德森指出，虽然曼恩的权力来源分析框架存在一种缺陷，即没有给予政治作为一种权力来源的应有地位，但不应就此忽视其转折性意义。安德森认为，在曼恩看来，人类社会并非线性过程，而是由重大历史事件构成，

---

① Perry Anderson, *A Zone of Engagement*, London: Verso, 1992, p. 78.

曼恩借用恩斯特·盖尔纳(Ernest Gellner)的话来阐述他关于社会发展的观点，认为核心在于"新插曲"而非进化。曼恩在书中始终强调，人类权力和人类社会不是通过持续增长演化而成，而是在前后不连贯的各种突发性事件中变化着，社会的累积性增长也具有偶然性。因此，他的讨论很大程度上取决于他对事件的选择，以及他对这些事件合理性的说明。[1]

因此，要探究安德森总体权力范式建构的过程，我们就要追随他评论曼恩的进程，从他对大的历史事件的评论来把握。

在安德森看来，曼恩为《社会权力的来源》设定的目标"提供人类权力关系的历史与理论"[2]已经实现，随着时间的推移，人们对曼恩的宏大志向已经不再怀疑，并且曼恩的宏大历史视野和缜密逻辑，使得这本书既气势不凡又条理清晰。曼恩成功地为描述人类社会中的权力关系提供了一个理论框架，而且对于五花八门、大大小小的话题给予了准确的叙述，论据充分、令人信服。曼恩对重要历史场景的把握详略得当，现实性、客观性达到了微妙的平衡，没有一个方面遭到了偏废。这表现在曼恩对人类社会演化进程的权力本质进行了深刻分析，并且对于不同的历史时期各有侧重。

安德森认为，曼恩对史前社会研究的贡献在于，"分析当时的人类社会为什么几乎都没有形成几个社会阶级的固定模式"[3]。安德森转述

---

① Perry Anderson, *A Zone of Engagement*, London：Verso, 1992, pp. 78-79.

② ［英］迈克尔·曼，《社会权力的来源》(第一卷)，刘北成、李少军译，1页，上海，上海人民出版社，2002。

③ Perry Anderson, *A Zone of Engagement*, London：Verso，1992，p. 76.

了曼恩关于美索不达米亚平原的文明与作为文明载体的城邦的兴起的观点，并以此为中心论及了近东、亚洲以及美洲地区文明。对于美索不达米亚文明及其载体城邦的兴起，曼恩指出，"萨尔贡的阿卡德人征服被视为一种全新的权力结构，即'帝国统治'的发端，亚述人和波斯人随后分别受到其统治"①。曼恩对古希腊文明延续原因分析的独特贡献在于，指出了古希腊在军事方面史无前例地提高了步兵团的地位，这无疑保障了作为其文明载体的城邦。安德森认同曼恩对于罗马帝国"地域性帝国"的界定，即罗马帝国的权力布展是直截了当的，对一个广袤地域与辽阔社会空间进行直接统治，而不需要分封建制的中间代理来分割其权力。安德森进一步分析，罗马帝国对资本主义文明最大的影响在于其在地中海地区造成了一些混乱，而这种混乱恰恰又为基督教作为一门让人解脱和拯救的宗教而传播创造了条件，基督教为欧洲中世纪沿海商业经济的增长提供了至关重要的道德盔甲，经济的发展又进一步促使欧洲向资本主义社会过渡。

　　《社会权力的来源》认为社会权力的四种来源分别为经济、意识形态、文化、军事。安德森对曼恩的这一分类并不完全认同，认为这是一种传统的分类方法，政治并未被当作一种独立的权力来源对待，"'政治'权力（在本卷中或许更宜被称为管理权力）似乎并不具有与其他行为相同的绝对自主权，政治权力总是依赖于对意识形态或军事权力的掌握来发挥作用，通常情形下是取决于权力和信仰的结合"②。安德森要恢

---

① Perry Anderson, *A Zone of Engagement*, London: Verso, 1992, p. 76.

② *Ibid.*, p. 77.

复政治作为一种独立的权力来源的地位，本书将在下一节对其展开较为详细的阐述。安德森指出，虽然有此缺陷，曼恩的权力分类仍然具备丰富的价值，通过对军队转移的后勤管理、农业技术和贸易流通量、社会文化的广度和质量、司法手段的作用方式、财政收支模式等方面的描写，"曼恩革新了我们对数千年来历史可能性和现实权力以及它们变化方式的理解"①。我们认为，安德森之所以能够对曼恩的权力关系理论给予总结性分析，是因为其对权力关系的把握已经达到了高度自觉的程度。

（二）

安德森在考察曼恩对文明与城邦兴起原因的探究时，提出了权力的经济来源问题。安德森认同曼恩对文明载体的界定，即在史前社会，有可能沦为次一等人的群体一定存在，但是非常不稳定，总是倾向于消失，所以社会等级制度反而总是走向解体，而城邦的出现，为长期剥削创造了条件，从而为文明的形成奠定了基础。至此，通过权力的经济手段压制，统治者从生产和流通领域攫取了大量的经济利益。安德森认为，在曼恩的分析过程中，这个潜在利益结构得到了前所未有的、清晰翔实的展现。尽管另一位英国新左派思想家爱德华·汤普森认为生产力在古代社会确实有相当程度的提高，"无论多少君王更替，具有科学理性的历史学家都认为生产力从未停止增长，尽管矛盾已经出现了"②。

---

① Perry Anderson, *A Zone of Engagement*, London: Verso, 1992, p. 78.
② *Ibid.*, p. 80.

但安德森认为，相对资本主义文明生产力的质性提高，古代社会的生产力提高极为有限，因此对被统治阶级的经济利益攫取就显得尤为重要。尽管曼恩以这个解释模式对美索不达米亚之外的地区，如埃及尼罗河流域、印度河谷以及克里特岛的分析并不透彻，但安德森认同的权力来源分析范式是一个经济、军事、文化、政治的综合范式，需要联合其他三个要素来共同分析上述这些古代文明发源地区。然而在一个逻辑环节中无法同时展示所有内容，因此只在这一部分中详细揭示经济原因，所以上述问题并不构成对权力关系分析范式的真正挑战。简而言之，聚焦于经济剩余价值的剥削程度来把握权力的经济来源，是安德森考察曼恩关于古代文明起源观点的核心所在。

军事作为权力的来源总是与帝国统治密切关联。这在上述曼恩关于城邦的论述中也有所涉及，曼恩重点关注城邦的强制性合作，或是加强军事压制以获得更大经济剩余。但军事作为权力来源的思想主要集中在对古罗马帝国的时代特征和历史兴衰的论述中。安德森指出，曼恩把握到罗马帝国与古希腊的最大区别在于阶级斗争与军事斗争，罗马帝国的最大特征是其军事征服。安德森说，"他的全部兴趣都在罗马对地中海地区的征服和统治上，认为这是地域性帝国第一次在历史上出现，意味着历史进入了帝制的高级阶段。他说，罗马帝制的两把'战斧'分别是地方军和统治阶级文化"①。

安德森认为，军事征服是罗马文明产生与繁荣的根本权力来源，它带来了加倍的经济繁荣，并且在奥古斯都君主帝国的头两个世纪达到了

①　Perry Anderson, *A Zone of Engagement*, London：Verso, 1992, p. 94.

前所未有的高度。这种高度的繁荣足以同化任何被征服的集体或个人，这种繁荣在其征服的疆域达到极限时，衰落也就不可避免了。也就是说，作为权力来源的军事不仅能够解释罗马帝国的兴起，也能够解释其衰落。罗马帝国在达到繁荣顶峰的时候，发现他们驾轻就熟的、通过军事征服将帝国内部的压力转向外部的手段已经不再像以前那样奏效了，这是因为其领土面积已经达到了极限。安德森认为，如果将军事与经济两种分析方式合二为一，那么其解释力就会达到惊人的水平，其核心在于发现对外的军事斗争而并非共同体的内部政治才是城邦形成的原因。

在安德森看来，作为权力来源的文化和意识形态几乎是同义语，曼恩关于这一问题的见解是在论述罗马帝国的问题时初步展开的。安德森对曼恩的阐发大加赞赏，认为曼恩的阐述是《社会权力的来源》中最为精彩的部分。安德森敏锐把握住了曼恩对于文化的核心在于信仰的观点，并指出信仰如何在一个社会中取得统治地位是文化的关键问题。这也就是为什么文化问题总是和宗教信仰纠缠在一起甚至合二为一。安德森认为，所有宗教的意义都可以归纳为两种，一是终极关怀，即让人在宇宙中获得拯救的体系；二是纽带，即作为某一个共同体内部的连接纽带。人与自然的关系和人与社会的关系是同样重要的，韦伯关注前者，迪尔凯姆重视后者。在安德森看来，曼恩对于基督教文化的理解是与迪尔凯姆一致的，即关注宗教作为社会关系纽带的意义，他们认为基督教的起源问题不能用物质危机或者精神危机来解释，更重要的在于社会归属感的危机，即要回答我究竟是哪一社会的成员这一问题。安德森认为，在曼恩关于权力来源的著作中，作为文化核心内容的宗教只是其内容的一个部分，即只是理解权力关系的一部分，"这可以告诉我们关于基督教

兴起的一个重要部分，但社会权力的全部真相远不止于此"①。这一点
不仅是安德森基于曼恩这一著作的主题而界定的，更为重要的是，安德
森此时已经完成了从文化霸权范式到总体权力范式的转向，文化霸权只
是作为总体权力范式的一个方面而获得其新的意义。

正是基于宗教的第二种意义，安德森说，"在曼恩试图用权力理论
解释全部人类历史时，他也差点犯下一个典型的现代错误，也就是把权
力与文化混为一谈"②。安德森指出，曼恩并没有理解文化作为权力来
源的实质，而只是对文化做了具象化的理解。在曼恩看来，城邦之间或
者城邦内部的暴力的软化和约束应当归功于基督教教义，远距离商品贸
易的成功也是由于基督教文化的成功推广，因为基督教所宣传的宽容对
待所有基督徒的教义使得欧洲居民获得了广泛的互相认同，从而在极大
程度上取代了强制手段。换言之，和平与贸易建立在基督教基础之上，
宗教是经济与政治进步的根基。在安德森看来，曼恩对作为欧洲文化核
心的基督教的认识存在两个方面的问题，一是仅仅局限于基督教本身的
外在形式，而不是将其理解为一种基督教精神。二是没有理解基督教只
是文化的一种形式。

基督教精神并不仅仅局限于西欧，因为广泛存在于拜占庭历史中的
东正教也是基督教的一种形式，安德森据此指出，正是因为曼恩局限于
基督教的形式，所以他有时会觉得基督教不值一提。安德森继续阐述，
不能因为基督教的具体组织而避而不谈基督教的其他形式，假设安那托

---

① Perry Anderson, *A Zone of Engagement*, London: Verso, 1992, p. 82.

② *Ibid.*, p. 82.

利亚或巴尔干半岛上没有东正教带来的社会规范，那么当地的经济与政治繁荣该如何实现？安德森认为，曼恩不能理解文化在伊斯兰教国家和古代中国文明史中的作用，正是因为他尚未把握文化作为权力来源的本质。因为曼恩不能理解文化在文明演进过程中的作用，所以他为基督教特殊功能辩护的理论基础都不能成立。安德森进一步分析，正是因为文化的本质在于信仰，其作用在于塑造社会的规范性，所以阿拔斯王朝或中国唐朝虽然没有推行具有基督教形式的文化，但是他们本身的文化却因为具备了信仰实质而维持了社会的稳定。

在安德森看来，曼恩没有把握住作为权力来源之一的文化的本质，导致其建构的权力谱系结构并不十分成功，这使得曼恩在书中做的很多横向地域比较，在一定程度上成了令人遗憾的外在排列，

> 整部书只是逐步讲述了一个从苏美尔到伦敦城，从美索不达米亚到现代欧洲的历史故事。曼恩把这种连续性视为历史长期演进中的"大结构"，开始的时间远早于中世纪；又将其视为文明前锋变化的"大结构"，在面对政治落后又蠢蠢欲动的东方强邻时，"前锋"不得不起而自卫，有时失败，便只好寻找恰当的生态机会西进，最后演化为西方与西北方文明。[①]

尽管如此，在从抽象本质退步的程度上来看，安德森认为，曼恩关于基督教精神是促使西方文明获得胜利的主要原因之一的观点是正确

---

① Perry Anderson, *A Zone of Engagement*, London: Verso, 1992, p. 84.

的。但是对于曼恩将文化上升为根本性原因的做法，安德森在完成了从文化霸权范式向总体权力范式的转变后已经不能认同了。

安德森认为，曼恩这部著作的局限性在于，一是将权力的来源锁定在经济、军事、文化方面，而遗忘了同样重要的政治因素；二是没有把握住文化的本质并夸大了文化的作用，从而导致了"基督教精神对后来的历史来说是必不可少的一个因素。历史证明其他的因素也起到了重要作用，但是不是必不可少就很难说了"[1]；三是将权力来源的分析范围限定在欧洲。但由于其初步提出了权力关系的分析框架，因而获得了重大学术意义与地位，对此安德森给予了极高了评价。就整个学术历史而言，曼恩的权力社会学获得了一种与传统社会学经典著作完全不同的叙述动力，"他的书在分析社会发展水平上未见得比《经济与社会》逊色，在文学性方面还远胜一筹"[2]。就其在马克思主义理论内部的地位而言，

> 随着迈克尔·曼恩《社会权力的来源》第一卷的出版，人们很快就明白了，现在存在着一种发达的解析理论，专门用于分析人类发展的模式，它在阐述的目标与经验的细节上都超越了任何马克思主义的论述。源于此种理论的某些批评在此被记录下来；但是，任何一种来自马克思主义传统的著作都不能忽略它所代表的理论事业的重要性。[3]

---

[1]　Perry Anderson，*A Zone of Engagement*，London：Verso，1992，p. 84.

[2]　*Ibid.*，p. 86.

[3]　*Ibid.*，p. xii.

安德森之所以能够以宏观的视野来考察《社会权力的来源》，正是因为他已经完成了总体权力范式的初步确立，从而能够在总体权力交互作用的关系网中分析各种理论与现实问题。

（三）

在《诺贝托·波比奥和他的主义》一文中，安德森通过对波比奥政治主义的考察，进而反观政治的权力本质，从而完成了政治作为一种权力来源的论述。安德森考察波比奥政治主义的思想史视野颇为宏大，他认为，波比奥试图考察社会主义和自由主义的融合历程。安德森提出，"欧洲革命前夕的 1848 年，相距数周之内，两篇观点与结论对立的文献在伦敦先后发表。一篇是卡尔·马克思与弗里德里希·恩格斯合写的《共产党宣言》，另一篇是约翰·斯图亚特·穆勒的《政治经济学原理》"①。《共产党宣言》坚信正在欧洲上空徘徊的共产主义幽灵，终将占领欧洲并在世界范围内获得胜利。《政治经济学原理》以几乎同样的信心认为，财产私有制是不可能被替代的，社会主义不过是一个臆想出来的、注定失败的怪物。安德森认为，两篇文章所代表的两种主义之间的严重对立，是当时的人们所难以理解的，这两种主义在理论出发点（社会还是个人）、理论体系、理论现实力量（政党）方面的冲突十分激烈，无法融合。然而，出人意料的是，穆勒的思想在一年后"出现了史无前

---

① Perry Anderson, "The Affinities of Norberto Bobbio", in *New Left Review* I/170，July-August 1988.

例的一百八十度大转弯"①，在《政治经济学原理》1849 年的修订版中，
穆勒出人意料地宣称"社会主义者的观点是现存的关于人类发展的最宝
贵的主张之一"②。其后，穆勒将自己定位为既是社会主义者又属于自
由派。穆勒在《自传》中写道，"关于未来社会，处于当下的我们所能设
想的是怎样把最大限度的自由、世界资源公共占有和利益平均分配以及
联合劳动结合起来"③。

穆勒这样剧烈转向的情况虽然并不多见，但并非绝无仅有，安德森
指出，在穆勒之后，罗素和霍布森等思想家也发生了相似的思想转向。
罗素在考察柏林之后，以其正统的自由派立场批判了德国社会民主党的
思想，认为其未能认真地对待"自然的不平等"④，只是体现了无限制的
民主，只会导致灾难性的愚蠢运动。然而不到 20 年之后，罗素的正统
自由主义就被"一战"改变了，他开始对马克思主义、极权主义和工会组
织进行全面的研究。罗素在《通往自由之路》中公开表达了"工会组织主
义是最可行的制度"⑤，这种制度既可以抑制资本的力量，又可以避免
国家权力过分膨胀，从而保障真正的个人自由。安德森认为，这种转变
的当代著名例证是美国大哲学家杜威，他曾直言不讳地宣称自己是自由
主义分子，但在美国 20 世纪二三十年代的经济大萧条之后，他开始试
图融合社会主义和自由主义。安德森认为，杜威在《自由主义与社会行

---

① Perry Anderson, "The Affinities of Norberto Bobbio", in *New Left Review* I/
170，July-August 1988.

② *Ibid.*

③ *Ibid.*

④ *Ibid.*

⑤ *Ibid.*

为》中所表达的正是对自由主义的批判，"放任自由主义不能作为现行经济体制的理论基础，因为其掩盖了它的残酷性和不平等性"[①]；执行自由主义的新经济政策的结果是"控制生产方式的少数有产者对大多数人进行了漫长的压迫"[②]；而"宪法所赋予人们的言论和出版以及集会自由极其可能走入极端"，"如果最终不能将现存的生产力社会化，那么自由主义将会走向尽头"[③]；古典自由主义的目标应当在社会主义中实现，"社会化的经济是个人自由发展的道路"[④]。安德森认为，曼克菲森的《自由主义民主的生活与时代》、约翰·罗尔斯的《正义论》、罗伯特·达尔最近的观点、约翰·杜恩的《英格兰社会主义政治》、萨缪尔·鲍尔斯与赫伯特·金特斯合著的《资本主义与民主》等作品，都是自由主义与社会主义的融合。其中，意大利哲学家波比奥的突出特点不仅在于其强大的道德感召力和政治威信，更为重要的是他的理想政治设计中蕴含着对政治是权力的来源之一这一本质的深刻洞察。

安德森认为，正因如此，波比奥关于民主政治的设想才具有深厚的基础。波比奥对真正民主的辩护使得他对现存的民主持批评态度，"他的理论注重民主实现的程序，而非民主的本质"[⑤]。关于民主，波比奥给出了四项基本标准，"一是全体的平等的选举权；二是包含言论自由

---

① Dewey, *Liberalism and Social Action*, Carbondale-Edwardsville, Illinois, 1987, p. 22.

② *Ibid.*, p. 46.

③ *Ibid.*, pp. 61-62.

④ *Ibid.*, p. 63.

⑤ Perry Anderson, "The Affinities of Norberto Bobbio", in *New Left Review* I/170, July-August 1988.

在内的组织团体的种种自由权利；三是决议由多数人做出；四是保护少数人的权益不受大多数人侵犯"①。也正是基于这种认知，波比奥认为，马克思主义关注谁来统治社会而不关注如何统治。波比奥对两者做出了区分，前者为主体问题，后者为制度问题。在波比奥看来，马克思列宁主义关于民主政治制度的问题总是被主体问题遮蔽，"马克思和列宁都把专制当作一种凌驾于所有法律之上的政治权力"②。安德森反对这种观点，他认为作为自由主义制度的程序民主有其价值，但是需要对资本家的统治给予规范和限制，从而保障社会所有阶层的基本自由，即每个人不应因其出身阶级的不同而被区别对待，而防止权力滥施并保障这种民主的程序就是法律的意义。我也认为，波比奥忽视了马克思主义在理论实践中既重视制度民主又重视主体民主的特质。

在波比奥看来，民主就是自由主义的产物，"我所指称的政治民主并非一个狭义概念，因为不自由的民主根本就不存在。自由民主是有效民主的唯一形式"③。波比奥认为，保障民主自由的实现需要一套机制，这种机制就是体现个人权利的公民权、体现国家权力的代表大会、宪法，三者构成的机制是一种技术性的工具，"就像铁路和电话一样，应当成为任何社会阶级均可利用的宝贵财产"④。既然三个要素组成的程序民主保障机制是共通的，那么在工人阶级统治的社会中实现结合个人

---

①　Perry Anderson, "The Affinities of Norberto Bobbio", in *New Left Review* I/170，July-August 1988.

②　*Ibid.*

③　*Ibid.*

④　*Ibid.*

自由的代表大会是完全合理的，因此，波比奥认为，"只要任何国家或政权迫切需要把自己的政治技术从一种文明过渡到另一种文明，那么自由主义的各种制度适用于任何文明阶段的国家或政权"①。基于上述四项政治原则，波比奥认为，自由民主必然是代议制、间接的。在波比奥所处的20世纪70年代的意大利，相信议会制度可以被直接民主制度所替代的人非常多，他认为必须对所谓直接民主的偶像崇拜展开激烈批判。我们认为，波比奥对直接民主做出如此严厉批判的原因在于，在他看来，直接民主无法与现代复杂庞大的国家相适应，公众直接参与决策的办法与现代社会并不能相适应，所以他反对所有的直接民主形式。"二战"之后意大利的宪法规定，公民投票是民主制度的主要组成部分，在面对某些简单的大中型问题时，民意会分裂为两大派。"但这一形式恐怕难以应付大量的立法工作，像意大利众议院每天对新法律进行表决，这远远超出了一个普通公民的承受能力。"②

我们认为，安德森认同波比奥对直接民主的批判，其根本原因在于，直接民主导致公民的政治权利被权力在无形中剥夺了，即正当的权利在看似民主的直接民主中遭到了权力欺骗和压榨。安德森指出，个体原本可以通过其所在团体获得权利，但公民投票却使得这种可能性大大降低乃至消亡殆尽，因为个体被分成了一个个单独的原子。安德森进一步指出，直接民主即使被限制在一个很小的范围内，也往往因为单个民众在脱离团体后容易受到煽动而惨败，代议制民主的优势在于不同利益

---

① Perry Anderson, "The Affinities of Norberto Bobbio", in *New Left Review* I/170, July-August 1988.

② *Ibid.*

集团在权力争夺的格局中选择自己的代表进行决策，从而可以避免受到权力的挤压。

安德森认为，波比奥政治思想的核心在于"批评直接民主，维护代议制民主、公民普选、宪法政治"①，其政治理想建立的基础是成年人普选权。在安德森看来，成年人普选遭遇日益不断增长的阻力，"公民个人的自治权力已经被规模组织的优先权所破坏，现代工业社会的规模和复杂性使个人意愿难以按自由民主的传统理想变成集体意愿"②，具体而言，各种寡头人物分化或者组合的结果是，关于政治与经济活动安排的争论已经被协商解决的方式所取代，从而损害了穆勒提出的自由代表原则。更为严重的是，人们对国家进行公共安全和福利管理的需要，直接加速了国家官僚体制的无限膨胀，这些机构逐渐庞大冗繁、难以运转，任何民主管理都对其无可奈何。科学技术的发展出人意料地成为民主的阻力，科技使得政府的管理与政治部门之间的协调越来越专门化、精细化，少数熟悉政治事务前因后果的技术专家与多数对这些事物知之甚少的公民之间出现了不可弥合的鸿沟。此外，技术专家集团、商业娱乐集团、媒体都在竭力维护这种公民对复杂政治事务一无所知的状态。波比奥认为，一般学者在 20 世纪 70 年代错误地将低能的官僚体制、膨胀的技术权贵、无知的市民阶层等问题混为一谈，并且指出将社会问题归结为政治问题只能使得政治更加不堪重负，再也无法迅速做出决定。安德森同意波比奥的批判，但他同时指出波比奥并没有提出有效克服这

---

① Perry Anderson，"The Affinities of Norberto Bobbio"，in *New Left Review* I/170，July-August 1988.

② *Ibid.*

些障碍的策略与实现其蓝图的方案。①

在安德森看来，在波比奥强调代议制民主之前，权力主义的特征就已经广泛、牢固地存在于国家权力的各个部分。令安德森感到激动的是，波比奥不仅已经深刻地认识到了代议制国家结构的权力本质，即人民要求自下而上的权力程序，而且对集中了更为重要的政治权力的国家事务也了如指掌。"这种占据着政治权力更为核心地位的管理国家权力建立在等级制度的基础之上，遵行的是自上而下的权力逻辑（这一点是隐秘的）。"②代议制民主权力从未能征服管理国家的权力。"对于当前复杂庞大的国家制度（军队和官僚制度以及情报机关都被藏在议会民主桌子的下面），即便是最优秀的宪法也只是揭示了其表象，对它背后或内在的部分保持沉默，更不用说那些黑暗无光的地下室了。"③安德森同意波比奥的判断，"代议制原则仅代表社会生活的很小一部分，而其他部分则由专制权力控制，如工厂、学校或教堂以及家庭，表面上公民成功地掌握着各种制度的控制权，但实际上这些制度已成为新的权力中心，从而具有了欺骗性。现代国家的各种权力中心，如军队和官僚体制已臣服在专制的脚下"④。安德森认为，波比奥对西方社会中的权力较量的认识是非常清醒的，"即便在民主社会中，专制的权力也比民主的权力

---

① 作为对波比奥这一点的批评，安德森在他三年后的著作 *Frenand Braudel and National Identity*（《费尔南·布罗代尔和民族身份》）中提出了执行实现方案的主体。

② Perry Anderson，"The Affinities of Norberto Bobbio"，in *New Left Review* I/170，July-August 1988.

③ *Ibid.*

④ *Ibid.*，

大得多"①。

　　对于上述西方社会中专制权力控制政治的问题，波比奥给出的解决方案是社会生活民主化。把解决政治问题的投票方法从政治中解放出来，融入日常生活的方方面面。安德森指出，波比奥一方面反对直接民主，另一方面又主张民主扩大化，"我们发现波比奥的思想中存在着矛盾之处"②，因为这两种主张是冲突的。"代议制民主或者因为其本身具有的矛盾无法最终实现，或者在扩大运用范围的前提下才能够实现。这两个命题不能同时为真，它们是水火不容的一对矛盾。"③因此，安德森指出，波比奥选择的社会主义民主路线并不成功，然而，这并不是波比奥一个人的理论困境，而是所有将自由主义与社会主义相结合的思想者的难题，因为他们都不能触及资本主义的私有制。罗素曾提出，"产业自治可使英国走向共产主义"④，杜威也曾提出对民主不利的专制管理需要被剔除，因为它妨碍了公平交换与自由对话。安德森认为，波比奥提出的观点与罗素和杜威是相似的，这些试图将自由主义和社会主义结合起来的思想家的实践效果极为有限，这是因为"主要的社会制度不可

---

　　①　Perry Anderson，"The Affinities of Norberto Bobbio"，in *New Left Review* I/170，July-August 1988.

　　②　*Ibid*.

　　③　*Ibid*.

　　④　"资本家重视权力和金钱这两样东西，而他们中许多人则只对金钱情有独钟。相对而言，看重权力者更加聪明，因此不用资本家的收入也可以在工业方面寻求自治。通过这种方式资本家逐渐成为寄生虫，他们在各行业的积极作用逐渐消失，直至最终丧失为自身权利进行斗争的能力。"转引自 Perry Anderson，"The Affinities of Norberto Bobbio"，in *New Left Review* I/170，July-August 1988.

能在平静中被改变"①。安德森指出，穆勒、罗素、杜威、波比奥等人的共同敌人是强大的资本主义社会意识形态，这种强大意识形态的核心是私有财产神圣不可侵犯的观念。从主观方面来看，工人力量的分散状况、他们在产业资本主义中培养出来的维护产业效率的等级制度观念，使得资本主义制度更加难以动摇。

我们看到，安德森深为赞同波比奥关于政治是一种权力关系的论断，也同意波比奥关于西方社会表面民主实则专制、权力控制政治生活的判断，但他对波比奥给出的社会民主化的解决方案则持反对意见，认为在维护资本主义社会制度的前提下推动政治生活民主化是不切实际的。也就是说，安德森与波比奥对问题的把握是一致的，而对于问题的解决方案，安德森始终坚持社会主义。我们看到，安德森的这种解决方案是深刻的，因为坚持在资本主义框架内部解决问题的波比奥，在多年以后亲眼目睹了西方社会的政治生活民主进程后，悲哀地表示"我们追求正义与自由，最终实现的正义少得可怜，大量自由可能正在失去"②。

（四）

通过上述分析我们看到，安德森在《诺贝托·波比奥和他的主义》一文中，以波比奥的理想政治制度为视角考察了政治的权力实质。安德森思想的进一步深化是在随后一年完成的，也就是要回答这种政治权力本身是什么。他在《W.C.朗西曼的新进化论》一文中，在多种权力来源的

---

① Perry Anderson, "The Affinities of Norberto Bobbio", in *New Left Review* I/170，July-August 1988.

② *Ibid.*

综合视角下，通过反思朗西曼关于政治权力历史的观点，不仅回答了政治权力本身是什么的问题，而且论证了政治是贯穿古今的权力关系来源之一。安德森认为，朗西曼抓住了社会结构这一根本性的问题，认识到了各种权力的不同分配构成了不同的社会结构以及人们对不同社会的观念，"各种类型的社会就是各种类型的权力分配模式，它们建立在对生产资料、说服和强制的差别控制之上"①。而强制手段对应的正是政治权力，朗西曼对政治权力的论述是通过阐述历史来完成的，安德森通过反思朗西曼的阐述深化了这一主题。

我们认为，朗西曼把最初的原始政权描述成世袭制，对此安德森既有认同也有反对。在安德森看来，根据朗西曼的社会进化理论，世袭制作为初级政治权力形式一定会被更高级的形式所替代，但是这种替代并非简单替换，而是将其下降成为更复杂的形式中的一个环节，因此，世袭制并未完全消亡，而是以其他形式重现。考诸历史，包括希腊僭主政治和卡洛林帝国，乃至地理大发现时代的都铎王朝和葡萄牙王国，世袭制作为一种政治权力延续的形式都不同程度存在着。安德森认为，朗西曼所忽视的法老制时期的埃及或中国商朝正是世袭政权的原型。与此同时，安德森对朗西曼将庇西特拉图（Peisistratus）、阿肖卡（Ashoka）、西珀里西（Chiperici）和葡萄牙王子亨利的政权也归入世袭制的做法提出了质疑。安德森同意朗西曼关于政治权力最初的形式是世袭制的论断，但认为朗西曼对世袭制的定义过于简单化了。

我们发现，在安德森看来，同样的问题导致了朗西曼对市民模式的

---

① Perry Anderson, *A Zone of Engagement*, London：Verso，1992，p. 150.

放大使用。朗西曼把同样的概念应用于希腊城邦、罗马共和国、冰岛共和国，相同或者相近的制度在表面上看起来构成了一个比较类似的领域。然而，这种自由市民的相似并不能证明西塞罗时代的罗马和尼亚拉萨加(Njalasaga)时期的冰岛属于同一种社会。安德森指出，西塞罗时代的罗马经济繁荣、商品经济发达、货币流通量大、税收丰厚、地域辽阔、横跨几大洲、人口密集、首都人口高达 75 万、社会分工复杂、军事强大、文化先进，而尼亚拉萨加时期的冰岛人口只有 3 万，并且全部从事农业工作，商品化水平极低，军事、贸易、社会管理、文化水平等都极为落后。安德森认为，罗马从一开始就是城市文明，而冰岛社会是乡村文化，村庄稀少没有城镇。尽管安德森反对朗西曼将政治权力分析范式的使用泛化，但是对朗西曼将其确定为权力关系来源的一种并运用于城市的做法是赞同的，城镇的一部分功能是将政治权力实体化。

安德森认为，朗西曼对封建主义政治权力结构的分析是似是而非的。传统研究将封建主义分为两类："一类是把封建主义这一字眼局限于采邑制，采邑制从封地和臣服的关系中有条件地获取财产；另一类是把封建主义扩展到任何大地产所有者榨取直接生产者租金的所有前资本主义的制度中去。"[1]安德森认为，中世纪欧洲与日本是第一类，印度、中国和非洲以及中美洲都有第二类封建主义的特征。朗西曼在两者之间采取了中立的立场，即把任何分散富豪政治权力的制度均视为封建制。在安德森看来，朗西曼的这种调和并未有效地将两者融合起来，而是导致了一种奇怪的结果，即把中世纪的英国从封建主义中排除出去了，对

---

① Perry Anderson, *A Zone of Engagement*, London: Verso, 1992, p. 158.

此朗西曼的理由是安茹王朝和金雀花王朝的权力过于集中。

我们看到，关于专制主义时期的讨论，朗西曼把专制主义等同于官僚政治权力分配方式，"在这一模式中有一个强大的中央政府，其人员为与统治者没有亲缘关系却享有薪资的雇员，然后他将罗马帝国政体和波旁王朝作为两个范例"[1]。在安德森看来，朗西曼对专制时期政治权力的把握是准确的，但是安德森并不同意朗西曼将罗马帝国政体和波旁王朝作为专制时期的政治权力结构范例，因为这两者在物质、文化方面的区别非常大。安德森认为，即使不考虑更大范围的社会，仅就政治权力结构本身而言这两者也是有本质区别的，可以将罗马帝国政体定性为领土帝国，将波旁王朝定性为有机王朝，"路易十四能在仅有罗马帝国领土八分之一大小的国土上动员起来规模超过图拉真部队的军事力量"[2]。

安德森认为，朗西曼将宋代以来的中华帝国和德川幕府的日本作为亚洲地区专制政体的主要例子是不恰当的，因为这两个政权之间差异巨大，中国官员和日本武士在录用为官、与土地的关系、在战争中发挥的作用、做学问的价值等方面都不相同，而且其权力机构也完全不同。安德森指出，就对军事力量的控制程度而言，一般情况下，中国皇帝单独有力地掌控武装部队，而日本幕府对日本武装力量的控制范围甚至没有达到日本军队的多数，更超出朗西曼政治权力理论框架的是日本各藩的部队总量超过了日本幕府所控制军队的数量。安德森质疑，这种地方力量远远高于中央力量的模式是否能称为专制政权。

---

[1]　Perry Anderson，*A Zone of Engagement*，London：Verso，1992，p. 158.

[2]　*Ibid.*，p. 159.

我们看到，朗西曼引述了大量历史材料来论证政治权力的存在，安德森完全赞同政治权力是一种独立的权力来源这一观点，但是对朗西曼所列举的一些史料采取了辨析的态度，认为朗西曼没有认识到当时政治权力的存在方式与前资本主义社会有着巨大的不同——从强制到说服为主、强制为辅，更不能进一步将政治、军事、文化、经济作为一种总体权力范式进行交互式把握。安德森说："在朗西曼看来，所有前现代政权都将大部分资源用到了强制模式之中，而管理武装力量的花费几乎是最为高昂的。"①在安德森看来，一旦一个政权把主要的精力放在强制方面，经济生产与文化说服的使用就会被降到边缘地带。安德森认为，政治、军事、文化、经济构成的总体权力范式可以解释古往今来的一切社会，但朗西曼显然放大了政治权力在古代社会的作用，"将 870 年的法国和 1870 年的阿根廷和巴西区隔开的，不仅仅是一千年的时间和一个半球，而且还有一场能在全世界范围内进行物质转换的工业革命"②。朗西曼过于强调政治权力而不能解释在经济层面发生的事实，与此同时，文化作为一种重要的判断标准也消失在人们的视野之中。在朗西曼看来，"只要人这个物种继续存在，那么彼此之间在经济、意识形态和强制权力的斗争就不会停止"③。安德森对此是认同的，但指出必须将政治、军事、文化、经济四种权力之间复杂微妙的关系在历史与现实的具体事实中揭示出来，这样才能够建构总体权力范式。

---

① Perry Anderson, *A Zone of Engagement*, London: Verso, 1992, p. 159.
② *Ibid.*, p. 160.
③ *Ibid.*, p. 167.

三、总体权力范式的确立：对作为世界基本单元的民族国家的分析

苏联解体、东欧剧变后，东欧和苏联的民族国家需要重新确立自己的民族身份。安德森认为，民族国家是社会主义运动的国际格局基本单元，同时也是在世界范围内执行总体权力的主体，因此必然成为总体权力范式的根本分析对象。我在第一章中指出安德森为推动英国社会主义运动，引进了欧洲大陆理论，在第二章中提及安德森具备了一定的世界性视野，但从本质上而言，安德森当时语境中的世界都是作为英国的背景而出现的。世界作为一个真实的实体出场，是在安德森完成了总体权力范式的构建以后，抓住了民族国家的内在结构才实现的，这样世界性的复杂微妙关系才能被具体地揭示出来。民族国家问题一直是当代欧洲争论不休的一个难题，安德森分别从文化、经济、政治三个维度分析了这一基础性问题，对历史学家布罗代尔与历史社会学者韦伯的作品进行了评论，最后以英法德为例对民族国家进行了解读，解释了民族国家的基本内涵。

（一）

安德森是从韦伯的总体理论视野开始对韦伯的民族主义进行分析的，以《以政治为志业》和《以学术为志业》为依据，安德森指出了韦伯所强调的政治与科学的严格界限，"这两篇演讲文风简练、充满激情，从韦伯漫无边际的众多学术思想作品中突出地展现出来。在这里，理性、宗教、价值观、自由、权力、官僚主义、领袖人物的超凡魅力、伦理责

任等主题均有论述，其色彩斑斓的修辞使这两篇文章成为 20 世纪最有影响力的理性论述"①。安德森认为，1917 年发表的演讲《以学术为志业》除了论证了学术事业的内在规范及其意义以外，还强调了学术职业与政治职业的严格区别，指出两者都是绝对独立的。韦伯关于政治家的观点是通过 1918 年的《以政治为志业》来表达的，安德森将其概括为，"依据合法暴力垄断所定义的国家政权的要求来实施领导"②。政治家本身的特性在于激情、判断力与责任感的完美结合，安德森认同韦伯依据这三个要素将政治从业人员划分为政治家和政客的做法，前者为政治而生活，后者是靠政治而生活，前者的政治生命是志业（calling），后者的政治生命是职业（career）。韦伯把政治家定义为纯粹的具有超凡魅力的领导，安德森对此也表示认同。

安德森认为，韦伯将政治与学术进行对比，其最终目的是为了说明领导德意志民族走向强大的真正领袖是政治家，也就是说韦伯"最根深蒂固的政治信奉是民族的"③，而德意志"国家的权力利益是至高无上的、决定性的利益"④是其全部理论的核心。在韦伯看来，政治作为使命或者志业的意义在于，"我们必须向我们的子孙后代展示的道路不是通向和平与人类的幸福，而是为维护并使我们高尚的种族繁衍而进行无休止的斗争"⑤。安德森指出，韦伯在德国政治工作的艰难环境中坚定

---

① Perry Anderson, *A Zone of Engagement*, London：Verso，1992，p. 182.

② *Ibid.*，p. 183.

③ *Ibid.*，p. 194.

④ *Ibid.*，p. 194.

⑤ *Ibid.*，p. 194.

弘扬民族主义情感，谴责威廉政权的无能外交，积极倡导德国海军与殖民的扩张，并且以欢欣鼓舞的方式迎接第一次世界大战的爆发。安德森指出，韦伯之所以认为"一战"是一场精彩的战争，是因为其导致了德国内在的再生，是因为德国所肩负的历史责任是成为一个伟大的强国，一个拥有 7000 万人口的民族国家发动战争的目的"不是地图的改变与经济利益，而是荣誉——我们民族的荣誉"①，这种荣誉根植于对德国成为推动世界发展的统治民族的深情呼唤。安德森指出，韦伯想要将德国武装成一个军营的想法出于三个方面的历史责任，一是防止未来的世界文化大国被俄国官僚或盎格鲁-撒克逊民族控制；二是保护拉丁民族与其他欧洲小国；三是塑造全球文化。

　　我们认为，在上述三大历史责任中，文化使命是韦伯作品的主题之一，也就是在英国式的墨守成规与俄国式的苛刻细求中拯救世界文化。安德森在一定程度上同意韦伯对民族主义的理解，这是安德森从英国视野转向世界视野时所必然发生的，民族国家是组成世界的真实的基本单元，但安德森并不能认同韦伯分析民族国家时所使用的范式。安德森从根本上而言不认同韦伯过分突出文化的分析范式，这在完成了总体权力范式转向的安德森看来显然是狭隘的。就对文化本身的分析而言，安德森也认为韦伯的判断不能自洽，"他从未清楚地说明差别悬殊的德意志文化的真正优点，相反却承认了与大国相比，小国往往能产生更好的艺术并展示出更多的共性，但是这样的小国却从未反抗盎格鲁

---

① 　Perry Anderson，*A Zone of Engagement*，London：Verso，1992，p. 194.

或法兰西文明"①。

在安德森看来，韦伯德意志民族国家理论的核心是德国肩负起的世界历史使命。安德森并不认同韦伯关于民族国家代表着人类的终极走向这一判断，他指出民族国家只是人类历史的一个阶段，社会主义才是人类的命运，推动这一历史进程才是我们应当肩负的使命，不能以现实性来代替未来的必然性。但安德森并未因为根本理念不同而全盘否定韦伯关于民族国家的分析，而是以批判性的眼光加以辩证地吸收。安德森指出，在韦伯看来，当时欧洲的冲突是不可避免的，强权正在欧洲崛起，这要求德国必须成为一个强大的国家，这是一个 7000 万人口国家的命运，"这种命运的磁力使国家蒸蒸日上，越过了衰落的险谷，踏上了荣誉的险峻之路，从此没有回头路，进入了世界历史的艰难氛围，其严峻的威仪，对于我们以后的子孙历代而言，就是一种永不磨灭的记忆"②。在安德森看来，韦伯蔑视仅仅关注经济生活的个人或民族，因为这会使得"数百万人身心疲乏、意气消沉，过着一种极度缺乏意义的生活，而不是从事荣誉事业"③。安德森认为，韦伯的上述观点可以概括为，"民族主义高于一切意义"④。

安德森认同韦伯关于世界的总体判断，"这个世界不仅包含着美、尊严、荣誉和高尚，同时也包含着为权利而战的不可避免"⑤，然而问

---

① Perry Anderson, *A Zone of Engagement*, London: Verso, 1992, p. 195.

② *Ibid.*, pp. 195-196.

③ *Ibid.*, p. 196.

④ *Ibid.*, p. 196.

⑤ *Ibid.*, p. 196.

题的关键在于我们选择什么，我们选择的余地有多大，我们的选择是推动了历史的进步，还是阻碍了历史的前行。如果将命运之神和选择之神并列不加区分，就会走入主观主义的泥潭。安德森通过对尼采的批判，展示出韦伯过分突出自主性所导致的谬误，"纯粹的决定论往往会被激进的宿命论所遮蔽。尼采已经展示了这种谬论，当他从神的死亡转向时，将权力意志作为形而上的挑战以及形而下的命运。韦伯也是如此"①。安德森认为，这种以韦伯为代表的、夸大个人自主能力的理论对第一次世界大战怀有一种不顾结果的狂热崇拜，导致了约700万人为这些罪恶的理论付出了生命的代价。尽管韦伯一再强调战争赐予了战士不平凡的意义，但是700万人的生命代价让我们看到了不尊重人类历史必然命运的惨痛教训，在这些夸大人类选择能力的理论中，理智被极大地贬低了。安德森在随后的《费尔南·布罗代尔和民族身份》中对只从文化角度来理解民族国家的观点进行了进一步的批评，认为这是"以其自己的方式对描写民族性格的传统文学的一种假想。时至今日，这一概念已在很大程度上沦为思想界的耻辱"②。安德森引用并赞同休谟的观点，认为既要承认文化的意义又不可将其过分夸大，"粗俗下流易使民族性格走向各种极端"③，但也不能将其简单否定。

我们认为，在安德森看来，在研究民族国家时夸大其文化特性的倾向由来已久，他还转述了德意志、意大利思想家对本国文化的过分推崇。安德森认同康德的观点，即英国人对自己个性的崇拜正暗含了他们

① Perry Anderson, *A Zone of Engagement*, London：Verso，1992，p. 196.

② *Ibid.*，p. 261.

③ *Ibid.*，p. 261.

对他国人的不屑及良好的自我感觉，但出人意料的是康德在批判了英国各民族的自负之后，自己也陷入了对本民族的过分褒扬，认为德意志民族具备正直、勤奋、谦虚的良好品质。康德之后的尼采对德意志文化的推崇也达到了令人惊异的程度，认为"他们比任何其他民族都更难以捉摸、更具有丰富内涵、更不可测量，德意志民族是完全无法定义的"①。对意大利文化的推崇以吉奥博特为代表，他在《意大利的道德和文明的最高标准》一书中，以意大利在罗马教会系统中的重要历史作用，来论证意大利文化在科学、文学、哲学、神学和绘画领域遥遥领先的地位。吉奥博特甚至将意大利推向了人类各民族的母亲的高度，并认为意大利民族肩负着统一欧洲大陆的历史使命，因为"毕竟意大利的多姿多态已使它成为欧洲大陆的一面镜子和其综合体"②。这么多举世公认的思想家都对自己的民族文化推崇到了自负的地步，安德森对此深感惋惜，这从他认同奥帕尔迪反对民族文化自负的观点中可以看出来。在奥帕尔迪看来，意大利民族的文化在拒绝封建迷信影响时的表现是出类拔萃的，但在现代社会交往中却显得能力薄弱。

安德森指出，不论过去还是现在，文化维度都是研究民族国家的重要途径，其中，富耶于 1902 年出版的《欧洲人心理概论》是对欧洲大陆各民族文化进行考察的第一本著作。这本书的写作目的在于使"法国人民全面即时地了解邻国情况，这样他们才不会上当受骗或成为邻国侵略的对象"③。安德森认为，富耶在这部著作中表达的思想可以概括为三

---

① Perry Anderson，*A Zone of Engagement*，London：Verso，1992，p. 262.

② *Ibid.*，p. 262.

③ *Ibid.*，p. 263.

个方面。第一，民族国家文化类型的划分标准与朴素唯物主义不同，他认为并非物质生产而是思想塑造了民族文化，而思想则源于精英的创造。第二，他认为俄罗斯民族文化极具攻击性因而需要防备，而对于英国民族文化则表达了敬佩之情。第三，他认为"法国人的和蔼中透露着活力，挑剔中伴随着机智，情感中富有逻辑，他们以其友好与慷慨的态度对待其他民族。他们的这些性格可堪称是世界一流的"①。我们看到，安德森对韦伯、布罗代尔、富耶等人观点的部分认同建立在将民族国家严格限定在总体权力执行主体范围内的基础之上，超出这一边界，夸大文化在民族国家中的意义，则是已经超越文化霸权范式的安德森所要批判的，关于这一点本节将在最后一部分展开详细讨论。

（二）

安德森认为，关于民族国家的论述，"从韦伯的著作到盖尔纳的著述在氛围上有很大变化"②，这种变化源于三个方面，一是两人所属的时代完全不同，二是两人的个人气质与思想的巨大差异，三是两人哲学背景的差异乃至对立。就两人气质与思想的差异而言，"韦伯英勇崇高的悲观主义和盖尔纳深思熟虑的普通人的乐观主义非常对立，前者是高明的辩术，后者只是粗俗的玩笑"③。关于哲学背景方面的对立，安德森指出，韦伯在尼采之外受到了活力论的深刻影响，而盖尔纳的哲学背景则更多是出自英国的经验主义和功利主义。"两种传统之间的鸿沟不

---

① Perry Anderson, *A Zone of Engagement*, London: Verso, 1992, p. 263.

② *Ibid.*, p. 197.

③ *Ibid.*, pp. 197-198.

言而喻，盖尔纳正是韦伯所蔑视的幸福论的典范"①。安德森将盖尔纳总体上视为一位更加直接的自由主义者，其理论没有受到帝国梦想的影响。安德森指出，盖尔纳的民族主义建立在自由主义哲学基础之上，对其在全球扩散持乐观态度，认为这是一个有益的历史过程，因为它改善了人类的命运。对于因民族主义扩散而建立起来的民族国家，盖尔纳认为，这是实现初步工业化所必需的，也是人人平等的物质保障。因此，他将经济也就是工业化视为民族主义在全球扩散的基础力量，安德森将其观点概括为，"一旦体验工业化的优势后，没有哪一个社区还会抵制工业化，而且只有在战胜饥饿和疾病之后，道德礼仪才第一次具有了普遍的可能性"②。

我们认为，在完成了总体权力范式建构的安德森看来，在解释民族国家的兴起时，只强调经济一个方面具有高度的合理性，可以说明东欧民族国家的兴起、亚洲与非洲的非殖民化运动，但在解释拉丁美洲时就陷入了困境。盖尔纳关于民族国家独立所需要的军事与政治力量以及文化力量的理论存在缺陷，导致盖尔纳无法解释世界大战和纳粹主义的出现。安德森显然不能完全满意盖尔纳这种存在重大缺陷的解释，因为其尚未充分捕捉到民族主义的丰富内涵。安德森对于作为总体权力范式主体的民族国家的解释超越了盖尔纳的理论，但是这并不妨碍安德森吸纳盖尔纳民族国家思想中的有益成分，更何况经济分析也是安德森采用的维度之一。安德森发现，盖尔纳民族国家思想中最引人注目的特征是机

---

① Perry Anderson, *A Zone of Engagement*, London: Verso, 1992, p. 198.
② *Ibid.*, p. 199.

能主义，即由于经济的需要而建立新型的文化，文化的建立又需要国家的建立，国家的建立又需要民众具有相似的文化烙印，"一种现代文化与国家的相互关系是相当新的，而且必然出自现代经济的要求"①。盖尔纳本人也在早些时候把他的社会学立场定义为多种形式的唯物主义。

安德森指出，时间的推移并未改变盖尔纳的这种唯物主义立场，这也使得他同以韦伯为代表的强调文化维度的思想家存在重大区别。具有讽刺意味的是，"韦伯如此醉心于民族主义的魔力，却完全无法使之理论化，盖尔纳使民族主义理论化了却没有感受到其魔力。一个人的悲剧命运变成了另一个人的平凡职责。这说明了理想主义和功利主义背景的差别"②。安德森在抓住了盖尔纳民族主义的经济本质之后，又将目光深入到其思想深处的自由主义哲学基础。这种自由主义严格区别公共领域与私人领域的界限，认为现存的社区就是保障个人自由的最佳方式，而那种扩大公共领域并且认为这种公共生活可以使得个性得到更大发挥的想象"是危险的浪漫主义"③。私人领域是一种享受休闲的自我表现的恰当领域。安德森认为，盖尔纳这种以自由主义哲学为根基并强调严格限制公共领域的民族主义，并没有深入思考韦伯为什么要以民族主义来消融私人领域和公共领域的界限，当然这也并不意味着安德森不同意盖尔对民族国家经济维度的解释。

关于民族国家的经济维度，安德森在《费尔南·布罗代尔和民族身份》中又作了进一步的阐述，这表现为他在论述民族国家的经济问题时，

---

①　Perry Anderson, *A Zone of Engagement*, London: Verso, 1992, p. 205.

②　*Ibid.*, p. 205.

③　*Ibid.*, p. 206.

并不只是抽象地谈论经济问题，而是激活经典马克思主义关于生产关系即阶级关系的解释力度，从而使得讨论更加深入。安德森指出，布罗代尔关于法国经济历史的解释对塑造法兰西民族国家具有至关重要的作用，这种经济的类型正是小农经济，

> 法兰西农民的日常生活具有超乎寻常的稳定性，以及其长期形成的耕作习惯和水平较低、发展缓慢的生产力；为控制农村人口采用了计划生育措施；巴黎以外所有的大城市都散落在国家的边缘地带；留下一个空档的内地却没有产生重要的对外贸易；缺乏新的、能与鲁尔地区相媲美的工业联合区；微量的货币贮藏和国内信贷；在海上的作为非常有限等。①

通过观察这种经济结构的历史，布罗代尔认为，虽然 13 世纪的法国曾在欧洲经济发展中处于领先的地位，当时香槟地区的市场是欧洲大陆的商业中心，但是随着经济贸易通道的变迁，海上贸易航线不再经过法国，导致法国在欧洲资本主义的兴起过程中被边缘化。布罗代尔指出，这并不是法国大革命等政治事件造成的，而是法国这种小农经济结构的必然结果，因为资本主义兴起之初就是国际贸易的商业资本主义。

布罗代尔认为，法国从此不再是欧洲最先进的经济活动的参与者，这种小农经济的非商业性质一方面阻碍了资本主义的兴起，另一方面阻碍了国内形成统一的市场。安德森同意布罗代尔的这种经济论观点，但

---

① Perry Anderson, *A Zone of Engagement*, London: Verso, 1992, p. 256.

是对于布罗代尔提出的国土面积"是阻碍法国经济全面发展的最主要的因素"①持否定意见。安德森指出，同样国土面积很小的英国却形成了以伦敦为中心的统一市场，经济得到了快速发展，因此，法国经济发展的障碍是法国的小农经济特性，而并非国土面积问题。东欧农民失去了保障土地安全与他们人身自由的农奴制度，英国将土地由永久性出租改为随意性出租，使得农民得到了有风险的自由，与之相比，法国"传统的土地租用转向可继承财产的普及既保障了个人自由又保障了安全"②。也就是说，东欧与英国的土地制度并未使农民得到保障，反而满足了资本主义兴起时对劳动力的需要，而法国对农民的充分保障则阻碍了国内市场的统一与资本主义的发展，而这也成为法兰西社会稳定性的基础。

（三）

安德森认为，在完成了《菲利普二世时期的地中海和地中海世界》和《十五至十八世纪的物质文明、经济和资本主义》之后，布罗代尔以 70 岁高龄开始写作《法国身份》是因为学术的发展已经可以回答法兰西民族的政治性何以建立的问题。法国自然就是法兰西，"身份"就是政治，这就是《法国身份》的含义。在安德森看来，尽管《法国身份》这部著作因为布罗代尔的驾鹤西去而没有完成，而且与前两部享有国际声誉的著作相比，这部《法国身份》的"话题更趋于地方性也不无局限性，但人们还是

---

① Perry Anderson, *A Zone of Engagement*, London: Verso, 1992, p. 257.

② *Ibid.*, p. 257.

普遍认为《法国身份》很有魅力"①。安德森首先介绍了这部研究民族国家的著作的版本状况并概括了其主要内容，"现存的近 1000 页的英译本是其主干部分，分两卷介绍了地理、人口统计学及生产方面的有关情况，布罗代尔原本要写两个续篇，一部介绍法国的政治、文化与社会，另一部谈谈法国的对外关系"②。

安德森指出，布罗代尔从有限的历史矿藏中挖掘出的独家新鲜史料构成了其历史著作的一般特点，而这部研究法兰西民族国家形成过程的《法国身份》却选取了大量非常传统的甚至已经为人所熟知的文献。那么，布罗代尔为什么还要重新研究法兰西这一民族国家的形成过程？原因在于历史学家必须肩负已经发生了根本性变化的新职责，而这种变化是由于"各种各样的社会科学——地理学、政治经济学、人口统计学、政治科学、人类学、民族学、社会心理学、文化研究、社会学"③对防守涣散的历史学阵地进行了有力的渗透所造成的。安德森认为，正是这些学科与历史学的融合使得布罗代尔能够深入发掘法兰西民族建立民族国家的过程。

安德森在评判布罗代尔对法兰西民族国家形成过程的分析之前，概述了《法国身份》的第一、二卷的内容，即对法国主要自然地理环境的描写。安德森总结，在第一卷中布罗代尔对乡村和城镇进行了总体分析，对巴黎盆地的原始农业和罗纳河长廊的商业意义进行了思考；在第二卷中，布罗代尔"追溯生活在六角形地带的人口状况，探索农业活动（畜

---

① Perry Anderson, *A Zone of Engagement*, London: Verso, 1992, p. 251.

② *Ibid.*, p. 251.

③ *Ibid.*, p. 252.

牧、酒业、谷物）的环境，最后以环看法国的商业、农业、信贷的历史特点而结束"①。安德森认为，布罗代尔随意、生动、流畅的写作风格无疑是鲜活而引人入胜的，但是这种风格在一定程度上带来了散漫的特性，最终导致这部著作的大部分篇幅都是在描述农业状况、商业进程、殖民地类型等延伸主题。这些延伸的内容在安德森看来，并非法兰西民族国家所独有，而是对于整个欧洲来说都非常普遍的东西。

　　布罗代尔认为，法兰西民族所处的地理环境最具多样性，这种自然环境的多样性所带来的物质和文化的丰富性是任何一个邻国都无法相比的，法兰西一直都"陶醉于自己的多元化、异质性、独特的喜悦之中"②。安德森对布罗代尔这一判断并不完全认同。在赞颂法兰西地理和文化的多样性方面，安德森追溯了布罗代尔的思想渊源，从布罗代尔的老师费热到更早的米什莱，都对法兰西的不同省份进行了诗意的描述，即气候、风俗、语言多样但却因为相互理解而紧密联系在一起。安德森认为，这些关于法兰西民族国家多样性的描述最直接和最早的来源是布拉什，其在 1903 年出版的《法兰西地理图画》中宣称，"最能体现法兰西特点的词语当是多样性"③。这种多样性是指构成法兰西的各个部分之间，即肥沃的土壤、生活的乐趣之间形成了"一种慈善的力量、一种风气，它是我们这个民族存在的基础，并为之注入了健康的因子"④。安德森认为，这就是说，在布罗代尔之前，多样性已经是法国的一个持

---

① Perry Anderson, *A Zone of Engagement*, London: Verso, 1992, p. 252.

② *Ibid.*, p. 252.

③ *Ibid.*, p. 253.

④ *Ibid.*, p. 254.

久象征。在安德森看来，这种关于法国自然地理多样性的相关论断并不能成立，其他国家的地方气候与自然地理差异不比法兰西小，"比如德国在莱茵河、波罗的海及阿尔卑斯山之间也有三个大地理性区域，还有一些亚区域，那么，德国的地区性差异可以说不亚于甚至超过了法国"①。安德森进一步探究法兰西民族的独特性后发现，"关于法兰西在历史上有别于诸邻邦的原因，更多地归结为它早期政治上的多样性与一致性的统一，而不是它地理上的多样性，这样的观点似乎更有道理"②。

在否定了布罗代尔及其前辈关于法兰西民族特性的地理环境决定论之后，安德森对布罗代尔的人口统计决定论也展开了批判。布罗代尔的人口统计决定论与地理环境决定论的不同之处在于前者具备相当的独创性，这表现在他发现法国拥有比欧洲大陆其他任何地方都稠密的居住地遗址，即 100 万年前阿尔卑斯—玛里蒂莫斯里山脉间的人类聚居地遗址，到了公元前 1800 年，这一聚居地的人口已经高达约 500 万，这构成了法兰西人口最基本的生物基础。安德森指出，这种以史前历史为论据的做法在英国也比较普遍，他以与其同属英国新左派的威廉斯为例，说明在威廉斯的论著中能够"感觉到隐藏在布罗代尔兴趣之后的同样的冲动"③。

安德森拨开布罗代尔史前史复杂材料的重重迷雾，指出多样性和连续性并非一种学术上的兴趣，而是一个民族意识形态的必然要求，布罗

---

① Perry Anderson, *A Zone of Engagement*, London: Verso, 1992, p. 254.

② *Ibid.*, p. 255.

③ *Ibid.*, p. 255.

代尔提出的人类统计学论据的实质为"把这一群体的身份追溯到一个最初的居住地或原始的先祖"[1]。安德森认为，这原本只是一些文学或者民间传说的神话，但是出于民族国家的意识形态需要，各种民族主义思想体系将这些诗人或英雄的神话理论化和学理化了，布罗代尔提出人口统计学也是出于上述民族国家意识形态的情感需要。当然，布罗代尔对其民族国家理论中的法兰西民族感情成分也直言不讳，但是他认为在论著中必须把这种对法兰西的热爱搁置一边，因为"这种偏爱之情很可能会让我犯错，所以我要对它密切注视、严加小心"[2]。安德森认为，尽管如此，对法兰西的热爱仍然使布罗代尔在很大程度上丧失了学术严谨性，但布罗代尔作为杰出学者的谦逊在很大程度了保障了其学术理性，这表现为人们发现其错误时，他会愉快地承认。然而令人意外的是，基于人口统计学来论证法兰西多样性的观点在遭遇德国学界的众多挑战时，他却不置一词，"仅仅在去世前，他才不无遗憾地做出让步，对法兰西遗传的连续性做出了一个较为谦虚的评价"[3]。安德森通过追溯建基于人口统计学以及史前历史的诗意想象的民族统一性，证明了政治的统一是民族国家历史塑造的根基这一观点。

（四）

在苏联以及东欧社会主义国家的政治经济制度发生根本性改变的历史条件下，这些国家都需要重新确立自己的民族身份。民族国家是社会

---

[1]　Perry Anderson，*A Zone of Engagement*，London：Verso，1992，p. 255.

[2]　*Ibid.*，p. 256.

[3]　*Ibid.*，p. 256.

主义运动国际格局的基本单元，因此，也必然成为总体权力分析范式的根本对象。安德森指出，如果只从经济层面入手，无法解释为什么经济水平与经济结构相近的国家，在文化方面却差异巨大，比如德国与法国。即使从文化和经济两个维度来分析民族国家，也无法解释两个文化相近的民族国家在政治方面的差异。因此，理解民族国家的核心在于对总体权力范式的考察，安德森认为，对于民族国家的理解必须进行总体性把握，这标志着对民族国家的理解无须参考任何外在的因素，而是一种民族国家内部的自我认同。

安德森对"身份"这一概念的具体分析是，"身份这一概念的内涵具有更大的选择性，它引起了人们对内在的、基本东西的想象。从相关性方面讲，它暗含着某种可变的因素；从永恒性上讲，它标明了同一因素的连续性"[①]。安德森以个体类比民族国家，认为"谈及个体时，我们将'身份'一词主要用于以下两种情况，一是用以揭示某种个性中最深层次的类似本体论的东西；另一种是指在社会分工中的不同角色"[②]。安德森认为，身份本身包含着变动性与永恒性的矛盾统一，从社会学角度而言，身份具有极强的变动性；而从哲学本体论而言，身份则具有极强的稳定性。民族国家所占据的地理空间相对稳定，而政治与经济都在经历着变化，即使相对稳固的民族文化也并非一成不变，这就导致了民族国家似乎并没有一个稳定的总体样态，总是处在变动不居的状况之中。在安德森看来，民族国家身份则十分恰当地处理了民族国家的变动性与稳

---

① Perry Anderson, *A Zone of Engagement*, London: Verso, 1992, p. 267.
② *Ibid.*, p. 267.

定性问题，"民族身份一直是一个不断选择的过程。在此过程中，以集体方式生存的经验主义群体被浓缩成纹章的形状。在这里主观性与象征性不可分割"①。安德森指出，这种既占有过去又宣告未来的象征与记忆，已经通过组成民族身份而具备了规范性力量。

安德森指出，总体权力范式的核心在于权力，而各民族国家强调自身身份的根本意图在于获得或者维持全球格局下的权力，这其中存在恢复曾经拥有的国际地位和过去没有国际地位，现在努力争取两种情况。第一种情况占绝大多数，这也符合人们的一般心理，即挽回逝去事物的意愿要高于追求未来可能事物的意愿，换言之，这是一种恢复民族本就该在国际权力格局中占据的地位的所谓历史合法性。安德森据此认为，法兰西民族的自我反省是对失去的传统和地位的一种反映，这种所谓的传统地位就是在国际权力格局中的地位。安德森认为，德意志民族对民族身份的关注，表明了它想重新获得曾经的国际权力和地位，很明显，这也是在国际权力地形中争取有利位置的行为。

安德森以总体权力范式对德意志民族的文化、政治、经济进行了综合解读。就文化维度而言，安德森认为，德意志民族身份的争论出现在 20 世纪 80 年代，一大批著名学者加入了该问题的探讨。从经济角度而言，德国在战后取得的巨大经济成就构成了德意志民族身份讨论出现的物质原因，然而与德国经济繁荣的年代相比，德国经济的世界地位并未提升。因此，安德森认为，民族国家在世界经济版图中的位置是沉浮不定的，有时令人欣喜有时让人失望，一般强调的经济状况只是民族身份的基础之一。

---

① Perry Anderson，*A Zone of Engagement*，London：Verso，1992，p. 268.

就政治维度而言，安德森指出，"以传统的联盟形式来保障稳定的政治机制是必要的"①，虽然安德森认同詹姆士对民族国家身份确证的意义，也支持詹姆士对不合理的政治理念、政治制度的批判，比如"詹姆士对左翼自由党在德国统一问题上的认识给予了有力的批判"②，但并不认同詹姆士对德意志国家宪法不民主的判断，认为其实际上比英国宪法更为民主。安德森就民族国家分析的政治维度进一步表达了自己的观点，就像在经济上严格区分德国和经济合作与发展组织是无效的一样，单纯从立宪来确认德意志国家的民族身份则是空洞的。安德森指出，詹姆士关于德意志民族身份的自我确认经历的观点是，"自 18 世纪晚期至 19 世纪，德国人对自己民族身份的界定有三个阶段，文化层面、政治层面、经济层面（大致是从赫德到墨姆森再到罗乔）"③。在安德森看来，这种历时性地揭示民族身份的三个层面，恰恰是共时性地揭示民族身份的三个维度。

安德森随后考察了英国民族身份的状况，英国关于民族身份的探讨发生时间与德国相近，"与此同时，自 1984 年起，不同阶层的人聚集在牛津的'历史工作坊'，召开了一系列的学术会议，从更为激进的角度探讨了这个共同的问题"④。1989 年出版的三卷本《爱国主义——英国民族身份的形成与解体》就是这一讨论的结果。安德森认同塞缪尔在主编该套丛书时，突破了强调英格兰身份这一传统的讨论思路，更加强调大不

---

① Perry Anderson, *A Zone of Engagement*, London: Verso, 1992, p. 272.

② *Ibid.*, p. 272.

③ *Ibid.*, p. 272.

④ *Ibid.*, p. 273.

列颠身份，这是因为大不列颠身份与英格兰身份相比显得更加正统。塞缪尔认为，大不列颠民族身份的内在规定为帝国、军事、外交，并且对外来文化与人口表现出相当的宽容。在安德森看来，这种将大不列颠建构为一个民族的观点在 20 世纪 50 年代遭受了严重的挫折，即经济方面的普遍萧条、政治方面的互不信任、文化方面的国教边缘化。也就是说，这种大不列颠民族身份认同衰微的结论，来源于总体权力范式对文化、政治、经济综合分析的结果。安德森认同塞缪尔的批判，认为模仿过去的老古董只是文化维度的一小部分，以这种方式来解决民族身份认同衰落的问题是无济于事的。

第四章 | 苏联解体、东欧剧变之后的
社会主义可能性

　　苏联解体、东欧剧变后，西方右翼思想家普遍认为，资本主义社会所提倡的自由、平等、民主等理念已经成为人们的普遍共识，因而世界历史也就达到了最高阶段，因此可以宣告终结了。福山于 1989 年 7 月发表的论文《历史的终结?》正是这一观点的代表，他认为，世界历史终结于资本主义社会，此后不论社会如何变迁，都属于资本主义文明的内部调整，马克思主义扬弃资本主义文明的社会主义理想就自行解体了。安德森坚决反对上述思想，并针锋相对地发表了《历史的终结》一文，他指出黑格尔与科耶夫的理论是福山的思想来源，但他们却并未提出历史终结论。与此同时，福山也无法回答人类和平、平等、自由尚未真正实现时，世界历史如何终结于资本主义的局部胜利这一问题。苏联解体、东欧剧变之后，社会主义的运动也面临着新的历史条件，一定会有某个或某几个民族国家成为资本主义秩序的挑战者，而且由于核武器的扩散打破了传统的强弱国家之间的界限，任何一个小国家只要掌握了核武器就有能力使世界陷入混乱。在此基础上，安德森指出，资本主义社会的矛盾在资本主义制度框架内无法真正得到解决，而正是因为采纳了丰富的社会主义因素，资本主义社会才会取得表面上的暂时胜利。尽管如此，资本主义社会运行的逻辑依然是资本积累而非人类的福利。安德森指出，当生态危机和全球两极分化等世界性问题爆发时，社会主义将再度成为世界性的运动。马克思主义作为社会主义的指导思想，其重要价值之一就在于其深刻把握了当今世界。安德森发现，罗伯特·布伦纳（Robert Brenner）通过运用马克思主义的研究方法，将历史学与经济学融会贯通，出色地回答了自 1945 年资本主义世界经历了动力强劲的长期经济增长之后，为何却在 20 世纪 70 年代陷入了长达几十年的衰退这一问题，与此形成鲜明对比的是，三十多年以来思想家们对于这一问题的研究均毫无建树。安德森运用马克思主义，反思了布伦纳对于金融资本等问题的理解，进一步说明了马克思主义的当代价值。

一、资本主义的暂时胜利并非历史的终结

在马克思主义的思想谱系中，世界历史理论占据着关键的位置，资本主义批判、无产阶级斗争、共产主义事业都需要以世界历史运动为前提。安德森世界历史理论的独特价值在于，在苏联解体、东欧剧变、后

现代兴起的复杂社会历史语境下，在社会主义运动的重大历史时刻，论证了世界历史的社会主义走向。苏联解体、东欧剧变后，以福山为代表的西方右翼思想家认为，历史已经终结于资本主义社会。安德森于1989年发表的《历史的终结》认为，福山的历史终结理论无法回答三个基本问题：第一，什么能够保证资本主义国家之间以及与其他民族国家不发生军事冲突乃至战争；第二，美国作为最发达的资本主义国家，是否实现了福山所宣扬的政治与经济的平等；第三，福山所宣扬的作为历史终结的资本主义社会本身是否满足了人类的深层文化需要。因此，福山的历史终结理论是对作为其理论来源的黑格尔和科耶夫思想的误读，与此同时，其理论自身也由于无法解决历史终结的基本问题而丧失了合法性。

（一）

安德森在《历史的终结》一文中，从卢茨·尼萨默（Lutz Niethammer）于1989年完成的《后历史》一书入手，开始了对历史终结问题的考察。他认为，《后历史》本身的主题就是"本世纪（即20世纪）中叶在欧洲知识界最高层出现的对于历史的终结的一系列错综复杂的思考"[①]。安德森发现，尼萨默将古今关于这一问题的思考成果划分为三类，第一类是以尼采为代表的所有英雄可能性将在精神上终结的观点，第二类是与韦伯密切相关的社会将成为僵化的统一性宰制的巨大机器的观点，第三类是承袭了亨利·亚当斯的文明熵的观点。除了尼萨默之外，亨利·

---

① ［英］佩里·安德森：《历史的终结》，见《交锋地带》，郭英剑、郝素玲等译，327页，北京，中国社会科学出版社，2008。

德·曼(Henri de Man)、阿诺德·盖伦(Arnold Gehlen)、伯特兰·德·朱维奈尔(Bertrand de Jouvenel)、卡尔·施米特(Carl Schmitt)、亚历山大·柯耶夫(Alexandre Kojeve)、欧内斯特·容格(Ernst Lunger)、昂利·列斐弗尔(Henri Lefebvre),甚至还有沃尔特·本雅明(Halter Benjamin)和西奥多·阿多诺(Theodor Adorno)等人,都曾对历史终结问题发表过自己的看法。

然而,在安德森看来,尼萨默与他们的观点截然不同之处在于,他以卓越的洞察力揭示了他们之间在文化上或政治上的潜在联系和相似之处。安德森指出,尼萨默认为上述"这些思想家早期也曾希望用激进的方式推翻欧洲已有的社会秩序"①,后来推动社会秩序改革的难度远远超过了他们的想象,因此他们不仅认为社会主义是不可能的,甚至对社会秩序变革的可能性都表达了怀疑,由此他们从不同角度论证了现行秩序的合法性。尼萨默认为,"出现了某种类似于集体的幻象——从很多不同的角度来看——认为这个陷入泥潭、精疲力竭的世界处在反复循环的官僚主义机构和无所不在的商品圈的支配之下,它怎样才能得到解救呢?"②安德森指出,尼萨默的这一判断是正确的,这是因为,尼萨默所使用的方法符合安德森在1988年所提出的总体权力范式,而所谓官僚主义的机构和无所不在的商品圈的支配,正是组成总体权力范式具体内容的政治与经济权力。因此,安德森说:"对尼萨默来说,对时代的这一诊断并非没有其说服力:它与许多日常生活的特别经验和对社会科学

---

① [英]佩里·安德森:《历史的终结》,见《交锋地带》,郭英剑、郝素玲等译,328页,北京,中国社会科学出版社,2008。

② 同上书,328页。

的局部观察相一致。"①

　　安德森跟随尼萨默的历史视角发现，上述看法应该被理解为对18、19世纪历史乐观主义理论的颠覆，这种乐观主义曾经热切地期望作为人类进步终极目标的自由与博爱的完全实现，霍尔巴赫、康德和孔德以及马克思等思想家都对未来社会的发展充满信心。随后出现的是以尼采等人为代表的学说，他们表现出强烈的自愿、努力、希望和企图，希望通过自己主观意志的努力来实现太平盛世。安德森认为，这些学说的一大批追随者构成了《后历史》的言说对象，在这些人最初的期望实现以后，他们所信仰的理论体系并未被放弃，而是采取了新的传播形式。然而，在第二次世界大战以后，这些"革命进步或集体意志的乐观主义被一种精英文化悲观主义所取代，后者在第二次世界大战之后已经稳定的西方民主中看到的只有僵化和一体化"②。尼萨默认为，历史终结的含义在于意义的终结而非时间的终结。这种意义的终结是说，"二战"之前的思想家将意义赋予现实存在的世界，希望通过他们的努力将意义世界变成现实世界，而"二战"之后，将意义赋予世界的思想者和行动者放弃了先前的观念，"所有最终的愿望和目的都丧失了"③，所以历史终结了。安德森认为，这样的判断当然是正确的，但只抓住了问题的一个方面，也就是"意识问题掩盖生存问题"④，因为包括尼萨默在内的这些思

---

　　① ［英］佩里·安德森：《历史的终结》，见《交锋地带》，郭英剑、郝素玲等译，328页，北京，中国社会科学出版社，2008。

　　② 同上书，329页。

　　③ 同上书，329页。

　　④ 同上书，329页。

想家"将自己的政治经验比喻性地阐述为变成空白的世界历史，这些思想家很少注意到实际上威胁要将历史带到其终点的物质进步，即核战争的危险；他们更少注意到工业特权领域之外忍饥挨饿的大部分人的命运"①。

安德森认为，真正将历史终结问题带入全球视阈的事件是在《后历史》发表之后两个月（1989 年 7 月），福山在华盛顿发表了论文《历史的终结？》，"一年之内，随着福山的观点在全球传媒的迅速传播，晦涩难解的哲学智慧变成了这个时代人所共知的形象"②。安德森指出，虽然福山宣称法国思想家科耶夫是自己思想的来源，但是从更大的西方学术背景来看，德法思想家中的哲学成分总是比历史成分要多，而政治只是在分析判断中隐隐闪现的成分。福山对这种思想结构采用了颠倒性的手法，强调以历史和政治的部分为主导，而哲学则成为参照和装饰性的线条。

安德森将福山《历史的终结？》的中心主题指认为"随着 20 世纪末西方自由民主战胜其所有竞争者，人类已经走到了其意识形态发展的终点"③。具体而言，作为西方自由民主强有力竞争对手的法西斯主义在第二次世界大战中被摧毁了。苏联解体、东欧剧变之后，共产主义出现了一定范围内的挫折。福山认为，在现存的工业世界秩序中，民族国家的竞争依然不会停止，但这种竞争是在西方提供的合作框架下的经济竞争与为捍卫经济利益而进行的军事斗争，而政治与意识形态层面的问题

---

① ［英］佩里·安德森：《历史的终结》，见《交锋地带》，郭英剑、郝素玲等译，329页，北京，中国社会科学出版社，2008。
② 同上书，329 页。
③ 同上书，331 页。

已经消亡了。因此，"西方自由民主成了人类政府的最终形式，同时将历史发展带到了其终结"①。

（二）

关于对福山的思考与批判，安德森并未局限于对《历史的终结？》以及 1992 年出版的《历史的终结与最后的人》这两个文本的批判，而是以更广阔的思想史为背景，同以黑格尔和科耶夫为代表的与这一问题相关的思想史大家进行对话。福山"一直声称其推理方式具有黑格尔的权威"②，对此安德森追问道："黑格尔是否曾断言历史已走到了其终点？如果是，那是什么样的终点？"③安德森发现，虽然黑格尔的文本中并不存在关于历史终结的言辞，但在整体思想逻辑的层面上，黑格尔确实持有历史终结的观点。我们认为，安德森的这一论断是准确的。黑格尔认为，哲学的任务在于，反对"为了适应一个外在的目的而加以编纂排列"④现成的熟知的材料，而是要以概念辩证法的体系来展现人类思想的运动逻辑，"把那些精神当作一种自由的、显现在偶然性形式下的实存保存下来，就是历史"⑤。历史是一个精神自我实现的过程，当世界精神成功地摆脱了所有异己的客观存在，并终于理解自己是绝对的"一"时，世界历史运动也就得到了其结果。黑格尔在《精神现象学》一书中认

---

① ［英］佩里·安德森：《历史的终结》，见《交锋地带》，郭英剑、郝素玲等译，332 页，北京，中国社会科学出版社，2008。

② 同上书，334 页。

③ 同上书，334 页。

④ ［德］黑格尔：《小逻辑》，贺麟、王太庆译，1 页，北京，商务印书馆，1980。

⑤ ［德］黑格尔：《精神现象学》，先刚译，503 页，北京，人民出版社，2013。

为，在其心理学范围内已经谈到的历史是精神有意识的、自我中介的演进，这种演进通过短暂形式的连续，达到了完全了解自我的目标。在《历史哲学讲演录》中，黑格尔将历史视为一个精神自由实现的过程，自由实现过程就是世界历史的进程，"一个新的时代已经在世界上出现了"，因为"世界精神现在已经成功地摆脱了所有异己的客观存在并终于理解自己是绝对的……这就是现在的立场，而一系列精神形式随即暂时结束了"①。

在安德森看来，黑格尔哲学所指认的是结果而不是终结，这种结果是精神的结果而非历史的结果，历史只是精神的一个方面，而另外一个方面则是自然。安德森指出，对于黑格尔而言，如果精神有终点，那也只是一种结果而并非终结，黑格尔所用的词汇是 Extde（结束）、Schluss（结局）、Zweck（目的）或 Resultat（结果）。安德森认为，英文"end"有两重含义，一是终点，二是目的，而在德文中没有一个词能同时将这两种意思都表现出来，黑格尔意指后者，即把历史看成一个有目的的进程。安德森进一步指出，在黑格尔的语境中，历史是精神外化过程的一个环节，另一个环节是自然：精神将自己创造为自然和国家。在创造自然的过程中，精神是无意识的，精神以为自己是别的东西，精神对精神没有自觉。然而，在历史生活中，精神以意识的方式实现了自己，它了解了自己实现的各种不同方式，但只是模式而已，精神只有在科学中才知道它自己是绝对精神。

---

① ［德］黑格尔：《历史哲学讲演录》，转引自［英］佩里·安德森：《历史的终结》，见《交锋地带》，郭英剑、郝素玲等译，335页，北京，中国社会科学出版社，2008。

安德森认为，黑格尔的政治思想与当时将私人领域和公共领域区分开来的传统主流自由主义政治思想是不同的，"他那个时代传统自由主义直接将私人和公共领域区分开来，并将政府的职能局限在保证个人自由这一工具主义职能范围之内。建立在由财产条件所决定的选举人之上的代表性机构保证了两者之间的联系"①。这也是福山的历史终结论意义上的政治的终结。安德森指出，黑格尔的理想政治并非福山所指出的自由主义政治模式，而是一种意义范畴，即个人的主观自由变成了国家共同的客观结构。而关于财产与政治的关系，黑格尔当然没有否认财产是参与政治的条件，政治的意义在于控制财富而不是相反，"责任重大的普选，其条件不是抽象的、孤立的对金钱的拥有，而是和其他人所共有的、对某种召唤的具体的追求"②。也就是说，国家作为最高意义的外化，其价值在于防止原子式的个人在市民社会中走向两极分化。安德森认为，黑格尔极其敏锐地把握住了资本主义社会的结构性危机：

> 这个社会的一端是聚集财富和生产过剩的精疲力竭的模式，另一端是新的苦难和依赖。为了限制这些，有必要通过对不受约束的经济运行——需求体系——进行某些调控，从而缓解市场的"危险的动乱"，同时也保证每一个社会成员的生存权利。③

---

① ［英］佩里·安德森：《历史的终结》，见《交锋地带》，郭英剑、郝素玲等译，340页，北京，中国社会科学出版社，2008。

② 同上书，339页。

③ 同上书，339—340页。

那么，以黑格尔的观点来看，应该如何解决这个问题？安德森指出，这对黑格尔而言是一个非常困难的问题。如果国家以富有阶级的大量财富救济贫困阶级，那么就会降低有产阶级提供劳动机会的积极性，全社会的就业率也会随之下降。而两极分化问题无法解决，就会违背黑格尔将国家设定为市民社会的合体这一思想。因此，黑格尔的解决方案是向外进行扩张，富有阶级的过剩物资可以销往海外市场，受贫困威胁的民众则可以移民海外。

也就是说，安德森认为，国家仍然处于黑格尔政治哲学的核心地位，因为它体现了合乎目的的生活方式，"虽然黑格尔常常用 Volk（人民）而不用 Nation（民族）这个词来指 Sitten（习俗）的载体"①，因此，黑格尔所说的国家是民族国家，是绝对精神的最终承担者。那么，民族国家之间的冲突应当如何处理？安德森指出，在黑格尔看来，世界上并不存在一个解决各民族之间纷争的特殊组织。国际事务固有的不确定性和矛盾性将会导致无休止的动乱，使得合乎目的性的民族国家成为只存在于偶然性之中的实体。安德森认为，这一结论使得黑格尔殚精竭虑，去世前不久，他在写给妹妹的信中提到，其所处的时代令人焦虑，所有曾经被认为牢固的东西都摇摇欲坠。因此，安德森指出，福山认为黑格尔是世界历史终结理论代表人物的想法是错误的。

（三）

柯耶夫的世界历史理论被福山指认为自己历史终结论的思想来源之

---

① [英]佩里·安德森：《历史的终结》，见《交锋地带》，郭英剑、郝素玲等译，340页，北京，中国社会科学出版社，2008。

一。那么，安德森是否认同柯耶夫的思想能够支撑福山的观点呢？安德森首先从宏观文化背景分析出发，认为尽管黑格尔最终并未在世界范围内找到现代性的解决方案，但是其所处的 19 世纪早中期的文化氛围是积极乐观的，因此，黑格尔止步于民族国家的解决方案中仍然透露着乐观的意蕴，而柯耶夫所处的时代是 20 世纪早期，从 19 世纪末开始"文化气候变了，正如尼萨默所指出的那样，关于任何进步的观念现在都容易受到正在显露的怀疑，尼采发出了这种怀疑的最具有影响力的声音"①。安德森指出，柯耶夫的哲学正处于这种历史进步论遭到普遍怀疑的时代。

安德森指出，柯耶夫受到黑格尔、马克思、海德格尔的深刻影响，最终结果是"海德格尔的影响受到马克思的影响的调和，导致了他对黑格尔的阐释是真正的思想整合，具有引人注目的连贯性和独创性"②。安德森分析道，柯耶夫历史理论的核心在于，将黑格尔历史哲学朝两个向度发展，将两个相互补充的形象带到现实中来。第一个向度是存在主义形象，第二个向度是社会形象。存在主义向度是指将人类作为单独的个体进行理解，将自我的认知作为一种自由探索的愿望。这种自我的认知并非与社会身份相统一，而这样的愿望只有在被承认时才能实现。社会形象是指在阶级结构的一系列矛盾中确证相互关联的个体身份，包括贵族阶级、中产阶级、劳动阶级等内容。

安德森认为，以上两种形象在柯耶夫的世界历史理论中交织混合。所有行动在最初并非由意识自愿地推动，而是一种卷入了与他者行动相

① ［英］佩里·安德森：《历史的终结》，见《交锋地带》，郭英剑、郝素玲等译，362 页，北京，中国社会科学出版社，2008。

② 同上书，367 页。

竞争的被动活动。强迫自己去满足外在的欲望，并在这一过程中获得相当程度的承认，这种相互统治的代价甚至可以是生命。最早的社会关系诞生于这种竞争，即古代的主人与奴隶的关系，在奴隶的劳动过程中最终产生了资本主义世界，而资本主义世界的形式平等已经为基督教哲学所预见。随后发生的历史事件是，马克思提出了由形式平等转向实质平等的历史趋势，这已经为现代人所熟悉。柯耶夫认为，"马克思抓住了由得到承认的冲动所释放出来的工作的物质动力，但忽略了在这背后的拼死挣扎"[①]。安德森指出，柯耶夫所发现的是，在以物质平等为目标的社会斗争背后发生着一场存在主义的精神斗争："海德格尔理解黑格尔哲学中的观点：人类存在的原始投射是朝向死亡的，在此之前是每一个意识为从对手那里抢夺象征性的赞美——荣誉或特权——而进行的挣扎。"[②]但遗憾的是海德格尔并未意识到马克思所指认的劳动变化过程对这一切的意义。

那么，关于历史终结论，柯耶夫的世界历史理论会给出何种解答？精神斗争会终结吗？安德森认为，柯耶夫发现黑格尔并没有解决这一问题。在黑格尔看来，拿破仑在耶拿战役中的胜利标志着普遍统一国家的实现。由于普遍平等的实现，主人与奴隶之间的对抗消解了。由于获得了承认，精神斗争终止了。柯耶夫认为，这种斗争的停息只是在拿破仑帝国的范围内完成的。从世界历史范围来看，拿破仑帝国与被征服国家

---

① Alexandre Kojève, *Introduction à la lecture de Hegel*, Paris: Gallimard, 1947, p. 573.

② ［英］佩里·安德森：《历史的终结》，见《交锋地带》，郭英剑、郝素玲等译，368页，北京，中国社会科学出版社，2008。

仍然是主奴关系，意识渴望被承认的愿望并未得到真正的满足，精神斗争无法停息。那么，时间会终结吗？安德森发现，与黑格尔一样，柯耶夫在这一问题上也有相当的理论困难。只有时间停止，完备的哲学体系才能够建立，但这与关于时间的辩证法相矛盾，"只有历史终结，并且不再有将来？如果时间停止，历史的哲学才有可能。但是如果时间是辩证的，那么，无论黑格尔说什么，时间永远不可能停止"①。安德森指出，柯耶夫虽然可以发现问题，但他对上述问题也无能为力。可以确定的是，柯耶夫的理论也并不能如福山所言，构成其历史终结论的思想资源。

（四）

在论证了作为福山理论来源的黑格尔与柯耶夫的历史哲学并非历史终结论后，安德森开始了对福山本人的历史哲学的批判。安德森发现，除了对黑格尔和柯耶夫历史哲学的误读之外，福山提出历史终结观点的历史语境是苏联解体、东欧剧变。安德森认为，哲学家的工作是在历史进程结束后才开始的，正如黑格尔的名言，密涅瓦的猫头鹰只在黄昏时分起飞。因此，哲学家必须与其所处时代的政治现实保持必要的历史间距，而对于福山而言，这种关系是颠倒的，是政治立场先行的。

安德森引述了福山的观点："20世纪重大冲突之后，战胜所有对手的'经济政治自由主义的泰然胜利'，意味着不是'冷战'的结束，或一段

---

① Alexandre Kojève, "Hegel à Jena", *Revue d'Histoire et de philosophie Religieuses*, September-October 1935, pp. 457-458.

特定历史时期的消逝，而是历史本身的终结：人类思想进化的终点和（作为人类政府最后形式的）西方自由民主的普及。"①安德森基于总体权力范式展开了对福山历史终结理论的多重批判：第一，什么能够保证资本主义国家之间以及资本主义国家与其他民族国家之间不会发生军事冲突乃至战争？第二，最发达资本主义社会——特别是美国——内部是否实现了福山所宣扬的政治与经济的平等？第三，福山所宣扬的作为历史终结的资本主义社会本身是否满足了人类的深层文化需要？

　　关于对福山历史终结理论的第一重批判，安德森认为，这也是黑格尔历史哲学留下的问题，福山无法保证"国家之间传统上等级和敌对的关系会在假定普及自由民主之后消失"②。安德森指出，就在福山宣称历史终结的时候，国际社会依然处于霍布斯主义的逻辑之中，没有任何手段能够保障国家之间的军事冲突不会升级为毁灭全人类的核战争。福山关于代议制民主国家不会发生军事冲突的论断，脱离了民族国家为其自身利益往往不顾普遍正义的事实。这是一个人类的肉体生存尚且无法完全得到保障的时代，因此，福山宣称的人类历史终结于此并不能成立。

　　关于对福山历史终结理论的第二重批判，安德森认为，资本主义国家也无法实现政治、经济平等，不符合福山所宣扬的自由必胜的信念，而福山对这一问题的解读只是"重复柯耶夫心血来潮的观点'马克思的无阶级社会已在美国实现'"③，即贫穷确实存在，但这并不是阶级分化的

---

①　［英］佩里·安德森：《历史的终结》，见《交锋地带》，郭英剑、郝素玲等译，389页，北京，中国社会科学出版社，2008。引文有修改。

②　同上书，390页。

③　同上书，391页。

结果，而是文化的后果，也就是说，黑人是前现代奴隶制度的遗产，与资本主义社会并无关联。安德森并没有用美国社会显而易见的阶级不平等状况来批判福山的观点，也没有指出一个尚未解决前现代问题的资本主义文明并不能代表人类发展的顶峰，而是指出，福山认为阶级不平等问题就是黑人问题只是在偷换概念，黑人问题只是资本主义社会内部的不平等问题之一，其论断掩盖了美国及其他发达的资本主义国家内部存在着的贫困与政治经济不平等。安德森重申了马克思主义的观点，这些大量存在的贫困现象和资本主义社会内部的不平等并非前现代问题，而是资本主义社会内部产生的结构性矛盾，即过量生产与分配不公平导致的消费不足的产物。如果试图解决消费不足的问题，那么必将重新分配社会剩余劳动产品，而这又将导致下层人口失去劳动的动力，从而使整个资本主义社会停止运行，也就是说，资本主义社会内部的政治经济不平等问题是一个无解的难题。

关于对福山历史终结理论的第三重批判，安德森指出，"一个仅仅建立在选票和视听基础上的社会缺乏社会道德。长此以往，这样的社会如何能够稳固？"[①]这是一个关乎自由主义究竟能否实现的问题，一个原子式的个人为了自身利益，罔顾他人而展开竞争的世界，一个人与人之间关系就是战争的世界，能够代表人类的最高发展阶段吗？安德森指出，西方资本主义政治秩序"提供什么样较为道德的实质呢？"[②]"最常见的随意反应就是将这个问题作为误置的问题不予考虑：在一个民主的社

---

① ［英］佩里·安德森：《历史的终结》，见《交锋地带》，郭英剑、郝素玲等译，392页，北京，中国社会科学出版社，2008。

② 同上书，392页。

会，公共活动场所仅仅是用于追求各种实质个人目标的工具空间。"①而在这一问题上，福山也没有提出可行的方案。安德森认为，不能解决人的存在意义的资本主义社会，仅仅为了人性最大的、最后的利益而奋斗，那么这将成为人类"非常悲惨的时代"②。如果承认这就是历史终结的话，那么，一切为了人类终极意义而"努力奋斗和英勇斗争的时代成为往事云烟"③。

二、总体权力范式下的社会主义可能性

苏联解体、东欧剧变之后，社会主义运动本身也面临着新的民族主义条件，即在这种新的世界格局中，一定会有某一个或某几个民族国家成为资本主义秩序的挑战者，而且由于核武器的发明和扩散导致传统的强弱国家的界限被打破，任何一个小国家只要掌握了核武器就有能力使世界陷入混乱。安德森指出，在资本主义社会框架内部，社会矛盾无法真正得到解决，而资本主义之所以能够延续是因为吸收了社会主义中的调控战略，所以将 1992 年前后的状况指认为资本主义的彻底胜利是一种无稽之谈。资本主义在全球推广必将导致国家关系的严重不公，宣扬民主的资本主义在世界范围内存在的基础，恰恰是各个民族国家之间的

---

① 　[英]佩里·安德森：《历史的终结》，见《交锋地带》，郭英剑、郝素玲等译，392页，北京，中国社会科学出版社，2008。

② 　同上书，392 页。

③ 　同上书，392 页。

不民主，这是由资本主义社会的核心即资本统治的逻辑所决定的。由于当前以及未来的社会问题都是世界性的，而社会主义比资本主义更能解决这些问题，因此，社会主义运动的走向是世界性的。此外，虽然发达资本主义国家的工人数量确实在减少，但是由于新科技以及网络的普及，工人之间能够发生更加紧密的联系，而第三世界有大批农民离开土地成为工人，两者一同构成了社会主义世界性运动的主体力量。产生生态危机和全球两极分化问题的首要原因就是占世界民族国家少数的资本主义强国，当这些问题爆发的时候，社会主义以其国际主义价值观、对世界经济调控的能力，将再度成为世界性的运动。

（一）

苏联解体、东欧剧变后，社会主义阵营与资本主义阵营的对立作为世界性的分析框架消解了，民族国家逐步成为世界范围内的新基础单元，同时也构成了社会主义运动的新历史条件。安德森将其称为"20 世纪最令人生畏的政治激情——它的传播仍在聚集着动力，将人性撒向未知的目的地"①。而关于这一点安德森在之前的《费尔南·布罗代尔和民族身份》中就有过出色的预见，并且他认为旧有的文化范式与经济范式都无法解释这一新的世界基本单元，必须以总体权力范式理解民族身份，直接面对民族国家内部的自我认同。

民族国家之间的危机与民族国家蓬勃的权力欲望，构成了社会主义

---

① ［英］佩里·安德森：《历史的终结》，见《交锋地带》，郭英剑、郝素玲等译，393页，北京，中国社会科学出版社，2008。

运动的现实条件，这种民族国家本身对全球权力的攫取欲望甚至可以与"1914 年前主宰世界列强那种野心勃勃的、新的民族敌对潜力"①相比。安德森指出，最有可能挑战旧有世界权力格局的是经济强大但是没有获得相应国际地位的日本，然而安德森随即表达了对这种具体可能性的谨慎态度，因为日本并没有"达到真正的禁忌征象"②。安德森指出，在比日本影响力更小的第三世界里"民族冲突蔓延还要继续，因为区域的典型症状仍沉陷在历史中"③，当然这些能量小的国家并没有主宰国际秩序的实力，而一个或者多个能量大的国家如果想要称霸全球，也就是建立世界帝国，那么其与其他有同样企图和能量的民族国家之间的竞争就可能会威胁新的世界秩序。安德森认为，第三帝国和昭和日本法西斯主义的出现就是因为完全坚持了民族主义的信条，而在战胜法西斯之后，世界迅速形成了超越民族的两大阵营，而在两极格局消解之后，民族主义的优势"呈现出清晰的轮廓，现在缺乏可比的那种普遍动态"④。民族主义之间的对抗如果发生在发达资本主义国家，其激烈程度和对世界秩序的惊人破坏，正是安德森所忧虑的事情。

　　安德森认为，民族主义在两种情况下是致命的，"一是在不受重视的地方，二是在关键时刻冲突出现或马上到来的地方"⑤，但是不论在哪一种情况下，民族主义抵抗挑战的能力都远远超过了未来主义。对民

---

　　①　［英］佩里·安德森：《历史的终结》，见《交锋地带》，郭英剑、郝素玲等译，393页，北京，中国社会科学出版社，2008。

　　②　同上书，393 页。

　　③　同上书，393 页。

　　④　同上书，394 页。

　　⑤　同上书，394 页。

族主义强大力量的判断，并不是安德森独有的观点，而是诸多思想家的看法，安德森援引了当时最卓越的现象分析家的看法，一个是自由主义者厄内斯特·盖尔纳，另一个是社会主义者埃里克·霍布斯鲍姆，尽管两人对于民族主义的观点不同，但是他们一致同意民族主义未来将成为世界格局最基本的单元。

关于消费主义能够消解民族主义的观点，安德森认为这是"同于绝对论（absolutism）世界温和贸易角色的现代版本"[①]，安德森认为消费主义存在的基础就是资本主义，资本主义不但不能消解民族主义，反而会使民族主义产生出前所未有的力量。安德森指出，眼下民族主义的新历史条件是"二战"以前的民族主义所不具备的，这就是核打击能力的出现。也就是说，"民族主义冲突本身在全世界的政治上的确没有多少结构意义，但同核武器联系起来，在历史范围内，它们可能比过去造成更大的实质后果"[②]。安德森进一步阐述道，一个具备核打击能力的第三世界国家或许并不能成为世界秩序的领导者，但是，因为核武器的出现，大国制约小国发动战争的能力越来越弱，甚至不能保障本民族不被卷入战争。

（二）

苏联解体、东欧剧变之后，一些人认为社会主义已经被资本主义彻底埋葬，安德森当然不认同这种观点。在安德森看来，有着无穷生命力的社会主义暂时遭遇挫折不代表社会主义本身的消亡，相反，社会主义对世界

---

① ［英］佩里·安德森：《历史的终结》，见《交锋地带》，郭英剑、郝素玲等译，394—395 页，北京，中国社会科学出版社，2008。

② 同上书，395 页。

的改造能力已经在资本主义社会本身之中得到了充分展现。资本主义不可能埋葬社会主义，因为资本主义社会本身存在着无解的矛盾。安德森拨开了笼罩在资本主义社会表面上的重重迷雾，认为资本主义社会虽然发生了明显的变化，但资本逻辑依然是其社会的统治力量，并且指出资本主义社会内部的固有矛盾在资本主义社会框架内无法得到真正解决。

安德森从对资本主义社会的分析中，得出了社会主义要素已经在资本主义社会中生根发芽并且茁壮成长的判断："社会民主浮现出它一开始真正社会主义的真正色彩——其目的现在阐明为议会制框架的下一个负责的市场规则、一个公平的税收制度、一个慷慨的福利规定。"[①]而这正是推动社会主义进程的社会基础，安德森举例证明，日本、韩国、德国、奥地利作为资本主义社会中最成功的经济体，其所运用的国家战略并非资本主义所提倡的自由竞争，而是社会主义提倡的由国家协调市场运作和布局工业建设的思路。

安德森引述了莱夫·达仁多弗的观点，指出："一个资本主义'制度'的想法可以不予考虑——在今日的民主世界里，只存在由不同的制度混合组成的异质性社会；因此，它可能置身于明天的前共产主义（the ex-communist）国家里。"[②]也就是说，在安德森看来，认为1992年前后的状况代表着资本主义的彻底胜利，这完全是一种无稽之谈，而正是因为资本主义社会的内部包含了丰富的社会主义因素，它才会取得表面上的暂时成功。安德森所要批判的正是"社会主义终于已被击败——因为

---

① ［英］佩里·安德森：《历史的终结》，见《交锋地带》，郭英剑、郝素玲等译，397页，北京，中国社会科学出版社，2008。

② 同上书，397页。

尽管由撒切尔（Thatcher）或里根（Reagan）的努力，爬行的中央集权下的经济统制在过去的几十年里还没有彻底粉碎"①的观点，这种中央集权的经济调控并不是应该被去除的东西，而恰恰是它们保障了资本主义不会迅速灭亡，安德森引述了大卫·斯塔夫（David Stove）的评论："1900年以来福利国家每年仍以同样令人惊愕的速度增长。难道这个进程不令人感到其不可抗拒性吗？"②与此同时，安德森也表示很难把握资本主义社会的内部状况，因为当时资本主义社会的内部状况比它表面上更加复杂。

既然安德森将资本主义暂时胜利的原因归结为在经济建设方面采取了社会主义的国家调节，那么为什么还要将这种社会指认为资本主义社会而不是社会主义社会？安德森给出的解答是，整个社会运行的逻辑依然是资本积累，而非人类的福利和社会利益，因此，不论将这种社会定义为古典资本主义还是当代资本主义，整个社会"都在结构上由那些受雇为私有业主生产利润的、工薪者的企业之间的竞争所驱动"③。安德森认为，关于这一点，哈耶克主义者、凯恩斯主义者与马克思主义者的看法是一致的。既然现实存在依然是以资本逻辑的统治地位为核心，那么，局部的改变是绵软无力的，而安德森关于总体改造资本主义社会与社会主义成为世界性走向的观点，本书将在随后进行探讨。

那么，资本主义社会以资本逻辑而非人类福祉为宗旨的运作方式，在

---

① ［英］佩里·安德森：《历史的终结》，见《交锋地带》，郭英剑、郝素玲等译，397—398 页，北京，中国社会科学出版社，2008。

② 同上书，398 页。

③ 同上书，398 页。

资本主义社会内部有可能被结构性超越吗？尽管以福山为代表的资本主义思想家，从科学技术、资本主义与政治民主分离、资本主义的走向三个角度对当时的资本主义制度给予了辩护，但是安德森以无可辩驳的逻辑对此做出了批判性的回应，证明了资本主义社会无力解决其自身的深刻矛盾。

对资本主义社会从科学技术进步角度进行辩护的观点是，科学技术的进步为人类带来了前所未有的曙光，并且使人类的进化展现出新的方向，而资本主义社会正是科学技术发展的最佳土壤。安德森并不否认科学技术能为人类带来新的前所未有的发展动力，但他否认资本主义社会是科学技术的进步土壤。安德森认为，科学技术如果继续发展，那么"随着时间的推移通过迫使所有国家现代化——包括军事上和社会上——改变了整个世界，如果这些国家希望从技术上超越它们先前的强国压力的话"①，也就是说，科学技术的性质是中立的，而当时对科学技术发展最有力的支撑来自民族国家而非资本主义制度。安德森继续将科学技术与人性结合在一起来分析，认为科学技术满足了人的物性需求，以科学技术为支撑，物质世界变得极大丰富，从而改变了世界的样貌。然而，这种物性的无限发展并不代表社会分配不公与人性全面发展受限问题的解决，这种解决只有在社会主义制度内才能完成。安德森进一步分析，如果科学技术进一步发展，资本主义的不公平分配制度并不能"利用理性的劳动组织和管理组织——包含工厂和官僚——科学将生活水准提高到以前不可想象的水平"②。也就是说，只有社会主义才能

①　［英］佩里·安德森：《历史的终结》，见《交锋地带》，郭英剑、郝素玲等译，399页，北京，中国社会科学出版社，2008。

②　同上书，400 页。

为科学技术发展提供社会基础，并破除束缚人性的障碍。

关于资本主义经济与政治民主的矛盾，以福山为代表的资本主义思想家在这一问题上做出了让步，不再坚持资本主义制度必将保障世界性民主，而是对民主进行了重新定义。在安德森看来，资本主义在全球的推广必将导致国际关系的严重不公，这是由资本主义社会以资本统治逻辑为核心的本质所决定的。换言之，只有在社会不平等的条件下才能产生差额利润这一资本逻辑的终极追求，世界性的不民主正是资本主义得以在全球推广的前提与存在基础，资本主义与世界性民主本身就是无解的矛盾。安德森指出，以福山为代表的资本主义思想家为资本主义所做的辩护故意绕开了这一矛盾，对民主进行了重新定义，认为资本主义的经济成功无须以保障政治上的民主为条件，即"通向自由之路与通向生产率的道路是不同的"①，从而将社会物质资料的分配与民主自由的关系割裂开来。

安德森认为，撇开物质分配来谈论民主自由问题并不是资本主义思想家的新论点，而是整个思想史中的普遍见解。这种论点最早源于柏拉图，柏拉图将人自身区分为欲望和激情，其中欲望对应的是物质的需要，而激情对应的是自由民主，欲望是常人的渴望，而激情才是贵族的追求。在安德森看来，这种思想在霍布斯和洛克那里发生了关键性的颠倒，古典时代政治哲学的前提是城邦公民，也就是城邦共同体的成员，而非独立个人。霍布斯在《利维坦》中通过对现状的逆向推理，设定了"自然状态"：在自然状态下每个人都是他人的敌人，人类根本没有为他人肩负责任的激情，而

---

① ［英］佩里·安德森：《历史的终结》，见《交锋地带》，郭英剑、郝素玲等译，400页，北京，中国社会科学出版社，2008。

只有对物质的欲望，这种由只有个人物质欲望的人组成的社会，自然就是一切人是一切人的敌人这种"自然状态"，每个人都见利忘义、贪生怕死、为了自我保全而不惜牺牲一切他人，这简直是工业社会生存状态的翻版。安德森认为，自霍布斯开始，对人性的重新界定导致了政治哲学史的颠覆，"德性本位"让渡于"权利本位"，君子之风让渡于小人之行，肩负共同体责任的政治家让渡于为集团利益代言的政客。

安德森指出，霍布斯的理论存在着一个致命的缺陷。为了阻止处于自然状态中的人们在无休止的竞争中走向毁灭，他设想出了一个强权政府，而这个强权政府恰恰会损害人们基于独立个人权利本位所维护的财产。洛克《政府论》的核心价值在于证明了私有财产是人不可让渡的基本权利，因此政府的首要职责不在于结束自然状态下的混乱，而在于保护个人私有财产的不可侵犯，独立个人的前提并非一纸空文，而是真正地建立在私有财产神圣不可侵犯的法律基础之上的。安德森指出，使政治哲学对民主自由的探讨从激情转向欲望的社会基础在于资本主义物质财富的丰富，也就是说，统治集团所采取的策略是让每一个人从对德性的追寻转向对物质的渴望，并且在政治、法律上对此给予保障，从而完成资本对每一个人的绝对支配，扫清资本主义发展的一切障碍。

我们看到，安德森清晰地揭示了资本主义的发展的历程就是将对人的界定从神性与肉欲的混合变成彻底的肉欲，从而将全面的人变成与资本结合的、单向度的劳动力，而洛克也正是在这种意义上才确证了人的自由是建立在物质财产的基础上的，也就是建立在人的欲望合法化的基础之上的。以福山为代表的资本主义思想家在发现整个资本主义社会的物质分配最终是有利于资本家集团的时候，也就发现了资本主义社会经济与政治民主的深刻矛盾：一方面，为了推动资本主义的发展，必须承认人是自由的，并且将自由奠定在物质财产的基础上(洛克)，从而使其与资本相结合；另一方面，资本主义社会生产的产品最终以资本货币的形式被资本家操控，民众的自由根本无法像宣传的那样建立在相应的物质财富基础之上。安德森认为，关于资本主义社会内部经济与政治民主的关系的观点从"霍布斯和洛克的盎格鲁—撒克逊传统，即将政治主要解释利益(安全和财产)的理性追求"①，倒退回古希腊传统的"人性朝着自由的目标：自我主张的动力而非自我保护"②，恰恰暴露而不是解决了资本主义社会内部经济发展与政治民主之间不可克服的矛盾。

安德森指出，从全球资本主义的状况来看，资本主义的存在方式并不是一体化而是以民族国家为基本单元，这就导致了资本主义国家之间的关系是不是民主自由的这一基本问题成为资本主义的国际政治哲学难题。资本主义运动的核心动力在于差额利润的存在，这使得资本能够有追逐利润的空间，因此，资本主义国家之间的关系注定是不平等的，这也就导致了资本主义所宣称的世界性民主只能是一纸空文。安德森说，"东亚新工业国家——韩国、新加坡，明天也许是泰国或马来西亚——惊人的成功打破了世界市场后来者注定要贫穷和依附的迷信"③。上述民主国家的成功并不是资本主义国际政治民主的结果，而是他们在资本主义世界的残酷竞争中通过自身努力占据了有利地形的结果，但这并不

---

① ［英］佩里·安德森：《历史的终结》，见《交锋地带》，郭英剑、郝素玲等译，400页，北京，中国社会科学出版社，2008。

② 同上书，400页。

③ 同上书，401页。

能从结构上改变资本主义的世界性不民主。

　　除上述资本主义社会的固有矛盾之外，关于资本主义为什么不是世界历史的终点这一问题，安德森也基于其他方面的矛盾对此进行了分析。安德森指出，资本主义思想家认为韩国和日本是世界其他国家的榜样，这样的说法是不成立的，这些国家真正的决定性力量不在其国家内部，而在华盛顿。也就是说，这些国家只有作为资本主义大国的附庸才能获得经济的发展。在安德森看来，资本主义思想家攻击社会主义时并没有提出新的理论，他们所依据的只是托洛茨基 1945 年的思想："社会主义不能仅仅因为废除了剥削就证明是正确的；它必须向社会保证较高的经济，要比资本主义的保证切实。不能实现这一点，废除了剥削只不过是没有前途的戏剧插曲。"①安德森认为，社会主义在苏联和中国所取得的经济发展成果是有目共睹的，那些翻版的攻击理论不过是无稽之谈。而获得了经济发展的韩国与日本并没有普遍的推广意义，"一两个政府能实现同一目标的事实并不意味着每一家政府都能实现这一目标——试图统一目标可能导致谁也实现不了这一目标"②。从世界范围的物质财富分配角度出发，安德森问道："第二、第三世界国家还有第一世界消费模式所需的物质条件么？显然没有。"③"当今富有资本主义国家大多数市民欣赏的生活方式，希罗德称之为寡头政治财富，赫希后

---

　　①　［俄］托洛茨基：《被背叛的革命》，纽约，1945，转引自［英］佩里·安德森：《历史的终结》，见《交锋地带》，郭英剑、郝素玲等译，411 页注①，北京，中国社会科学出版社，2008。

　　②　［英］佩里·安德森：《历史的终结》，见《交锋地带》，郭英剑、郝素玲等译，412 页，北京，中国社会科学出版社，2008。

　　③　同上书，412 页。

来称之为等级财富，这种生活方式的存在——如一道美景——在于它只为少数人所有。"①

安德森设想，如果在世界范围内推行北美以及西欧民众所享受的生活标准，那么地球是无力承担的，因此，资本主义在世界范围实现少数人的特权需要以多数人的痛苦作为前提。"目前，不到全球四分之一的人口占有世界收入的百分之八十五，而发达与落后地区收入的差距在过去50年内又进一步拉大了。"②安德森进一步阐述了资本主义在全球推广的不现实性，即使全球人口每人每餐按照不到美国人一餐消耗热量的二分之一来计算，地球也无法养活如此众多的人口，而如果按照美国的人均食物供给标准来衡量，地球只能供养25亿人口，其余人口均要被消灭。此外，即使在全世界有三分之一儿童正在挨饿的情况下，"臭氧层仍然在变薄，气温仍然在上升，核废料仍然在堆积，森林面积仍然在减少，动物物种仍然在灭绝"③，也就是说，资本主义世界市场带来的并不是什么经济繁荣，而是对后代的掠夺。人口增长过快以及人口流动问题正在成为资本主义世界的难题，这也是安德森深感忧虑的问题。一方面全球人口在过去的50年中从25亿增长至50亿，而新增人口的90％都出生在贫穷国家，另一方面资本主义的人口流动使得"已经有25亿人因为对贫穷国家政治和经济的失望而从那儿逃亡"④，逃亡到富裕国家的人民只要能

---

① [英]佩里·安德森：《历史的终结》，见《交锋地带》，郭英剑、郝素玲等译，412页，北京，中国社会科学出版社，2008。
② 同上书，412页。
③ 同上书，413页。
④ 同上书，413页。

享受到最基本的福利，也就非常满足了。这样一来，越来越多的第三世界人民移民到第一世界，使得人口问题成为资本主义的世界性难题。石油是经济发展的命脉，但由于西方与世界石油主产区阿拉伯国家在宗教方面存在矛盾，其供应并不能得到有效保障。安德森指出，科学技术被运用到资本主义社会中所导致的必然结果就是，维护世界不平等秩序的军事科技得到快速发展，这一点在核武器的发明运用中可以得到明显的确证，"但是让大国集团独占大规模毁灭性武器，长期监管世界其他国家的想法是乌托邦式的。由五六个国家实行核垄断既没有道德基础也缺乏耐久力"①，也就是说，核武器扩散带来的毁灭性灾难时刻威胁着人类。

（三）

当前以及未来的社会问题都是世界性的，社会主义比资本主义更能有效解决这些问题，因此，社会主义运动的走向是世界性的。首先，安德森实事求是地承认了当时社会主义的艰难状况，

> 从蒙古的戈壁滩（Gobi）到亚的里亚海（Adriatic），仅在两年的时间里就垮台并随之埋葬了苏联的官僚政府，其处境一落千丈，这成了最引人注目的事件。第三国际的传统以毁灭而告终，它的西方对手却幸存下来；但第二国际的继承者们已经变得越来越穷困了。②

---

① ［英］佩里·安德森：《历史的终结》，见《交锋地带》，郭英剑、郝素玲等译，414页，北京，中国社会科学出版社，2008。

② 同上书，418页。

资本主义吸收了社会主义有益的部分，从而实现了高就业率与高社会福利。与此同时，曾经带有社会主义色彩的第三世界民主运动也正在平息，取而代之的是资本主义强国所认同的民主运动。

在这种严峻的形势下，安德森追溯了社会主义的古典概念的四层含义，即"历史规划、社会运动、政治目标和道德规范"①。社会主义超越资本主义是指，在工业生产日趋社会化的基础上，私有制已经造成了阶段性危机，并且在长久的历史发展中也无法与经济发展的逻辑相一致，必须将其予以消灭。完成这一消灭任务的主体就是和工业生产同时诞生的无产阶级。工人阶级的自觉组织就是扬弃资本主义之后的社会主义的制度范本。在社会主义社会中，生产的组织方式是社会成员为了相互满足基本需要而展开自由合作，这种社会秩序的核心价值观是平等，在没有阶级差异的社会里人们得以各尽所能地劳动、各取所需地分配。

在社会主义运动由于苏联解体、东欧剧变而遭遇重大挫折时，社会主义观念也受到了极大的怀疑。关于工业生产社会化的问题，安德森追溯了卢森堡的观点，认为"固定资产的日益增加和其间联系的日趋紧密要求实行集中管理——从工业革命起持续到二战之后的长期繁荣"②。然而，从1970年左右起，交通、通信技术加速取代了工业生产和自主企业的地位，使得生产社会化进程倒退。安德森认为，无产阶级作为推动资本主义向社会主义转化的主体力量，其状况也发生了重大变化。从20世纪中期开始，"在大都市国家社会地位已经得到很大提高的工业工

① ［英］佩里·安德森：《历史的终结》，见《交锋地带》，郭英剑、郝素玲等译，419页，北京，中国社会科学出版社，2008。
② 同上书，419页。

人阶级，也从此在规模和社会凝聚力方面走下坡路"①。从全球范围来看，工人阶级的数量确实因为工业化在第三世界的推广而大大增加了，但是由于全球人口的快速增长，工人阶级占全球人口的比例反而在不断缩小，也就是说，工人阶级的实际力量与社会主义运动的意愿都下降了。安德森引述了反对国家计划经济的观点，"在被封锁或战争条件下，中央集权的计划经济不管是在共产主义社会还是在资本主义社会都取得了显著成绩"②，但在和平环境中，日益复杂多样的经济状况似乎超过了中央集权命令的协调能力，其结果是不合理的浪费与闲置状况远远超过了市场经济的配置，最终导致经济的衰退。在社会主义的平等价值观方面，安德森指出，"二战"之后，不论平等如何在现实中被否认，但至少还是群众生活中的虚饰，而现在的人们不仅在现实中放弃了平等这一社会主义的重要价值观，而且在诉求中也是如此，"大生产已经被后福特主义（post-Fordism）超越。工人阶级成了对过去的淡淡的回忆。集体所有制是独裁和低效的保证，真正的平等是无法与自由和生产力相容的"③。

安德森对上述怀疑社会主义的思想给予了深入批判，"从事实看，改变了社会主义信誉的所有客观变化都是模糊的"④。在社会化大生产方面，安德森指出，由于交通和通信产业的迅速崛起，工厂的地理集中状况确实慢了下来，而社会化大生产的本意就是生产的社会关系密集化

① ［英］佩里·安德森：《历史的终结》，见《交锋地带》，郭英剑、郝素玲等译，419页，北京，中国社会科学出版社，2008。

② 同上书，419页。

③ 同上书，420页。

④ 同上书，420页。

而非地理集中化。从资本主义社会乃至全世界范围来看，"从技术联合方面理解——一个统一生产线上多个生产单位之间的联系——这种社会化显然是大大地加速了"①。社会分工更加细密化，自给自足的生产体系越来越少，形成了甚至是马克思时代都无法具体预料到的全球互联依赖大网络。② 在工人阶级状况方面，在发达资本主义国家内部的大机器生产条件下，从事手工业和采矿业的工人数量确实已经大幅减少，即使按照目前的人口增长趋势来看，全球无产者的数量也不可能增加，但是由于第三世界的农民正在逐步离开土地进入工业领域，工人阶级的数量在世界范围内并不会如上述怀疑所说的那样大幅下降。在中央集权计划经济方面，社会主义确实如上述怀疑者所说的那样在苏联遭受了严重的失败，但是在资本主义世界，跨国公司的大量出现导致了"其运算公式可以长到绕地球转且时间需要不断延长"③，而其中隐形的中央集权计划经济也为人们所默认了。

因此，安德森宣称："社会主义的源泉，像人们一向认为的那样，并没有枯竭。"④安德森指出，社会主义是否得到了公正的对待当然很重要，但这并不是问题的关键，问题的关键在于，面对下一个世纪的世界局势，"社会主义能比资本主义更成功地应付这些问题的希望在哪里呢？"⑤

---

① ［英］佩里·安德森：《历史的终结》，见《交锋地带》，郭英剑、郝素玲等译，420页，北京，中国社会科学出版社，2008。

② 需要指出的是，马克思对未来社会的预测并不是具体的规定而是一种方向性的指导。

③ ［英］佩里·安德森：《历史的终结》，见《交锋地带》，郭英剑、郝素玲等译，420页，北京，中国社会科学出版社，2008。

④ 同上书，420页。

⑤ 同上书，421页。

　　社会主义思想并没有因为社会主义运动的现实状况（苏联的解体或西方社会主义运动停止不前）而受到很大的影响，安德森认为，在这些要求重建社会主义的思想中，有两种观点是各方一致认同的。一种观点是社会主义现实运动的暂时受挫，既不意味着市场万能，也不意味着废除市场，而是要把合作所有制、地方所有制以及国家所有制这些不同形式的集体所有制结合起来，对市场交换进行协调。安德森指出，黛安娜·埃尔森（Diane Elson）是这一类阐述的代表，

　　　　关于日趋依赖信息的经济的出现，已经使不同于资本主义的所有制形式成为陈旧落伍的东西的观念发生了扭转，因为信息时代的经济要求废除商业机密的时代错误。这里，目标是市场社会化，这种社会化把权力移交到掌握对手技术和成本秘密的企业生产者手中，并以确保基本收入来保证自由的家庭生活。[①]

　　在信息社会，银行作为整个经济运行的中心，其地位并没有被削弱，社会化市场条件下的计划手段是多样的，但是每一种手段都要求中央集权计划经济对银行系统实施绝对的控制。第二种观点是政治方面的，社会主义"民主在形式上比其他任何资本主义类型提供的民主都明确：鼓励参加选举活动，减少代表与选民之间的隔阂，公开并调整执法

---

　　① 黛安娜·埃尔森：《市场社会主义还是市场的社会化？》，载《新左派评论》第172期，1988年第11-12期。

程序，开辟更多的决策渠道，保证代表在性别和人数上的比例"①，安德森指出，这种更加广泛的民主要求超越最初所设想的只包括工人阶级的民主，将依靠工资生活的更广泛的民间团体包括进来。

安德森赞同上述关于社会主义未来道路选择的观点，同时又提出了自己所理解的社会主义思想原则，即任何单纯回到马克思主义文本的做法都是远远不够的，问题的关键在于继承马克思主义的基本方法，研究并解决当下以及未来的社会问题，只有这样社会主义才能获得永久强大的生命力。

安德森指出，目前以及未来可能会发生的严重社会问题是生态危机和社会两极分化问题，而资本主义的市场经济无法解决这些问题。这是因为"受个人利益所需的驱使，市场力量的逻辑是不惜破坏环境以巩固自己的权力等级地位"②，而在地球——这一决定人类命运基础的更高层级上，社会主义所赞成的对物质生活条件进行民主控制的观点展现出了新的意义。以莱斯特·布朗(Lester Brown)为代表的分析者认为，未来将会发生一场和从前的工业革命具有同样重大意义的环境革命，如果这一预言准确，或者环境革命发生的激烈程度比预言略低，那么社会主义对经济发展的调控不仅必要而且非常紧迫。在安德森看来，环境问题是全球性问题，但并不是仅仅在世界范围内要求人们做什么或者不做什么，即不是要仅仅从人的行为入手解决世界性生态平衡问题，也不是要仅仅从资源限额的角度来解决上述问题，更为重要的是要看到在资本主

---

① ［英］佩里·安德森：《历史的终结》，见《交锋地带》，郭英剑、郝素玲等译，423页，北京，中国社会科学出版社，2008。

② 同上书，424页。

义框架下，资本统治逻辑的逐利性使得这个问题无法真正得到解决，"因为关键问题不仅是对生物领域的（越来越）严重的破坏，而且是敌对的国民经济在对生物领域的破坏中所扮演的角色"[①]。为了解决生态问题，经济方面的分配数额势在必行，而分配数额问题又是一个与政治平等相关联的问题，即"应该根据什么原则在世界人民之间分配化石燃料的消费、核废料的生产、碳的释放、杀虫剂的使用量、森林的采伐?"[②]在这一问题上市场是无能为力的。目前极少数强国滥用世界财富才是环境问题产生的主要原因，而社会主义的计划不是为了自己而是为了公正，因此在生态平衡这一世界性的政治经济难题面前，社会主义尤其具有天然的合法性。

安德森认为，当前世界资本主义无力解决的另一个难题是民主日益流于表面上的形式，这一难题发生的机制在于，民主最重要的体现方式是立法，而执法机关对立法机关权力的损害越来越大，政策选择的余地越来越小，"群众对其关心程度日益降低。最严重的是，影响市民福利的主要变化转移到了国际市场"[③]。因此，建立超越一国政权的统治机构就成为势在必行的选择，而西欧已经朝这一方面迈出了重要一步。

社会主义主体力量在世界范围内的成长是安德森寄予希望的另一个要素，由于工业在第一世界所占经济比例下降，第一世界的工人阶级人数也在下降，但是从世界范围来看，通过工资获得收入的人数却在大大

---

① ［英］佩里·安德森：《历史的终结》，见《交锋地带》，郭英剑、郝素玲等译，425页，北京，中国社会科学出版社，2008。

② 同上书，425页。

③ 同上书，425页。

增加。这一变化的最主要原因在于，"二战"后，不论在落后国家还是在发达国家，女性都已成为劳动大军的重要组成部分。必须指出的是，安德森在这一方面持谨慎的乐观态度，因为这些力量的构成是相对分散的，"即使在大都市工人阶层内部，他们之间的职业和文化相似性不如以往"①，以往的单一性在于，大多数劳动人口都是大体收入相当的欧洲男性手工业工人，而今天他们在收入、就业、性别、国籍、信仰等方面有着重大的差别，这种劳动组织的分散化与资本流动的全球化形成了鲜明的对比。

作为一名清醒的社会主义行动者，安德森当然不会无视社会主义自身的不足以及在前进道路上所面临的艰难，但是这并不意味着他对社会主义的前途丧失了信心。安德森的信心建立在深刻分析社会现实的基础之上，除了生态平衡和政治民主问题以外，安德森认为，资本主义无力解决的最艰难的问题来自经济方面，"(20世纪)70年代显示出来的发达资本主义内在结构方面的问题还没有解决。利润率仍然不超过战后长期繁荣时的一半——且这一水平也只是因为大规模的信贷扩张才得以维持，也仅是推迟末日的到来罢了"②。安德森指出，由于全球经济的一体化，西方国家通过信贷扩张来掩盖的经济危机一旦爆发，必将引发全世界的经济政治动荡，而非西方国家的总体贫困状况引发的危机也会扩散到全球。这就需要我们制订一张新的、能够有效反映这一紧张状况的图表，如果这一图表准确预测了资本主义世界的危机，那么社会主义凭

---

① ［英]佩里·安德森：《历史的终结》，见《交锋地带》，郭英剑、郝素玲等译，425页，北京，中国社会科学出版社，2008。

② 同上书，437页。

借其天然公平与国际主义价值观以及对世界经济调控的能力，将再度成为世界性的运动。

三、作为社会主义指导思想的马克思主义的价值

作为社会主义指导思想的马克思主义，其本身的有效性已经和社会主义的可能性紧密捆绑在了一起，在一定程度上可以说，马克思主义的有效性就是社会主义的可能性。因此，安德森在探讨了资本主义的暂时胜利并非历史的终结以及社会主义的现实可能性之后，第二年就探究了马克思主义的价值。安德森认为，马克思主义在当代的主要价值并不在于其文字的优美或理论的严密，也不在于其曾经有力地指导了世界社会主义运动，而在于其理论对于今天世界的解释仍然是有效和深刻的。安德森认为，布伦纳的理论以马克思主义为基础，有效地解释了当代世界。布伦纳的分析结构为，运用马克思主义的研究方法，将历史学与经济学相结合，出色地说明了资本主义世界自 1945 年经历了长期动力强劲的经济增长以后，为何在 20 世纪 70 年代陷入了长达几十年的衰退。布伦纳运用马克思主义对当代世界重大问题所做出的有效分析，安德森运用马克思主义批判布伦纳对于金融资本等问题的分析，都说明了马克思主义的当代价值。

（一）

安德森没有把马克思主义的价值建立在过往的辉煌之上，而是要确

定其当代意义，这是与安德森的历史观紧密联系的。安德森的历史观并非建立在历史编纂学的基础上，而是以历史学为基础。有意思的是，随着时间的推进，马克思主义本身成为历史唯物主义所研究的历史，马克思和恩格斯创建经典马克思主义当然是曾经存在的历史，自然构成了历史编纂学意义上的历史。但历史唯物主义意义上的历史，不单纯是在过去时间发生中的事情，因为并不是所有过去的事情都对现在构成意义，都能构成我们今天理解世界的一个部分，真正的历史唯物主义的历史是一种对自我以及自我所处时代的理解。也就是说，当马克思主义成为历史的一部分的时候，恰恰必须经受历史唯物主义的考验，从而得以在"当下"的意义场域中得到重新建构。在安德森看来，布伦纳所完成的工作就是在历史唯物主义意义上阐释马克思主义的当代价值。

在《英国内战，全球瘟热：罗伯特·布伦纳》一文中，安德森通过研究布伦纳的《全球震荡的经济学》，阐明了作为社会主义指导思想的马克思主义的当代价值。在此之前，安德森为了揭示布伦纳"历史思想的一般结构"[①]，先对《商人与革命》与《繁荣与泡沫》以及《全球震荡的经济学》进行了总体研究。安德森认为，布伦纳的作品是独一无二的，因为他进行了一项极为艰难的研究，并取得了优秀的成果。具体而言，安德森发现，20世纪70年代以来，人们清楚地感受到了经济在推动世界前进时的力量，然而对此进行分析却非常困难，因为经济学已经成为公式化和数学化的模型，这与曾经用来解释现实世界的经济学大异其趣。安

---

① ［英］佩里·安德森：《英国内战，全球瘟热：罗伯特·布伦纳》，见《思想的谱系——西方思潮左与右》，袁银传、曹荣湘译，303页，北京，中国社会科学出版社，2012。

德森指出，经济学已经羞于讨论宏大问题。经济变革的基础问题、熊彼特等人关注的主题已经无人理会。经济学专业以外的人士试图填补这一空白，但是由于缺乏学术基础，尚未取得积极进展，大量新闻评论因为缺乏历史纵深感而浮于表面，总之，"对战后经济发展的深层奥秘都没有触及"①。安德森认为，布伦纳通过"详尽描述美国、日本、德国三大资本主义经济中心在过去半个世纪里的发展轨迹"②，在这一复杂问题上取得了"至今没有其他文献能与它们媲美"③的成就。《全球震荡的经济学》和《繁荣与泡沫》等著作之所以能够取得上述成就，在安德森看来，是由于布伦纳"是从一个马克思传统的历史学家的角度进行创作的，而最近也没有哪本著作在运用马克思理论遗产来解决其他方法解决不了的重大问题方面，像他的著作那样令人信服"④。也就是说，布伦纳在现实问题研究上取得的成就，已经说明了马克思主义的当代价值。

安德森指出，布伦纳的分析结构为，运用马克思主义的研究方法，将历史学与经济学相结合，在分析资本有机构成的基础上提出了"危机定理和投资利润率下降的定理"⑤，有效解决了资本主义发展导致危机的机制叙述模式问题。在《全球震荡的经济学》中，这种分析方法围绕以下中心问题展开：自1945年开始，世界资本主义经历了动力强劲的长

---

① ［英］佩里·安德森：《英国内战，全球瘟热：罗伯特·布伦纳》，见《思想的谱系——西方思潮左与右》，袁银传、曹荣湘译，304页，北京，中国社会科学出版社，2012。

② 同上书，304页。

③ 同上书，304页。

④ 同上书，304页。

⑤ 同上书，304页。

期增长之后，为什么在 20 世纪 70 年代却陷入了长达几十年的衰退？安德森回顾思想史认为，对此问题最流行的见解是由左右派所共同认可的，"是资本主义的增长机制恰恰被战后充分就业的成功所破坏了，这种成功最终使得工会可以利用短缺的劳动力市场迫使提高工资和抑制技术创新"①。也就是说，充分就业导致了劳动力工资大幅上涨，使得资本的利润不断下滑，投资动力也随之下降，而资本投入不足又导致技术创新的速度下降，最终导致了 20 世纪 70 年代的经济增速缓慢。

布伦纳在《全球震荡的经济学》一书中提出了反对上述主流观点的思想，安德森引用了布伦纳的观点，"根本不可能存在足以导致全球利润率长期普遍下降的劳动对资本的系统性压力，国际要素流动相对这一点来说实在是太不相称了，因为资本总能通过异地转移实现对劳动的包抄"②。换言之，"二战"以后，资本早已经跃出了一国边界，开始在全球范围流动，而与劳动力相结合的只是产业资本，产业资本以外的商业资本、金融资本并没有受到劳动力价格的深刻影响，更何况就产业资本本身而言，由于资本的全球性和第三世界劳动力的低廉价格，主流经济学所主张的充分就业导致资本投入下降引起经济增长缓慢的情况，实际上并未出现过。

---

① ［英］佩里·安德森：《英国内战，全球瘟热：罗伯特·布伦纳》，见《思想的谱系——西方思潮左与右》，袁银传、曹荣湘译，305 页，北京，中国社会科学出版社，2012。

② Robert Brenner, *The Economics of Global Turbulence*, London & NewYork, 2005, pp. 20-26. 转引自［英］佩里·安德森：《英国内战，全球瘟热：罗伯特·布伦纳》，见《思想的谱系——西方思潮左与右》，袁银传、曹荣湘译，305 页，北京，中国社会科学出版社，2012。

从安德森对布伦纳不吝称赞的评价中，我们看到安德森对布伦纳的理论总体上是认同的（关于其对布伦纳的批判，本书在下一部分展开阐述），即使在资本主义社会中，决定经济命运的也不是劳资关系，而是资本与资本之间的关系。换言之，主导经济增长速度的力量是资本竞争的逻辑，而并非阶级斗争。我们看到，这也就是安德森为什么在结束对于布伦纳的一般框架分析之前，就做出了其属于马克思主义但是又具有深刻独创性的判断。一般认为，资本与资本之间的自由竞争（表现为资本家之间的竞争，资本家是资本的人格化正是马克思所指认的）正是资本主义创新动力的来源，这一点使得其在"冷战"中获得了对计划经济的胜利。安德森认为，布伦纳的深刻之处在于"深入内部对这种制度进行分析，从而表明了它最强大的提高生产力的机制，同时是如何导致致命的动能丧失和重复发生的危机的"①。具体而言，制造业的自由竞争需要大规模的资本投入，技术与大规模的资本投入结合之后会产生相当的利润，但随着时间推移，大规模资本与新兴技术结合的新企业使得旧企业的利润率急剧下降，旧企业为了保障资金的顺利流通会压低其利润率，而这一举动会使得新企业也不得不随之降低利润率，于是，过度竞争就会出现，导致行业的利润下降，最终导致行业的投资率下降。资本主义的各个行业所发生的过度竞争都与此类似，投资不足使得整个经济增长速度放缓甚至衰退，"这是1973年左右开始的长期衰退的一般逻辑"②。

---

①　［英］佩里·安德森：《英国内战，全球瘟热：罗伯特·布伦纳》，见《思想的谱系——西方思潮左与右》，袁银传、曹荣湘译，305页，北京，中国社会科学出版社，2012。

②　同上书，306页。

那么，为什么在过度竞争产生之后，资本主义不但没有能力解决，反而只能任其长期发展？安德森指出，布伦纳分析这一问题的基础是民族国家。安德森认同布伦纳关于战后资本主义经济迅速发展原因的判断，即当时各个国家的经济处于相对割裂的状态，因此，德国和日本可以建立本国内部的技术复合体。换言之，廉价劳动力的供应，对本国技术发展的保护措施，对本国资本投资水平的控制能力，建立在银行、企业、工会更紧密合作基础上的有效国家干预，使得德国和日本获得了赶上美国的能力。20 世纪 60 年代，随着国际贸易的迅速增长，日本和德国的产品大量进入美国市场，使得资本竞争国际化，造成了国家资本之间的对抗。也就是说，资本的主体由个别资本家变成了由资本家集团组成的民族国家，因此，三个国家的投资不足席卷了整个资本主义世界。

安德森与布伦纳将资本主义国家在处理上述经济衰退问题时采取的策略概括为三个方面。一是凯恩斯式的为了维持需求而扩大政府债务，二是货币主义式的通过放松管制来扩大货币供给，三是调整信贷和改变汇率的临时措施。但是三种策略都不能使经济增长速度恢复到战后水平。三个国家的竞争在 20 世纪 90 年代发生了重大变化，美国凭借两种策略超过德国和日本，重新成为资本主义世界的中心。一方面，美国没有使用德国和日本社会契约式的工资制度，所以在降低劳动力价格时没有遭到太多的阻力。虽然在推动日本和德国战后的经济繁荣中，社会契约式的工资制度发挥了非常大的作用，但后来却日益成为了其经济发展的阻碍。另一方面，20 世纪 80 年代初期，美国财政赤字剧增，对外贸易逆差大幅增长，美国方面希望通过美元贬值来增加产品的出口竞争力，以改善美国国际收支不平衡状况。1985 年，美国、联邦德国、日本、英国以及法国的中央银行行长与财政部长在纽约召开会议，达成了以美元对其他国家货币汇率有秩序贬值的方式解决美国巨额贸易赤字问题的协议。正是上述的低工资和美元贬值使得美国经济在对外贸易中重新获得了优势地位。

安德森跟随布伦纳的思路发现，情况在 1995 年发生了重要的变化，美元贬值致使日元被迫升值，在日本经济面临萎缩的局面下，日本投资者很可能会大幅抛售美国的金融资产，那么美国经济自身将会受到危害。于是，克林顿政府开始大力推动美元升值和日元贬值。日元贬值带来的直接后果是日本对外出口的竞争力大大超过其周边国家，最终导致 1997 年的东亚金融危机。大量资本因美元升值进入美国金融资本市场，使得美国股票市场一直暴涨到 1998 年秋天，"俄罗斯债务违约将华尔街最大的对冲基金一夜之间拖入崩溃边缘"[①]，这使得全球金融走到了崩溃边缘，"美国联邦储备委员会进行了干预，出台了一项救市方案并且连续削减利率，将巨额信贷注入美国经济以维持股票价格"[②]。

（二）

安德森指出，布伦纳在其结论部分重新回到了马克思主义理论的三

---

① ［英］佩里·安德森：《英国内战，全球瘟热：罗伯特·布伦纳》，见《思想的谱系——西方思潮左与右》，袁银传、曹荣湘等译，308 页，北京，中国社会科学出版社，2012。

② Robert Brenner, *The Boom and the Bubble*, London & New York, 2005, pp. 134-176. 转引自［英］佩里·安德森：《英国内战，全球瘟热：罗伯特·布伦纳》，见《思想的谱系——西方思潮左与右》，左银传、曹荣湘译，308 页，北京，中国社会科学出版社，2012。

个要点，一是剥削工人阶级的收益，二是资本主义的生产相对过剩是一个无法解决的问题，三是发达资本主义国家的繁荣建立在对其他国家的剥削之上。具体而言，为了解决生产相对过剩问题，也就是消费相对不足的问题，理想的办法是增加劳动阶级的收入，从而提高他们的购买能力，推动经济良性发展。然而，美国所采取的政策恰恰相反，"美联储启动了低利率按揭贷款，使得房产繁荣所带来的普遍透支，取代了股票升值在刺激消费方面所扮演的角色"①，也就是说，通过增加劳动阶级负债的方式来暂时缓解生产相对过剩问题。牺牲工薪阶层的第二个表现为，虽然生产力的快速提高得以实现，"但它是在强大的压力下——加快工作流程、延长劳动时间——而不是在追加投资的情况下实现的"②。尽管美元贬值，但是美国对外进口的数量远远高过其出口，因此，其对外贸易赤字一直在扩大，"只有靠亚洲各国中央银行涌入的巨额资金才能弥补"③。换言之，只能靠掠夺其他国家的劳动产品来弥补。总之，布伦纳认为"造成世界三大经济体止步不前的根本原因，在于所有发达国家工业生产主导部门的生产能力持续过剩"④。资本主义世界面临的问题依然是马克思所指出的生产相对过剩。

正由于上述原因，"无论人们对这种论断的细节作出何种判断，非

---

① ［英］佩里·安德森：《英国内战，全球瘟热：罗伯特·布伦纳》，见《思想的谱系——西方思潮左与右》，袁银传、曹荣湘译，308 页，北京，中国社会科学出版社，2012。

② 同上书，309 页。

③ 同上书，309 页。

④ 同上书，309 页。

常明显，在这个领域，马克思的事业终于有了继承者"①，布伦纳的论述标志着马克思主义在"二战"之后获得的非凡成就。当然，布伦纳将资本主义经济的问题归结为资本之间的过度竞争，这就导致劳动力的作用成了一个悬而未决的问题。布伦纳对劳动力的判断是其"原则上不可能导致短期内日益恶化的、系统性的经济衰退，因为在生产的任何一个环节，资本投资的潜在领域总会超出劳动力市场，后者受到工会和（或）政党的影响，或者受到国家支持的规则、价值观和制度的调节"②。

　　一般评论者正是从这个角度对布伦纳提出批评的。安德森指出，如果工薪阶层的工资不能决定经济的衰退或繁荣，那么，就无法解释美国在1980年到1995年通过压低工资，导致对外贸易竞争力上升所实现的经济复苏，也无法解释德国和日本在战后因为劳动力低廉而导致的经济繁荣。安德森认为，布伦纳不会犯如此幼稚的逻辑错误，一般评论者之所以批评布伦纳，是因为他们没有看到布伦纳将劳动力价值区分为两个层面。第一，从根本的层面来说，劳动是一切产品的根源，因此劳动价值是第一位的。第二，从全球资本主义的角度来看，这一问题变得比较复杂，具体表现为，由于美国在全球经济体系的中心地位，"美国利润率的全面恢复可能会在它的外部释放出一轮真正的投资和经

---

① ［英］佩里·安德森：《英国内战，全球瘟热：罗伯特·布伦纳》，见《思想的谱系——西方思潮左与右》，袁银传、曹荣湘译，309页，北京，中国社会科学出版社，2012。

② Robert Brenner, *The Economics of Global Turbulence*, London & NewYork, 2005, p. 25. 转引自［英］佩里·安德森：《英国内战，全球瘟热：罗伯特·布伦纳》，见《思想的谱系——西方思潮左与右》，袁银传、曹荣湘译，309页，北京，中国社会科学出版社，2012。

济增长浪潮"①。因此，美国的获利方式是全球性的，也就是说，美国提升或降低本国工人工资主要取决于其全球经济战略。如果抑制本土工人工资有利于全球获利，那么就会降低本土工人工资，反之，则会抬升本土工人工资。换言之，劳动力价格成为美国全球经济战略的一个部分，而非其中的决定性力量。然而，更为复杂的状况在于，从大历史时间尺度来观察，"这场危机的终结很大程度上建立在过去 30 年遍布整个资本主义体系的工资抑制之上"②。

布伦纳的这一判断，是否意味着其工资理论完全回归经典马克思主义的理论呢？如果真的如此，那么在与雇主的斗争中，应该赋予工人怎样的权利呢？安德森认为，在其他国家是否具备全球性投资能力仍是一个巨大疑问的情况下，资本增殖的主要途径仍然是压低本国工资，也就是说，马克思主义的劳动价值理论不仅在分析一国经济时具有理论指导意义，即使在具体分析国际经济状况时，大多数时候也是适用的。当然，这并不意味着安德森彻底否定了布伦纳的思想，他只是对布伦纳的思想进行了部分修正，修正后的思想不仅对世界的解释更加深入，而且恰好回归到了经典马克思主义理论。

在探究《全球震荡的经济学》时，安德森提出了一个更具普遍性的问

---

① Robert Brenner, *The Economics of Global Turbulence*, London & New York, 2005, pp. 291-292. 转引自［英］佩里·安德森：《英国内战，全球瘟热：罗伯特·布伦纳》，见《思想的谱系——西方思潮左与右》，袁银传、曹荣湘译，310 页，北京，中国社会科学出版社，2012。

② ［英］佩里·安德森：《英国内战，全球瘟热：罗伯特·布伦纳》，见《思想的谱系——西方思潮左与右》，袁银传、曹荣湘译，310 页，北京，中国社会科学出版社，2012。

题，通过上述分析，我们看到，布伦纳关于资本过度竞争的讨论主要集中在产业资本领域，关于商业资本和金融资本的探讨相对较少，"布伦纳的论述反复强调美国、日本和德国非生产性部门的不同命运，在这些部门，提高价格不必担心国外竞争，利润更容易维持，而这正是非生产性部门内部存在过度竞争缺陷的证明，因为在生产性部门，这种情况不可能发生"①。安德森指出，布伦纳对产业资本过度竞争现象的分析是正确的，但是将其扩展到所有资本领域后，这一分析模式是否依然成立，则成了一个值得重新探讨的问题。至少在"制造业占所有发达国家 GDP 的比重在长期衰退中稳步下降"②的情况下，即使布伦纳对资本过度竞争的分析模式是正确的，也不能证明将它运用到商业资本和金融资本领域时依然正确。

　　安德森认为，布伦纳思想中的另一个问题是，其忽视了在金融资本的获利能力超过了产业资本的时代，分析全球经济时必须区分两个层次，这类似于区分劳动力价值问题的两个层级。一方面，必须强化产业资本的基础性，因为商业资本运行的前提是产业资本，而金融资本运转的前提也是产业资本；另一方面，金融资本的获利已经远远超过商业资本和产业资本，所以对于美国等发达资本主义国家而言，由于其收益是全球性的，金融成为国家经济的支柱性力量，产业资本的作用之所以下降，是"因为它们的金融部门可以获得足够的外部盈余来购买欠发达国家制造的工业必需品"③。安

---

①　[英]佩里·安德森：《英国内战，全球瘟热：罗伯特·布伦纳》，见《思想的谱系——西方思潮左与右》，袁银传、曹荣湘译，311 页，北京，中国社会科学出版社，2012。

②　同上书，311 页。

③　同上书，311 页。

德森认为，"物质生产为什么还必须成为任何主要经济体的核心，以及制造业的变迁为什么还必须成为整个体系的结构转型的基础"①，这对于全球经济而言是一个前提问题。

安德森对布伦纳货币思想的清晰性给予了高度评价，"不清楚的乃是货币政策调整在多大程度上真正成为了内嵌于经济体系非均衡发展中的自动的过程"②，而最关键的问题在于，自从美元与黄金价格脱钩以来，美国就享有了操纵全球货币的特殊自由。20世纪80年代到90年代中期美元对日元与德国马克的贬值，使美国工业品获得了新的出口优势，货币政策帮助美国稳固了已经岌岌可危的资本主义头号强国地位，安德森认同布伦纳的这一结论。他们的区别在于，在安德森看来，布伦纳的论证方式完全是经验主义的，"由于这种结果是从经验上总结出来的，因而并不存在某种理论可以解释汇率怎样和为何能够如此决定性地影响被假定为独立的主体之间的竞争"③。为了使货币在现代社会的意义得到充分的展现，安德森加强了纯粹理论的论证维度，认为从金属货币到纸币再到符号货币的发展，使得货币这一经济活动环节成为控制世界经济的关键要素，"或者说，货币经济——货币市场而非商品市场——在经济体系非均衡发展条件下成为了实体经济发展结果的校正器"④。

关于货币问题，安德森指出，马克思身处资本主义自由竞争阶段，

① ［英］佩里·安德森：《英国内战，全球瘟热：罗伯特·布伦纳》，见《思想的谱系——西方思潮左与右》，袁银传、曹荣湘译，311页，北京，中国社会科学出版社，2012。

② 同上书，311—312页。

③ 同上书，312页。

④ 同上书，312页。

他深刻地预见了资本主义必然崩溃的命运，但货币向纸币和符号的转移发生在马克思之后。因此，我们需要继承马克思的政治经济学方法来把握资本主义的新变化，换言之，"需要一个关于实体经济和货币层面如何互动的更为正式的解释模型"①。与此同时，安德森回顾经济学思想史时发现，继承了马克思主义的瓦尔拉斯，持有一般均衡理论的阿罗、德布鲁，都没有发现货币的奥秘。奥地利经济学派除了凯恩斯之外，也没有人对此做出深刻论述。虽然资本主义的经济自20世纪70年代起长期衰退，但是却没有引起早期资本主义的那种破产式反应（比如1929年的经济大萧条），"包括旧资本的狂泻贬值——这种贬值反而让资本积累可以在全球经济景气时的更高利润水平上重新加速"②。经济衰退不仅没有使得资本获利下降，反而使其上升了。安德森认为，知识界对这一问题一直缺乏深刻的认知，正是由于其忽视了货币问题。安德森指出，如果分别考察美元纸币与信用货币时代的全球经济状况，这一反常情况就不难理解了。这是因为，马克思对资本主义根本矛盾的判断是准确的，生产过剩与消费不足的矛盾是资本主义经济危机爆发与经济萧条产生的根本原因。然而，这一问题却由于纸币和信用货币的出现而得到了暂时的缓解，"稳定经济体系主要依靠大量的信贷注入，这不仅包括必要时的政府支出，而且包括银行的货币乘数、消费和企业债务的增长，在《繁荣与泡沫》所描述的股市和房地产狂热中更是达到了顶峰"③。

---

① ［英］佩里·安德森：《英国内战，全球瘟热：罗伯特·布伦纳》，见《思想的谱系——西方思潮左与右》，袁银传、曹荣湘译，312页，北京，中国社会科学出版社，2012。

② 同上书，312页。

③ 同上书，312页。

布伦纳认为，上述措施只有在纸币和信用货币时代才能够得以实施，但这些措施没有解决资本主义的根本矛盾，"只是减轻其程度或延迟其爆发时间"①。安德森认同这个结论，但认为分析经济衰退的原因时应当引入其他维度。安德森指出，布伦纳上述经济分析成立的前提是，民族国家已经成为世界政治与经济运行的最基本单元。民族国家已经成为一切政治与经济分析的前提，所以安德森将总体权力范式的分析对象聚焦于此。"布伦纳对过度竞争机制的最初论述是以分割的地域体系为前提条件的，这个体系在国家单元中组织起来，新来者对老企业的挑战只有在国家的保护下才能成功。"②

安德森指出，布伦纳以民族国家为分析对象无疑是正确的，问题在于他的论述只集中于美国和德国以及日本，虽然"这些国家毕竟在20世纪90年代中期占了经济合作与发展组织总产值的2/3"③。这种过于集中的特殊分析方式，使得世界经济一体化本身没有得到说明，尽管德国本身的发展与美国密切相关，但是其与欧洲各国的关系更为密切，德国面向欧洲各国的出口量要高于美国，西欧国家的总GDP高于美国，这很难让人认可德国是欧洲各国的代表。安德森指出，日本相对于亚洲地区其他国家的重要性也被布伦纳夸大了，这一点随着中国的崛起显得越发突出。面对这些思想的挑战，"布伦纳干脆否定了传统马克思主义关

---

① ［英］佩里·安德森：《英国内战，全球瘟热：罗伯特·布伦纳》，见《思想的谱系——西方思潮左与右》，袁银传、曹荣湘译，313页，北京，中国社会科学出版社，2012。

② 同上书，313页。

③ 同上书，313页。

于资本有机构成提高将导致利润率下降的理论"①。

对此，安德森感到遗憾，因为马克思主义理论早就对这一问题给出了深刻的解释，卢森堡指出："迄今还属于非资本主义地区的开放，可能是解决过度积累问题的一个部分的或临时的方案。"②安德森重述了卢森堡的这一思想，认为资本主义的全球扩张是解决资本主义内部问题的手段，它可以减缓资本主义社会内部资本过度积累的问题，"它通过强行打开那些至今由于社会政治原因而尚未开放的国外市场，从而延续着资本积累的生命"③。资本主义如何通过信用货币完成贷款消费，也是一种延缓资本主义根本矛盾爆发的办法，换言之，揭示资本主义如何通过打开新的空间延缓危机，是马克思主义传统固有的研究视角。安德森认为，为了把握住这个发生了新变化的世界，必须继承马克思主义这一思想，同时，这也证明了马克思主义在当代的价值。

---

① Robert Brenner, *The Economics of Global Turbulence*, London & New York, 2005, pp. 15-16. 转引自［英］佩里·安德森：《英国内战，全球瘟热：罗伯特·布伦纳》，见《思想的谱系——西方思潮左与右》，袁银传、曹荣湘译，315页，北京，中国社会科学出版社，2012。

② ［英］佩里·安德森：《英国内战，全球瘟热：罗伯特·布伦纳》，见《思想的谱系——西方思潮左与右》，袁银传、曹荣湘译，315页，北京，中国社会科学出版社，2012。

③ 同上书，315页。

第五章 | **后现代性：资本主义危机与社会主义的现实可能**

　　苏联解体、东欧剧变之后，以福山为代表的人类历史终结论甚嚣尘上，对此安德森予以了深入的批判。在这一过程中，安德森不仅成功证明了人类历史的进程不会以资本主义的短暂局部胜利而终结，而且指出了非西方世界打破原有世界格局的可能性与社会主义的世界性走向。此外，安德森出色地预见了资本主义社会无法解决的内部矛盾必然会引发新的危机，这一点在 20 世纪 90 年代中期得到了验证，即新自由主义在本质上的失败。1999 年，安德森在阿根廷布宜诺斯艾利斯大学社会科学系做了一场关于新自由主义的报告，通过考察新自由主义成为西方国家国策的过程与实践效果，发现新自由主义的式微本质上是由资本主义自身的危机所导致的。解读新自由主义失败的原因，除了要分析其本身的理论与实施结果之外，更为重要的是在世界性视野下对其加以考察。在安德森那里，世界性并非一个空洞的概念，他的这一考察工作正是在此前的《后现代性的起源》中完成的。安德森认为，后现代性的本质是资本主义国家作为世界中心的退场和世界性的真正开端，后现代性的要义在于非西方国家成为新世界体系的关键组成部分，世界体系呈现出多民族国家竞争的态势。现代性以资本主义文明为核心，它遭遇了后发民族国家在政治、军事、文化、经济方面的全方位挑战，资本主义的世界性危机由此真正开始了。非西方世界崛起所形成的世界体系是后现代性的核心内容，同时也构成了社会主义运动的新历史条件。安德森认为，在此基础上，新兴的阶级之间应当达成社会主义的一致思想，使已经崛起和尚未崛起的民族国家在已有的集体主义基础上也达成社会主义的一致思想，从而在价值、所有制以及民主制方面提出超越资本主义的社会主义指导纲领。

一、资本主义危机的表现：新自由主义的式微

1999 年，安德森在阿根廷布宜诺斯艾利斯大学社会科学系做了关于新自由主义的报告，同年，法国《思想》杂志于第 320 期以"新自由主义的历史和教训——一种独特道路的确立"①为题全文刊载了该报告。

---

①　中文版由费新录先生翻译、殷叙彝先生校对，发表于《当代世界与社会主义》，2001 年第 3 期。

安德森对作为西方国策的新自由主义的考察是历时的，通过考察新自由主义成为西方国家国策的过程与实践效果，发现新自由主义的式微本质上是由资本主义自身的危机所导致的。

（一）

安德森指出，哈耶克于 1944 年出版的《通往奴役之路》被公认为新自由主义的宪章，标志着新自由主义理论的诞生。新自由主义的核心思想为：反对国家干预主义和福利国家政策，突破对市场机制自由运转的一切限制，保障经济与政治自由。安德森认为，根据具体历史情境来看，哈耶克此书所针对的具体对象是英国工党，虽然 1945 年英国工党赢得了大选，但是哈耶克对其新自由主义理念仍坚定不移，因为在他看来，"英国温和的社会民主主义尽管出自善意，但其政策势必会导致与德国纳粹相同的灾难：现代奴役制"①。1947 年，哈耶克召集该理论的支持者在瑞士名胜佩勒兰山上聚会，受邀参加此次会议的人有米尔顿·弗里德曼、瓦尔特·李普曼、莫里斯·阿莱、萨尔特瓦多尔·德马达里亚加、路德维格·冯·米塞斯、卡尔·波普尔、威廉·埃·拉帕尔德、米海尔·波拉尼、威廉·罗普凯和利奥内尔·罗宾斯。在安德森看来，佩勒兰山聚会标志着佩勒兰山学会的成立，该学会的核心思想是，反对"二战"以后居于统治地位的社会团结政策以及作为该政策指导思想的凯恩斯主义，为建立一种不受任何力量束缚的资本主义经济政治制度奠定理论基础。

①　[英]佩里·安德森：《新自由主义的历史和教训——一种独特道路的确立》，费新录译、殷叙彝校，载《当代世界与社会主义》，2001 年第 3 期。

　　然而，在相当长的时间内，新自由主义并未对现实产生影响，这是因为佩勒兰山会议之后的几年，资本主义社会进入了发展的"黄金时代"。安德森认为，20世纪五六十年代西方国家实现了经济的飞速发展，这是学界公认的事实，在这种形势下，新自由主义关于国家干预市场会导致经济危机的警告被认为是杞人忧天。在安德森看来，佩勒兰山学会将不平等视为一种有助于推动社会发展的积极价值的观点，对当时占据主流的福利国家政策及其背后的平均主义是一种挑战。此外，佩勒兰山学会坚称福利国家政策终将会破坏公民的自由及其发挥才能的积极性，这种观点在近三十年以后看来具备极大的合理性，但在当时凯恩斯的经济政策使得西方经济发展如日中天的背景下，这些观点显然并没有对国家政策产生多少影响。

　　在安德森看来，理论从"纯粹理论"变成国家政策需要历史机遇。而以哈耶克为代表的新自由主义成为西方国家政策的历史机遇是1974年由中东石油危机所导致的西方国家经济危机，在经济低增长和高通货膨胀并存的局面下，反对现行经济政策的新自由主义日益受到重视。根据佩勒兰山学会的说法，这次经济危机的起因表面上看来是石油价格上涨带来的生产成本提高，但其根源在于福利国家政策的实施。新自由主义认为，国家对经济的干预会使社会再分配失衡，从而阻碍资本的积累和流通以及市场的正常运转。

　　具体而言，这种以凯恩斯主义为理论支撑的国家干预政策导致了工会权力的急剧扩大，而哈耶克认为，"工会破坏了私人用于投资的资本积累的基础，因为工会在工资方面提出要求，也因为国家在工会的压力下不得不断扩大寄生性的福利开支。这两种压力汇合在一起，压制了企业的利润，刺激了通货膨胀和物价上涨，从而必然导致市场经济出现全面危机"①。在安德森看来，根据对经济危机根源的上述分析，应对此次西方社会大规模经济危机的关键在于维护强大的政府，而政府必须采取的新自由主义政策包括四个方面：一是严格控制货币发行总量，从而降低通货膨胀率；二是削弱工会的权力，从而保障资本主义经济生产活动的有序进行；三是压缩福利尤其是社会福利支出，从而减少政府对经济的干预；四是政府要维持相当程度的失业率并同时降低对大公司的税率，从而确保经济发展活力。安德森指出，在新自由主义者看来，一旦政府扫清一切影响资本和市场自由运行的因素，经济危机就将会迎刃而解，经济将重新回到快速增长的正常轨道。

安德森指出，西方国家在最初面对 1974 年的经济危机时，试图依靠当时通行的凯恩斯主义的自我修正来渡过难关，但是在四到五年以内并没有取得真正效果。

就在 1979 年，撒切尔夫人出任英国首相，这是发达资本主义国家中第一个公开宣布实践新自由主义纲领的政府。一年之后即 1980 年，里根当选为美国总统。随后在 1982 年，德国基督教民主联盟主席赫尔穆特·科尔击败社会民主党人赫尔穆特·施密特，出任联邦德国总理。1982 年至 1984 年，丹麦在保罗·施吕特首相领导下，一个明显右倾的联盟掌握了政权，而丹麦本来是斯堪的纳维

---

① ［英］佩里·安德森：《新自由主义的历史和教训——一种独特道路的确立》，费新录译、殷叙彝校，载《当代世界与社会主义》，2001 年第 3 期。

亚模式福利国家的象征。接着，几乎所有的北欧国家，除了瑞典和奥地利，都转向右翼。①

此外，1978 年以后国际"冷战"形势的加剧也促进了新自由主义从理论到国家政策的转变。1979 年，苏联出兵阿富汗与美国决定在欧洲部署新一代核导弹，进一步激化了社会主义与资本主义两大阵营的对立。安德森指出，在这样的国际形势下，西方社会更深刻地感受到了来自社会主义阵营的武力威慑，因此迫切需要反对斯大林模式的理论，而以哈耶克为代表的新自由主义因其对共产主义的坚决反对而著称，于是，"新的斗争不可避免地会增强新自由主义作为一种政治潮流的吸引力，使欧洲和北美的新右翼支配权得到巩固"②。于是，经济危机的逼迫与国际形势的需要使得新自由主义从一种理论转变成了西方国家的国家政策。"这样，在 80 年代，人们目击到新自由主义意识形态在先进资本主义国家的无可争辩的成功。"③

（二）

在考察了新自由主义的核心理念及其成为西方国家国家政策的历史进程后，安德森对包括英国、美国、澳大利亚在内的西方国家实施新自

---

① ［英］佩里·安德森：《新自由主义的历史和教训——一种独特道路的确立》，费新录译、殷叙彝校，载《当代世界与社会主义》，2001 年第 3 期。

② ［英］佩里·安德森：《新自由主义的历史和教训——一种独特道路的确立》，费新录译、殷叙彝校，载《当代世界与社会主义》，2001 年第 3 期。

③ ［英］佩里·安德森：《新自由主义的历史和教训——一种独特道路的确立》，费新录译、殷叙彝校，载《当代世界与社会主义》，2001 年第 3 期。

由主义政策的详细情况以及效果进行了具体的研究。安德森认为，在实施新自由主义的状况方面，"英国模式是最纯粹的，同时英国在这方面的经验也是开创性的"①。撒切尔夫人领导的英国政府对新自由主义的实施是最系统、最有计划的，其最核心的内容就是恢复对私有制的完全尊重：大幅减轻高收入者的税收，大力降低公共住宅的提供，将国家控股的煤炭、钢铁、电力、石油、供水等行业重新私有化。在此基础上，英国政府为了缓解和消除通货膨胀而推行了控制货币发行总量的政策，取消对金融资本流动的控制，试图恢复市场的活力。对于作为市场组成要素的劳动供给，英国政府采取的政策是压制罢工、严格控制工会权力、严格限制国家福利供给、保障一定程度的失业率，最终降低了劳动力成本，使劳动力与上述恢复自由的资本实现了更为紧密的结合。

美国实施的新自由主义政策与英国不尽相同，安德森认为这一差异并非源于美国对新自由主义的看法与英国不同，而是美国在"冷战"格局下对于西方社会肩负着军事责任，社会条件不允许实施如英国那样彻底的新自由主义政策。具体而言，"里根及其政府部门优先考虑的是与苏联的军备竞赛。这涉及一个应能破坏苏联经济以及通过这种迂回方式颠覆苏联现行社会制度的战略"②。安德森指出，这就决定了美国必须保持庞大的政府开支来保障军事安全，在这方面，里根与前任美国总统相比大幅地提高了军费开支，造成了前所未有的国家财政赤字，不过，军备竞赛

---

① ［英］佩里·安德森：《新自由主义的历史和教训——一种独特道路的确立》，费新录译、殷叙彝校，载《当代世界与社会主义》，2001年第3期。

② ［英］佩里·安德森：《新自由主义的历史和教训——一种独特道路的确立》，费新录译、殷叙彝校，载《当代世界与社会主义》，2001年第3期。

的需要也反向刺激了美国重工业的发展。安德森同时警告，"这是求助于
一种古怪的军事凯恩斯主义，其他国家都没有仿效它。这也是由于，唯独
美国由于它在世界经济中的重量，才有能力承担由这一政策造成的巨大赤
字"①。由于美国要填补因军备竞赛造成的财政赤字，所以需要超额发行
货币，这就使得其无法完全按照新自由主义的方式来控制通货膨胀。安德
森认为，美国政策的特殊性并不影响其新自由主义的本质，这是因为，美
国经济政策的核心仍在于重新强调私有制这一新自由主义的核心理念。例
如，里根采取的政策措施同样是通过降低富人的税率缩短资本的运转周
期，增加每一个单位时间内资本的流动量，与此同时，他限制工会活动，
制止了航空业职员的罢工，这也是他任期内的唯一一次重大罢工。

　　欧洲大陆地区实施新自由主义政策的状况呈多样化态势，"在欧洲
大陆，这个时期的右翼政府（往往起源于基督教民主主义）对实施新自由
主义纲领多少持保留态度"②。总体来看，他们为了控制通货膨胀坚决
主张货币紧缩和财政改革，并且减少包括社会福利在内的政府支出，但
是在工会权力方面，他们并没有直接与工会对抗。安德森这样描述北欧
的新自由主义政策实施状况："多数国家所选举出来的是实施不同版本
的新自由主义纲领的右翼政府。"③在欧洲大陆南部，原本依靠工人运动
上台的执政党在执政初期自然无法实施新自由主义政策来限制工会运动，

---

　　①　［英］佩里·安德森：《新自由主义的历史和教训——一种独特道路的确立》，费
新录译、殷叙彝校，载《当代世界与社会主义》，2001 年第 3 期。

　　②　［英］佩里·安德森：《新自由主义的历史和教训——一种独特道路的确立》，费
新录译、殷叙彝校，载《当代世界与社会主义》，2001 年第 3 期。

　　③　［英］佩里·安德森：《新自由主义的历史和教训——一种独特道路的确立》，费
新录译、殷叙彝校，载《当代世界与社会主义》，2001 年第 3 期。

并且他们力图实施充分就业和社会保障政策。但由于该政策的实施举步维艰，自1983年年末起，他们不得不彻底改变原有的经济发展路线，转而"实行了非常接近新自由主义的方针，优先考虑货币稳定，控制公共支出赤字，在财政上向资本占有者让步。充分就业的目标已被放弃，在80年代末，法国的失业率高于保守主义的英国"①。西班牙谈不上实施自由主义政策，这不是因为西班牙政府拒绝新自由主义思想，而是因为冈萨雷斯政府从来就没有实施过凯恩斯主义政策，相反，在工人社会党执政期间，货币主义在西班牙一直占据统治地位。工人社会党政府和金融资本关系紧密，私有化始至终都得到了有效保障，而对于新自由主义所推崇的失业率问题，西班牙政府长期保持着创造欧洲新纪录的接近20%的失业率。

安德森认为，澳大利亚对新自由主义政策的实施采取了全面支持的态度，历届工党政府对其支持程度甚至超过了右翼政党，因而新自由主义基本纲领的实施得到了持续贯彻。新西兰对新自由主义政策的实施则更是极端化的代表，"那里的社会福利国家的解体是极为彻底的，并且是以极为残酷的方式实行的，就连撒切尔夫人在英国也未那样做"②。

在描述了新自由主义政策在西方社会的实施状况后，安德森对新自由主义的理念及其实施效果进行了分析。虽然与社会民主党为敌的新自由主义在一开始遭遇了部分社会民主党的反对，但是在几年之后，包括一些自称为左派的政府在内，有多个不同类型的政府相继实施了新自由

---

① ［英］佩里·安德森：《新自由主义的历史和教训——一种独特道路的确立》，费新录译、殷叙彝校，载《当代世界与社会主义》，2001年第3期。

② ［英］佩里·安德森：《新自由主义的历史和教训——一种独特道路的确立》，费新录译、殷叙彝校，载《当代世界与社会主义》，2001年第3期。

主义政策，因此，可以说以哈耶克为代表的新自由主义思想在西方国家取得了全面的胜利。那么其在 20 世纪 80 年代的实施效果如何？是否如佩勒兰山学会所言，其使经济获得了新发展？

为了回答上述问题，安德森首先从总体上考察了新自由主义政策的实施结果。新自由主义在其实施之初要解决的根本问题是西方国家在 20 世纪 70 年代普遍面临的通货膨胀，安德森认为新自由主义对这一问题的解决是极富成效的。新自由主义的实施成功解决了通货膨胀这一直接问题，使得"通货膨胀率在整个经合组织国家，由 70 年代的 818％ 下降到 80 年代的 512％，90 年代通胀率继续保持下降趋势"[1]。通货膨胀的降低也为企业利润的提升创造了有利条件，"在整个经合组织中，企业利润率 70 年代约下降了 412％，80 年代却增加了 417％"[2]，这也是新自由主义取得的成绩。安德森认为，企业利润率上升的第二个原因在于，工人社会福利的下降和由于工会权力下降导致的罢工次数急剧减少，使得工人不得不接受更高强度的工作和更低的工资。安德森指出，除了控制通货膨胀和提高企业利润两个方面以外，从新自由主义的角度而言，失业率的上升是其成功实施的第三个标志，因为在他们看来，"高失业率是使整个市场经济能有效运行的一个自然的和必然的机制。整个经合组织国家的平均失业率在 70 年代为 4％，到 80 年代则至少翻了一番"[3]。

---

① ［英］佩里·安德森：《新自由主义的历史和教训——一种独特道路的确立》，费新录译、殷叙彝校，载《当代世界与社会主义》，2001 年第 3 期。

② ［英］佩里·安德森：《新自由主义的历史和教训——一种独特道路的确立》，费新录译、殷叙彝校，载《当代世界与社会主义》，2001 年第 3 期。

③ ［英］佩里·安德森：《新自由主义的历史和教训——一种独特道路的确立》，费新录译、殷叙彝校，载《当代世界与社会主义》，2001 年第 3 期。

　　总而言之，安德森认为，在抑制通货膨胀和提高企业利润方面，新自由主义政策取得了良好效果。但安德森同时指出，在实现经济增长这一主要目标上新自由主义的表现却令人感到遗憾，"80 年代期间，一直到 90 年代初，这些国家的平均增长率没有大的改变。在整个经合组织国家中，资本主义经济的复兴发展始终停留在脆弱和摇摆不定的状态"①。也就是说，新自由主义虽然在表面上实现了其所提出的目标，但是却在根本上使得资本主义经济陷入了摇摆不前的状态。

（三）

　　通过上述分析，安德森认为新自由主义政策的实施效果难言乐观，新自由主义"尽管创造了一切在制度上有利于资本的新的条件，但 80 年代的积累率——即在生产设备方面的有效净投资——只有极少量的增加"②，而在实施新自由主义政策的西方国家中，它反倒下降了，30 年来生产投资率每十年的平均变化状况为，60 年代 5.5％、70 年代 3.6％、80 年代 2.9％。安德森指出，全部经济的支撑在于产业经济，产业经济资本投入率的下降是产生经济危机的直接原因。那么，是什么原因导致企业利润上升的同时，产业经济的投资率却下降了呢？

　　安德森认为，这可以从两个角度进行分析，一是对金融市场管制的放松，二是政府开支的增加。一方面，放松对包括金融在内的市场经济的管

---

　　①　[英]佩里·安德森：《新自由主义的历史和教训——一种独特道路的确立》，费新录译、殷叙彝校，载《当代世界与社会主义》，2001 年第 3 期。
　　②　[英]佩里·安德森：《新自由主义的历史和教训——一种独特道路的确立》，费新录译、殷叙彝校，载《当代世界与社会主义》，2001 年第 3 期。

制，属于新自由主义经济政策的题中应有之义。资本流动率提高，售买股票等金融产品的自由度增加，金融资本的利润高于产业资本，在产业资本中获得增殖的资本往往流入金融市场变为金融资本。也就是说，投机性金融投资获利高于生产性投资，而新自由主义经济政策对此却不加干涉。于是，出现了安德森所描述的 20 世纪 80 年代"人们目击到国际汇兑市场的成交额空前高涨，货币交易飞速发展，比有关实际财富的商业贸易多好几倍"[①]。因此，在新自由主义政策下，资本的逐利本性没有得到有效束缚。另一方面，政府开支增加，这一情况较为复杂的地方在于，尽管新自由主义主张压低国家福利支出的目标在短期内确实得到了实现，但是由于新自由主义政策导致失业率上升，政府不得不对失业人口进行救济，从长远来看财政负担反而增加了，"在整个经合组织国家内，这一开支在国内生产总值中所占份额仍处在平稳状态，甚至有所增大"[②]。因此，在面临产业经济投资不足的状况时，政府也没有充足的资本来改善这一状况。

新自由主义的实践后果在 20 世纪 90 年代更为明显，即资本主义经济大衰退。安德森指出，在所有实施新自由主义政策的国家，其公共债务额度都已经达到了惊人的程度，而"企业和家庭的私人债务打破了第二次世界大战以来的历史记录"[③]。在就业方面，失业率达到了"二战"以来的最高值，20 世纪 90 年代初，经合组织国家失业人数高达 3800 万。

---

① ［英］佩里・安德森：《新自由主义的历史和教训——一种独特道路的确立》，费新录译、殷叙彝校，载《当代世界与社会主义》，2001 年第 3 期。

② ［英］佩里・安德森：《新自由主义的历史和教训——一种独特道路的确立》，费新录译、殷叙彝校，载《当代世界与社会主义》，2001 年第 3 期。

③ ［英］佩里・安德森：《新自由主义的历史和教训——一种独特道路的确立》，费新录译、殷叙彝校，载《当代世界与社会主义》，2001 年第 3 期。

按照经济规律，资本主义世界内部应该出现对新自由主义理论与政策的强大反弹，然而实际情况却恰恰相反，新自由主义在其诞生地欧洲又获得了第二次生命。具体而言，在英国，虽然撒切尔夫人于1992年下台，约翰·梅杰在选举中获胜，但撒切尔主义却继续成为英国的政治理念，新自由主义的政策仍在持续实施；在瑞典，试图抵制新自由主义的社会民主党于1991年被右派统一战线击败；在法国，社会党于1993年遭遇惨重失败；在德国，科尔政府再次当选；在西班牙，右翼人民党领袖荷塞·马里亚·阿斯纳尔击败了工人社会党。

安德森认为，造成这样一种巨大反常情况的原因主要有两个方面。一方面，在经济出现危机以后，对主流理论发起挑战的理论都需要一定的自我证明的时间。也就是说，当一种现行理论遭遇危机时，应对措施往往是内部修正，而非立刻寻求全面的替代理论，比如新自由主义取代福利国家主义时也是如此。另一方面，20世纪80年代末和90年代初的苏联解体、东欧剧变也导致了这一反常情况，如果没有这次国际局势的突变，新自由主义的残存生命力并不能维持其在西方国家的主流地位。安德森指出，"在选举结果之外，新自由主义的计划显示出了巨大的生命力，它的活力还没有衰竭。私有化的潮流在一直到目前还对它相对地有所保留的一些国家——如奥地利、德国以及意大利——的出现就是一个证明"[1]。尽管西方国家在表面上宣称反对新自由主义，但实际上，新自由主义的支配地位在一些政党和政府中还有着明显的表现。此外，

<hr />

① ［英］佩里·安德森：《新自由主义的历史和教训——一种独特道路的确立》，费新录译、殷叙彝校，载《当代世界与社会主义》，2001年第3期。

"1989 年至 1991 年，苏联和东欧的共产主义的失败正好在新自由主义纲领的局限性已在西方国家开始明确的时候发生"①，苏联解体、东欧剧变的发生，使得西方舆论认为西方国家获得了全面的胜利，"这种胜利不是随便哪一个资本主义造成的，而恰恰是由 80 年代在里根和撒切尔这些新自由主义代表性人物领导下的资本主义造成的"②。

　　苏联解体、东欧剧变后，东欧在所谓后共产主义时代开始广泛效仿新自由主义，"波兰副总理巴尔塞罗维奇、俄罗斯的财政部长（后来是总理）盖达尔、捷克的克劳斯。这些人物都是弗里德曼和冯·哈耶克的坚定不移的门徒，他们完全藐视凯恩斯主义的理论，也就是福利国家的干预和混合经济，更广泛地说，也就是战后时期在西欧占统治地位的资本主义模式"③。安德森认为，这些地区的私有化运动比西方国家更加广泛与彻底，造成了不平等加剧、居民严重贫困化的恶果。他们甚至批评西方国家实施新自由主义不彻底，否定西方国家对失业人口的补救措施，认为其"全部慷慨大方的转账支付是不受任何准则限制或者不以当事人的努力和功绩为条件的，这就破坏了劳动的道德基础和个人的责任意识"④。安德森指出，尽管在东欧部分地区，新自由主义遭遇了强烈

---

　　① ［英］佩里·安德森：《新自由主义的历史和教训——一种独特道路的确立》，费新录译、殷叙彝校，载《当代世界与社会主义》，2001 年第 3 期。

　　② ［英］佩里·安德森：《新自由主义的历史和教训——一种独特道路的确立》，费新录译、殷叙彝校，载《当代世界与社会主义》，2001 年第 3 期。

　　③ ［英］佩里·安德森：《新自由主义的历史和教训——一种独特道路的确立》，费新录译、殷叙彝校，载《当代世界与社会主义》，2001 年第 3 期。

　　④ ［英］佩里·安德森：《新自由主义的历史和教训——一种独特道路的确立》，费新录译、殷叙彝校，载《当代世界与社会主义》，2001 年第 3 期。

抵抗，直接导致共产主义政党两次在选举中胜利，即 1993 年的波兰选举和 1994 年的匈牙利选举，但是"前共产主义者组成的政府在实践和政策上的表现与它们的公开的新自由主义敌人的政策没有明显的区别……社会的两极分化都在持续，节奏也许更为缓慢，但方向不变"①。也就是说，因为加剧了社会的两极分化，新自由主义在西方国家与东欧的实践都是失败的。"二战"后，西方资本主义国家先后实施了凯恩斯主义和新自由主义，两者均宣告失败，证明了资本主义制度矛盾的不可解决性。而亚太地区并未实施新自由主义，经济却欣欣向荣，安德森认为，这是当代世界秩序的一个特征。在安德森看来，非西方国家的崛起与西方资本主义的危机，共同组成了后现代社会，从而为世界历史的社会主义走向奠定了基础。

二、后现代性：资本主义的世界性危机

解读新自由主义的失败原因，除了要分析其本身的理论与实施结果之外，更为重要的是要在全球性视野下考察这一问题。安德森的这一工作是在此前的《后现代性的起源》一书中完成的。与此同时，《后现代性的起源》本身又构成了对资本主义中心论的颠覆、对资本主义中心论解读范式的批判，以及对后现代世界性本质与资本主义世界性危机的把握，而这种把握也是在总体权力范式下进行的。

---

① ［英］佩里·安德森：《新自由主义的历史和教训——一种独特道路的确立》，费新录译、殷叙彝校，载《当代世界与社会主义》，2001 年第 3 期。

（一）

安德森在对罗伯特·布伦纳政治经济学著作的评论中，揭示了资本主义危机在"二战"后没有大规模爆发的原因。一方面，资本"通过强行打开那些至今由于社会政治原因而尚未开放的国外市场，从而延续着资本积累的生命"①，这是资本的地域性的空间扩张；另一方面，由于资本通过信用货币实现贷款消费，促进了所谓消费社会的形成。两者都是资本主义延缓其固有矛盾爆发的策略，也是苏联解体、东欧剧变之后资本在全球的基本样态，这一点在 1998 年以后变得越发明显。因此，安德森在《后现代性的起源》中对这种后现代社会进行了考察，提出资本在两重空间上的扩张尤其是在文化领域的扩张只是表象，其背后更为深远的趋势是资本力量在不同文明中的重新彰显。换言之，安德森在为詹姆逊的《文化转向》作序时所写的《后现代性的起源》是"对后现代性的起源进行了一次历史社会学的考察，其核心是文化与资本的关系"②。

安德森认为，现代性的起源是多元的，并非单独源自西方，而后现代性的起源也是如此，这从其书名 *The Origins of Postmodernity* 中"Origins"一词使用了复数形式就可以明显看出。在前言中安德森介绍了这本书的写作缘起，即"源于应邀为弗雷德里克·詹姆逊（Fredric Jameson）的新著《文化转向》作序，结果超出了序言的一般范围"③，因此单独出版。安德森指

---

① ［英］佩里·安德森：《英国内战，全球瘟热：罗伯特·布伦纳》，见《思想的谱系——西方思潮左与右》，袁银传、曹荣湘译，315 页，北京，中国社会科学出版社，2012。

② 张亮：《从激进乐观主义到现实主义——佩里·安德森与〈新左派评论〉杂志的理论退却》，载《马克思主义研究》，2003 年第 2 期。

③ Perry Anderson，*The Origins of Postmodernity*，London and New York：Verso，1998.

出，《后现代性的起源》具有双重性指涉。一方面，与当时流行的观点相比，其更为准确地从历史角度论述了后现代性的起源。只有在历史维度中进行考察，安德森本人的观点和詹姆逊《文化转向》的独到之处才能完整体现出来，即"力图更恰当地将后现代性的不同起源置于其空间、政治和知识语境中，更为注重后现代性观念发展的时间顺序"①；另一方面，其指出了后现代性的社会基础，这是通过讨论有关这一问题的文献来完成的，同时在一定程度上修正了对于 19 世纪末现代性产生前提的主流观点。

安德森认为，后现代并非起源于西方，作为后现代前提的现代性也并非起源于西方，两者的世界性起源是安德森关于这个问题的基本观点，同时也构成了对以资本主义为中心的叙事方式的颠覆。在考察后现代性的起源之前，安德森首先指出后现代主义流行的前提是现代主义的流行，两者"与一般期望恰恰相反，都诞生于遥远的边缘地区，而非当时的文化中心：它们源自拉丁美洲的西班牙语世界，而非源自欧美"②。安德森发现，"现代主义"一词诞生于一场美学运动，在这场美学运动中，尼加拉瓜诗人鲁本·达里奥于 1890 年在危地马拉的一家文学刊物上发表文章，对秘鲁一些杰出的文学作品进行了评论，开启了具有自觉意识的、被命名为现代主义的文学潮流。鲁本·达里奥借鉴法国象征主义等文学流派，提出了脱离西班牙的文化独立宣言，也就是在 19 世纪90 年代发起的脱离西班牙文学束缚的拉美文学解放运动。在英语世界中，直到 20 世纪中期，现代主义才成为广泛的用语，这比拉美世界的

---

① Perry Anderson, *The Origins of Postmodernity*, London and New York: Verso, 1998, p. vii.

② *Ibid.*, p. 3.

使用晚了整整半个世纪，"由此可见，落后地带首先开拓了先进大都市使用的术语"①。安德森接着举出了另一个例子，广泛流行的"自由主义"概念，也并非西方的原创，而是在西班牙人反抗拿破仑法兰西帝国占领时创造出来的。显然，当年的西班牙较法国而言是比较边缘的地区，在"自由主义"概念诞生以后，当时处于时代中心的法国认为这是一个异域概念，直到很长一段时间之后，它才开始流行于巴黎和伦敦。

"后现代主义"同样诞生于边缘地区，在整整一代人之后才流行于英语世界。最早使用这个术语的是西班牙语世界的弗雷德里科·德·奥尼斯（Federico de Onis），他于 20 世纪 30 年代对现代主义内部的逆流进行了这样的描述："抑制情感性挑战、极力追求细节、反讽式幽默。"②安德森指出，德·奥尼斯所提出的"后现代主义"虽然在西班牙语文学批评中成了重要词汇，但并未产生全球性的影响，直到 1954 年，这个术语脱离其原初的美学语境，被历史学家汤因比在《历史研究》中用来指称一个历史时期。汤因比认为，普法战争开启了现代性，"西方社会一旦产生出数量可观且足以主导社会的资产阶级，就转变成了现代社会"③，与之相比，在后现代时代，资产阶级不再掌握主导权力。汤因比对后现代性的界定是，工人阶级在西方兴起反对西方资产阶级，西方以外世界的知识分子努力掌握现代性的秘密并用来反对西方。安德森对汤因比关于后现代性的观点深为赞同。

虽然汤因比有着显赫的国际学术声望，但安德森指出，汤因比阐发

---

① Perry Anderson，*The Origins of Postmodernity*，London and New York：Verso，1998，p. 3.

② *Ibid.*，p. 4.

③ *Ibid.*，p. 5.

后现代性正是在"冷战"时期，这"使其著作显得孤立无援"①，因此在最初辩论结束以后，迅速被遗忘了。安德森指出，后现代主义在汤因比这里的经历与其在北美的遭遇如出一辙。1951 年夏天，查尔斯·奥尔森在与同辈诗人罗伯特·克里利的信中认为："在地理大发现和工业革命的帝国时代之后，存在一个后现代世界。"②查尔斯·奥尔森论述道："20世纪前半叶是铁路枢纽时代，在这里现代被扭转到我们的后现代或后西方时代。"③第二年 11 月，奥尔森为《20 世纪作家》提供资料，明确提出了后现代性是时代转折的观念："我认为现在不是过去而是开端。"④

安德森认为，奥尔森于 1948 年写作的《命题音符：繁盛的人》中的核心问题是后现代社会中人的变化问题：

> 客体的人，是作为群众或经济统一体的人，是埋藏在源自马克思主义和一切对集体行动阐述之中的种子。这种子是支配人们心灵的集体主义力量和主张的秘密，集体主义会超越因摒弃社会道德规范而溃烂的纳粹主义和资本主义，单凭亚洲的人数就可以转动地球，更何况还有具有道德感召力的领导人，如尼赫鲁、毛泽东、沙里尔。⑤

---

① Perry Anderson, *The Origins of Postmodernity*, London and New York: Verso, 1998, p. 6.

② *Ibid.*, p. 7.

③ Charles Olson and Robert Creeley, *The Complete Correspondence*, Santa Rosa: Black Sparrow, Vol. 7, 1987, p. 75.

④ Charles Olson, *Twentieth Century Authors-First Supplement*, New York: H. W. Wilson, 1995, p. 741.

⑤ Charles Olson, "Notes for the Proposition: Man is Prospective", *Bodundary 2*, Ⅱ 1-2, Fall 1973-Winter 1974.

安德森认同属于文明范畴的集体主义对资本的超越性力量，这是因为非西方世界中蕴含着能够超越资本主义的集体主义，这种集体主义的力量在尼赫鲁、毛泽东、沙里尔所领导的革命中得到了充分的体现。

安德森认为，现代性和后现代性概念均源于非西方世界，是因为集体主义文明具有对于资本的超越性力量，其中，毛泽东领导的中国革命又是集体主义文明的代表。安德森考察发现，在1949年1月31日中国共产党和平解放北平的同时，奥尔森写作了《翠鸟》，这首诗歌一开头就强调意志与观念的重要性：不变的是想改变的意志。安德森指出，这首诗中贯穿了这样一种情绪，光明在东方，我们必须行动起来。关于非洲文明，安德森同样对奥尔森的判断给予了充分的肯定，尽管他们的文明黯淡，但是与欧洲征服者的资本主义文明相比，却不那么残忍。安德森指出，乐观的后现代观念在奥尔森身上与"一种美学理论和一种预言性历史联系起来了，按照战前欧洲先锋派的经典传统，他使诗歌创新与政治革命结合起来"①。

（二）

安德森考察了西方学者对于后现代性世界的理解，并认为他们在本质上并没有超越以西方资本主义社会为中心的研究范式，因此，他们虽然提供了一些理解后现代性的可贵思想元素，但是并没有把握后现代的世界性本质。

---

① Perry Anderson, *The Origins of Postmodernity*, London and New York: Verso, 1998, p. 11.

后现代性最初在西方出现时是一个负面用语，这是安德森通过历时性研究所发现的。1960 年，哈里·列文"在借鉴汤因比的用法时，对后现代性观念做了更大的扭曲，用它来描述一种戏仿前人的文学，即放弃了现代主义严格的知识、迎合悠闲的中产阶级趣味的文学：它是在文化与商业之间有可疑交叉的十字路上，艺术家与资产阶级之间结成新的共谋关系。对后现代这个术语毫不含糊的贬义用法由此而开始"①。安德森发现，勒利·菲德勒在文化自由协会主办的大会上发言时，对后现代性也持否定的态度，并且在赞叹新一代年轻人的敏锐感知力时表述了后现代性的特征，菲德勒后来在《花花公子》发表文章，以后现代文学为例解释了后现代的特征："这将超越阶级，混合各种文学体裁，否定现代主义的反讽和严肃，更不必说否定现代主义对高雅和低俗的区分，回到了感伤和滑稽模仿的写作风格中。"②安德森指出，不管西方认同还是批判后现代性，整个西方在 20 世纪 60 年代对于"后现代性"的使用都是有限的，"直到 70 年代，后现代这一观念才得到最为广泛传播"③。

对后现代概念的使用发生转折的具体时间是 1972 年，这一年秋天《疆界》杂志在宾厄姆出版，其副标题就是"后现代文学与杂志"。安德森认为，戴维·安廷的《现代主义和后现代主义：美国诗歌现状研究》一文为该杂志创刊号奠定了基调，正是此时，奥尔森的后现代性思想才正式重新出现：安廷考察了战后美国的诗人及其作品后发现，在 20 世纪 60 年

---

① Perry Anderson, *The Origins of Postmodernity*, London and New York：Verso，1998，p. 13.

② *Ibid.*，p. 14.

③ *Ibid.*，p. 14.

代诗歌的正统性瓦解以后，后现代主义充满了生机和活力，而这正要归功于奥尔森。一年后，《疆界》第 2 期以《查尔斯·奥尔森：回忆、论文、评论》为题对奥尔森的后现代性思想进行了全面的评价。"正是这种接受首次稳固了作为集体所指的后现代观念。"①在安德森看来，这篇文章恰好指出后现代性的关键所在是奥尔森"在政治上对资本主义的超越"②。

在此之后，以哈桑接管《疆界》为标志，西方社会展开了轰轰烈烈的后现代运动。在纷繁复杂的各种后现代性思潮中，安德森认为可以概括出一个以约翰·凯奇为核心的群体，包括罗伯特·劳申贝格、巴格克明斯特·富勒、马歇尔·麦克卢汉。凯奇是沉默（silence）美学派的首要人物，他的名作《4 分 33 秒》超过了所有无声剧的表现方式，表现了后现代的精神无政府状态、戏谑、超然离群的真实性等特征。安德森认为，绘画领域的达达派代表人物马塞尔·杜尚，文学领域的阿什贝利、巴思、巴塞尔姆、品钦，视觉艺术领域的劳申贝格、沃霍尔、丁格利等都是后现代性文艺的杰出代表。

安德森同意哈桑的考察思路，即后现代性"仅仅是一种艺术倾向，或者同时也是一种社会现象？如果同时也是一种社会现象的话，那么，这一现象的各个方面（心理的、哲学的、经济的、政治的）之间是怎样相互关联或者没有关联的？"③令安德森感到遗憾的是，虽然哈桑提出了问

---

① Perry Anderson，*The Origins of Postmodernity*，London and New York：Verso，1998，p. 16.

② *Ibid.*，p. 16.

③ Ihab Hassan，"Culture, Indeterminacy and Immanence：Margins of the Postmodern Age"，*Humanities in Society*，No. 1，Winter 1978.

题，但是并没有给出逻辑一贯的回答，然而，其对后现代性的考察是极富意义的。哈桑认为，"后现代主义作为一种文化变迁方式，可以和老一代先锋派（立体派、未来派、超现实主义等）以及现代主义区分开来。后现代主义既不像现代主义那样超然、冷漠，也不像老一代先锋派那样躁动不安、超越规则，它对艺术与社会之间的关系提出了一种与前人不同的调和方法"①。

安德森追问，哈桑指出的后现代性考察以艺术为代表的文明与社会之间的关系的方法是什么，后现代文明背后的社会状态又发生了怎样的变化？令人惋惜的是，哈桑止步于在西方文明范围内界定现代性，"通向社会的步骤被堵住了"②。对这一问题做出了重大推进的是查尔斯·詹克斯（Jencks），安德森对詹克斯于 1977 年出版的专著《后现代建筑学的语言》（*Language of Post-modern Architecture*）给予了高度评价，认为其敲响了现代主义的丧钟。安德森同意詹克斯的判断，即建筑反映了现代主义与后现代主义的根本特征，而随着 1972 年美国中西部高层建筑的拆除，现代主义已经被人们遗忘了。1980 年，已经成为后现代性坚定支持者的詹克斯协助组织了威尼斯双年艺术展（Venice Biennale）中的建筑展览部分，并将其命名为"过去的存在"，将现代主义晚期的建筑和后现代性建筑区分开来。

在安德森看来，詹克斯将后现代性从美学、文学、艺术领域推进到

① Ihab Hassan, "Culture, Indeterminacy and Immanence: Margins of the Post-modern Age", *Humanities in Society*, No. 1, Winter 1978, pp. 51-85.

② Perry Anderson, *The Origins of Postmodernity*, London and New York: Verso, 1998, p. 19.

建筑学领域，其意义重大，因为詹克斯不仅注意到了建筑学与文学之间的相似之处，而且指出了建筑的实体性存在一面，将后现代向社会存在推进了一步。安德森发现，到了 20 世纪 80 年代中期，詹克斯对后现代的理解真正推进到了社会领域，后现代性社会是多元宽容和多极选择的世界文明，使诸如资本家和工人阶级、左派和右派的对立丧失了意义，后现代性社会在经济领域的最大特征是信息的作用首次超过了生产，艺术获得了空前的解放。

　　虽然詹克斯对后现代性的解读从文学艺术领域推进到社会存在，但是其对后现代主义社会存在的解读依然是描述性的，而要完成从描述性展现到本质性把握，首先需要的是后现代性哲学方法论本身的革新。安德森指出，这一工作是由"让-弗朗索瓦·利奥塔 1979 年在巴黎出版的《后现代状况》(*La Condition Postmodern*)"①做出的。安德森认为，利奥塔的后现代性哲学概念，正是从哈桑那里得到的，利奥塔于 1977 年出席了哈桑组织的后现代性社会主义表演艺术大会，初步提出了他的后现代性哲学，"总体来说，后现代主义的关键不在于在封闭的再现范围之内展示真理，而是在意志回归之中建立各种视角"②。安德森认为，利奥塔后现代主义哲学方法论的另一个启示来自丹尼尔·贝尔(Daniel Bell)和阿兰·杜伦(Main Tourain)的后工业社会观念。在后工业社会中，知识跃出民族国家的界限，成为最主要的经济生产力，在此基础

---

①　Perry Anderson，*The Origins of Postmodernity*，London and New York：Verso，1998，p. 24.

②　Jean-Francois Lyotard，"The Unconscious as Mise-en-Scene"，*Performance in Postmodern Culture*，Madison，1977，p. 95.

上，利奥塔认为，这使得后现代性社会既不是一个统一的有机整体，也不是一个二元矛盾的场域，而是一个语言交际网络。而语言本身又是由各种不同的游戏组成的，这些游戏规则之间互相无法比较衡量，在这种情况下曾经居于统治地位的科学"只是其中的一种语言游戏：它再也无力声称自己凌驾于其他认识形式之上，就像它在现代时期曾故作高明地做过的那样"①。在安德森看来，利奥塔关于科学的统治地位基础已经瓦解的判断源于两种宏大叙事的崩溃："第一种宏大叙事形式源于法国大革命，它讲述了一个人类借助认知进步而完成自我解放的英雄故事；第二种宏大叙事形式源自德国观念论，讲述了一个逐步展现真理的精神故事。"②而后现代社会的特征使元叙事丧失了可能性，这些元叙事已经为科学自身的发展所破坏，破坏力量一方面是由于科学已经变成为国家所掌握的资本服务的技术，科学沦为权力的工具；另一方面是由于科学本身的悖论和谬误激增，这是尼采、维特根斯坦、列维纳斯在哲学上已经预料到的。

利奥塔认为，共识只是已经被证明无效的人类解放思想宏大叙事的残余，但是叙事本身并未终结，"而是变得更微小、更有竞争性：小叙事保持想象创造最基本的形式"③。这些小叙事呈现出临时性契约的趋势，相比现代性而言，人类社会的各个领域——职业、情感、性、政治——之间的关系更具有经济性、灵活性、创造性。安德森对利奥塔的

---

① Perry Anderson，*The Origins of Postmodernity*，London and New York：Verso，1998，p. 25.

② *Ibid.*，p. 25.

③ *Ibid.*，p. 26.

《后现代状况》给予了高度评价，认为哈桑关于后现代性的论述仅仅限于文学，詹克斯的论述局限于从文学到社会过渡的建筑领域，而利奥塔将后现代性提升到了哲学的高度，并且"是第一部将后现代性当作人类所处境况普遍化的著作"①。然而，安德森并不完全认同利奥塔对于后现代性的判断，这是因为，在《后现代状况》中利奥塔宣称一切宏大叙事都已死亡：基督教的救赎说、启蒙运动进步学说、浪漫派的一致性观点、黑格尔式的精神主义、纳粹的种族主义、凯恩斯的均衡说，同时，社会主义作为一种宏大叙事也已经死亡，而这一点是安德森所不能认同的。

为了论证利奥塔社会主义作为一种宏大叙事已经死亡的观点是错误的，安德森对利奥塔的《后现代状况》中关于资本主义的论述进行了考察。安德森指出，利奥塔写作《后现代状况》的历史语境是西方正在进入严重的衰退期，资本主义意识形态在西方完全处于颓势，因此"他可以带着一副貌似合理的样子指出种种述行原则，来说明当代资本主义合理性的仅仅是这些述行原则中的一种"②。然而，这种后现代性哲学论断的合理性在 20 世纪 80 年代末期遭到挑战，乃至到了完全失去可信性的地步。安德森分析其原因发现，随着 20 世纪 80 年代事态的剧烈变化，资本主义意识形态至少在资本主义世界看来取得了辉煌的成功，"宏大叙事不但没有消失，反而出现这样一番景象，即世界好像进入了历史上最为宏伟的时代，这是一个能被普遍接受的自由与繁荣的故事，这也是

---

① Perry Anderson, *The Origins of Postmodernity*, London and New York: Verso, 1998, p. 28.

② *Ibid.*, p. 28.

市场在全球获得胜利的故事"①。

这与利奥塔后现代哲学所宣称的宏大叙事的死亡是完全对立的，对此，利奥塔的解释是，"尽管资本主义看上去似乎代表了一种普遍的历史结局，实际上，它毁灭了一切历史结局，因为它体现的不是最高价值观，只是现实安全"②。也就是说，在利奥塔看来，资本主义在全球的表面胜利只是一种实存，而并非启蒙运动和法国大革命以及德国观念论哲学所追求的价值的现实化，如果借用黑格尔的著名论断就是，合理的都会最终实现。"资本不需要合理化，它没有任何规则，在严格的责任意义上说，它也没有必要列出任何标准规则。它无处不在，但只是作为一种最终结局而非必然。但这真的能被当作普遍的最终目标吗？"③安德森认为，资本主义当然无法实现人的最高价值，但是利奥塔的论述方式与其一贯反对的宏大叙事如出一辙，因此并不能有效解决理论的内部困难，因为其本身也是一种宏大叙事。"这样一来，已经被宣布作为宏大叙事而死亡的后现代状况，结果却得到一次永生的复活。"④换言之，将冲破一切宏大叙事作为后现代哲学方法论的利奥塔，在面对资本主义问题的时候，仍然不自觉地站在了以西方资本主义为中心的立场，因此，虽然其为后人对后现代性的把握提供了可供参考的思想元素，但是在本

---

① Perry Anderson, *The Origins of Postmodernity*, London and New York: Verso, 1998, p. 28.

② *Ibid.*, p. 28.

③ Jean-Francois Lyotard, "Memorandum sur la legitimite", in *Le Postmoderne expliqué aux enfants*, Paris: Editions Galilée, 1984.

④ Perry Anderson, *The Origins of Postmodernity*, London and New York: Verso, 1998, p. 35.

质上由于其思维立足点的局限性，因此对后现代性的解读并不具备广阔的视野，而完成此方面工作的正是与安德森总体权力范式不谋而合的詹姆逊，因此，安德森为其著作《文化转向》作序，共同推动了对于后现代性的把握。

（三）

安德森考察了西方学者对后现代性的理解，认为他们在本质上没有超越以西方资本主义为中心的研究范式，因此，虽然提供了一些可贵的思想元素，但是并没有把握后现代的真实世界性本质。上述关于后现代性的探讨，便构成了《文化转向》作者弗雷德里克·詹姆逊介入该问题的思想语境。而在全部关于后现代性的理解中，安德森最为认同的正是描绘出后现代全部图景的詹姆逊，对于詹姆逊观点的赞同与批判，展现出安德森本人的后现代性观点。1982 年利奥塔的《后现代状况》英文版出版时，詹姆逊为该书写了序言。因为在 1981 年，詹姆逊出版了《政治无意识》，安德森指出，该书"核心内容为雄辩和明确地宣称马克思主义是一种宏大叙事"[1]，只有马克思主义才能让我们充分理解过去文化的神秘本质，也就是说，只有在宏大叙事中，部落迁移、神学论战、国会斗争、文化变迁等问题才能重现生机，"如果我们要恢复这些问题鲜活的原始性，那么我们只能在一部伟大的集体故事的统一体内加以重述；不管它们采取怎样的隐秘和象征形式，只能认为它们共享一个唯一的基本

---

[1]　Perry Anderson, *The Origins of Postmodernity*, London and New York：Verso, 1998, p. 53.

主题，而对马克思主义来说，这就是从必然王国争取自由王国的集体斗争；而且只能把它们理解成一个单一庞大而未完成故事中的重要插曲"①。安德森认为，在利奥塔向全部包括马克思主义在内的宏大叙事发起攻击时，在詹姆逊之前，没有任何一位马克思主义者提出过马克思主义本质上是一种叙事，而是都将马克思主义理解为一种方法。

可以想象，持有上述观点的詹姆逊在接触《后现代状况》时产生的刺激，这推动了他对后现代性进行更为深入的思考，而为一部其在本质上无法认同的著作作序是一件不容易的事情。安德森认为，詹姆逊的处理非常得当，"集中谈论科学，很少谈文化的发展，避免涉及政治或政治在社会经济生活变迁中的功能"②，而这正是詹姆逊将要探讨的问题。同年，詹姆逊在惠特尼当代艺术博物馆发表了演讲，该演讲的内容构成了《文化转向》的奠基性文本，同时也构成了于 1984 年在《新左派评论》发表的《后现代——晚期资本主义的文化逻辑》一文的核心内容。

安德森同意詹姆逊关于后现代的观点，认为其"描绘出了后现代的全部图景"③，因为詹姆逊不仅做了相当的信息与资料方面的复杂工作，而且最为关键的是其在方法论上与安德森的总体权力范式不谋而合。安德森将詹姆逊的后现代性观点总结为五个步骤。

第一个步骤就是一次关键性的转折。我们看到，在上述关于后现代

---

① Fredric Jameson, *The Political Unconscious*, New York: Cornell University Press, 1981, pp. 19-20.

② Fredric Jameson, "Foreword" to *The Postmodern Condition*, Minneapolis: University of Minnesota Press, 1984, pp. xii-xv.

③ Perry Anderson, *The Origins of Postmodernity*, London and New York: Verso, 1998, p. 54.

性的解释中，只有利奥塔试图完成从美学艺术领域进入全部社会的转向任务，哲学方法论对宏大叙事的排斥导致了这一尝试的失败，但其方向是正确的，这与安德森从文化领域进入对社会的总体观照如出一辙，詹姆逊在关于后现代性的阐述中，第一步就完成了这个工作，"把后现代主义固定在资本自身的经济秩序的客观变化中，后现代性不再仅仅是美学断裂或认识论转移，而是占有支配地位的生产方式历史发展新阶段的文化标志"①。安德森不无遗憾地指出，这个由詹姆逊完成的本质转向，却被哈桑犹豫不决地放弃了，利奥塔虽然有着不可能完全消逝的马克思主义背景，但是对此却不甚了然。

　　"消费社会"是詹姆逊在惠特尼当代艺术博物馆所做的后现代演讲中的核心概念，而在《新左派评论》发表的《后现代——晚期资本主义的文化逻辑》一文中，核心聚焦是"跨国资本主义的新阶段"。安德森总结，跨国资本主义，即现代电子科学技术的爆炸和以它作为利润基础的商业模式、跨国公司在全球组织方面的强大主导力量、海外低廉工资完成加工制造的环节、媒体联合大企业发挥出史无前例的力量来进行跨国传播、国际投资范围激增，这些内容都深刻影响了发达国家的任何一个方面："商业周期、雇佣方式、阶级关系、地区命运和政治轴心。"②而从历史视角来观察，最根本的变化则是新的社会存在。

　　世界现代化的进程已经结束，人类已经进入了后现代社会，安德森同意詹姆逊的这一判断，这是因为后现代社会"不仅消除了前资本主义

---

①　Perry Anderson, *The Origins of Postmodernity*, London and New York: Verso, 1998, p. 55.

②　*Ibid.*, p. 55.

社会形式的残留痕迹，而且消除了每一处完整自然腹地的空间和经验，正是这种自然腹地保持了前资本主义社会形式的残存痕迹"①。安德森认为，在现代性已经完成了自然的扩张以后，后现代性的文化必然要极度扩张并且几乎达到了和经济自身同步扩张的程度，"它不仅仅成为世界上几项最大工业的基础，旅游业现在已超过了全球其他所有部门的就业"②。后现代性文化扩张更为深入的部分是，物品和非物质性的关系，完全超越了现代性社会中物品是非物质性的基础这一关系，两者已经难舍难分。"从这个意义上来讲，文化，作为晚期资本主义时代必然出现的生活组织，如今是我们的第二自然。"③安德森同意并且揭示出詹姆逊对后现代性的界定，不仅完成了从文化向全部社会的转向，而且在视阈上完成了从西方社会向全球的转向。

安德森对詹姆逊后现代性观念总结的第二个步骤是，"客观世界发生的这种变化，会给主体经验带来什么样的后果呢？"④也即是说，探索在新的历史条件下社会和文化的急剧变迁导致了人们怎样的心理突变，这一主题又是在"主体死亡"之中提出来的，而"主体死亡"本身又是詹姆逊后现代概念中最著名的一个。人们在后现代社会中的心理体验与在现代性社会中有着巨大的不同，具体而言，20 世纪 60 年代束缚人们观念的条条框框已经被打破，20 世纪 70 年代末所有的激进因素都已经被耗

---

① Perry Anderson, *The Origins of Postmodernity*, London and New York: Verso, 1998, p. 55.

② *Ibid.*, p. 55.

③ *Ibid.*, p. 55.

④ *Ibid.*, p. 56.

尽。安德森认为詹姆逊敏锐地把握到了后现代社会的主体特征是丧失了历史感。根据安德森的历史观，这种历史感的丧失主要体现在对未来丧失殷切期望，而"对未来的殷切期望——这些现代主义的特征，如今已一去不返"①。除此之外，空间对人的思想的支配达到了前所未有的程度，这当然与人造卫星和光学纤维的发明以及传媒帝国对其的大面积应用有密切的关系。

> 电子技术将世界各地连为一个整体，把全球范围内同时发生的事件制作为人们每天观看的景观，已经在每个人的意识深处安置了新的地理观念；而资本在全球扩张导致的无所不在的全球资本网络事实上使资本主义制度超过了人们的认知能力范围，成为人们全然不觉的事物。②

时间维度的几近消亡和媒体制造新空间的力量使得后现代的主观体验实际上处于麻木状态。"詹姆逊在一段著名的文字里说，歇斯底里通常指情绪过度亢奋，为了掩饰某些内心的麻木而半下意识地佯作情绪激烈。"③因此，在后现代社会中，主体体验最重要的特征是情感的衰退，主体的体验不再像现代那样具有深度，主体的心理活动变得具有颓丧的偶发性，情绪变得起伏不定，这当然是从社会总体维度来研究主体体验

---

① Perry Anderson, *The Origins of Postmodernity*, London and New York: Verso, 1998, p. 56.

② *Ibid.*, p. 56.

③ *Ibid.*, p. 57.

时得出的结论。如果从单个主体角度来看，后现代性所提供的主体体验并非一成不变，而是呈现为与商品消费紧密缠绕的两极对立状态。"旁观者或消费者在极度快感中，同时在内心世界中对我们的存在更加深刻的虚无体验而导致的沮丧。"①

对詹姆逊关于后现代文化内部观点的阐述，是安德森对其后现代性观念总结的第三个步骤。在这一方面，安德森同样给予了詹姆逊极高的评价。在詹姆逊之前，对后现代的所有考察都是局部性的。菲德勒从文学上对后现代文化进行探索；哈桑从文学领域扩大到绘画和音乐领域，但都是间接研究而并非探索后现代性本身；詹克斯研究了建筑学中的后现代性；利奥塔试图在哲学上澄清后现代性并且尝试将其扩大到全部后现代社会领域；但是詹姆逊的论著却公开地对几乎所有后现代文化艺术领域以及相关主要话语进行了研究，并且取得了较大的成就。安德森完全认同詹姆逊关于后现代性文化本身的判断："流行艺术的到来，就像宣告大气正在变化的气压警报一样，预示着范围更广泛的文化高压即将到来……绘画与雕塑、建筑与风景的界限日渐消失。"②

建筑一直是詹姆逊"透视后现代主义之后的后现代状况的中心"③，这是因为，一方面，建筑是文化与社会的交织体；另一方面，建筑本身就是有形资本的存在，能够比任何一种形式都敏感地展现出世界经济制度的变化。在建筑之后，詹姆逊关注的是电影，安德森认为这可以借用

---

① Perry Anderson, *The Origins of Postmodernity*, London and New York: Verso, 1998, p. 57.

② *Ibid.*, p. 60.

③ *Ibid.*, p. 57.

迈克尔·费里德(Michael Fried)的名言来解释："电影，即便是最具实验性的电影，也不是现代主义艺术。"①安德森对此进一步解释，电影作为最具综合性的一种媒体，具有与其他各门艺术不同的特征。詹姆逊在后现代性文化领域内部最后考察的内容是绘画艺术，由于受到了新的材料和与面向大众的广告领域相互渗透的影响，其独特性正在日渐凋零。安德森认为，詹姆逊以凡·高的《农靴》和沃霍尔的《钻石粉鞋》作为例证是恰当的，"后现代的无深度性完全表现在沃霍尔作品毫无生气的画面上，沃霍尔的作品带有报刊时装版、超级市场货架、电视屏幕的催眠性空洞的残留影像"②，而凡·高的《农靴》则以浓厚的色彩表现出了普通劳动的特征，将沃霍尔的《钻石粉鞋》衬托得像是悬挂在冰雪上的虚空无色旧影，但是不能否认的是绘画已经与新的影像呈现方式紧密地融合在了一起。

安德森认为，就在上述各个文化领域发生融合的时候，关注文化领域的传统话语本身也经历了复杂变化，"曾经截然分离的学科：艺术史、文学评论、社会学、政治学、历史学，开始失去了明确的界线，在交互的横向研究中相互交叉，我们再也无法轻易地把这些研究划归某一具体领域之中"③，而詹姆逊作为例子的无法归类的福柯作品，正是安德森所赞赏的。这也表现在曾经局限在本学科内部的狭窄用语让位于对广义

---

① Michael Fried, "Art and objecthood", *Art Forum*, Jnne 1967; G. Battcock(ed), *Minimal Art*, Berkeley; LosAngeles: University of California Press, 1995, p. 111.

② Perry Anderson, *The Originsof Postmodernity*, London and New York: Verso, 1998, p. 60.

③ *Ibid.*, p. 61.

文本的古典式评论。"而且随着哲学和观念上的新变化，人文科学与社会科学之间的界限正在逐渐消失。似乎后现代所导致的正是现代化理论家们曾经排斥的：一种难以想象的打破各个文化领域之间分界的行为。"①

安德森认为"何为后现代主义的社会基础和地缘政治"②是詹姆逊对后现代考察的第四个步骤，而这一步骤建立的基础是对资本转变的考察、对主体改变的探索以及文化范围扩大的研究。安德森认为，詹姆逊对后现代社会结构的基本判断是，后现代资本主义社会依然是一个阶级社会，但是阶级结构却发生了巨大的变化；而对地缘政治的基本判断是"许多新的民族将在世界上亮相，他们在人类中的影响正在迅速增大"③。具体而言，"后现代文化的直接动力无疑来自由雇员和专业人员构成的新富阶层，他们是发达资本主义快速发展的服务业和投机部门造就出来的"④。我们看到，安德森在此试图论述的是，工业社会相比农业社会最大的结构变化是工人成为一个新的阶级，而后现代社会最大的结构性变化在于新的社会阶级，即包括金融业在内的新兴服务业的崛起。这本身属于社会生产的结构性变化，新兴服务业与传统服务业最大的区别在于对专业要求的程度更高，这就意味着这个新兴的阶级在社会中的力量和对文化的影响力更强。安德森将这个新兴的阶级定位为雅皮

---

① Perry Anderson, *The Origins of Postmodernity*, London and New York: Verso, 1998, p. 61.

② *Ibid.*, p. 62.

③ *Ibid.*, p. 63.

④ *Ibid.*, p. 62.

士阶层，这个阶级的诞生又与具有庞大生产能力和权力的跨国公司有密切联系。在安德森看来，在全球范围内，新兴阶级打破工业社会阶级秩序所造成的不确定性可与工业社会早期的混乱程度相提并论，但是从政治层面来讲，与早期工业社会最大的不同在于，后现代资本主义社会阶级结构缺乏统一性和一致性，一个新的全球性的劳动者阶层能否出现，依然是一个不能确定的状况。

安德森认为，与生产方式变化导致社会结构急剧变迁同时发生的是，部分国家首次在真正意义上被纳入世界体系，这其中当然有上述跨国公司的作用，但是更为重要的是，新的民族国家在世界上亮相，其全球影响力迅速增大。而之所以说其首次在真正意义上被纳入世界体系，是因为在现代也就是工业社会时代，第三世界国家是作为第一、第二世界国家的原料供应和市场倾销地而存在的，但是在后现代社会中这种关系出现了突变。安德森同意詹姆逊关于这一问题的论述，在第一世界（在该语境中，指苏联解体、东欧剧变之后的西方国家）"过去的权威在经济创新的压力之下不断压缩，在第三世界，由于人口爆炸，活着的一代代新人在数量上大大超过死者的总和"[1]，并且在全球政治经济格局中获得了新地位。安德森认为，比人口原因更为重要的是资本在全球的扩张不可避免地稀释了原发地的文化，精英主义作为现代文化的本质特征，其精神气质本质上是英雄主义的，"它不仅仅无视种种传统的趣味，而且更显著的是，公然蔑视市场的种种诱惑"[2]。以安德森的总体权力

---

[1]　Perry Anderson, *The Origins of Postmodernity*, London and New York：Verso, 1998, p. 63.

[2]　*Ibid.*, p. 63.

范式来分析，显然詹姆逊这里的思路是令人遗憾的，因为其思维已经触及了新兴民族国家的崛起，并在表面上超越了西方中心论，但是在事实上却没有成功，因为詹姆逊并没有认识到新兴民族国家之所以能够在后现代社会取得地位，恰恰是因为其民族文化重新实现了对资本的超越。

然而，问题的复杂性在于民族国家虽然在国际格局中重新操控了资本，但是由于后现代社会中生产方式的变迁，即使在民族国家内部，通俗文化和高雅文化之间的界限也被打破，因此很难用追根溯源的方式来判定一个民族国家的文化特征，其最大的特征就是当下的平民性质。所以安德森认为，詹姆逊在民族国家问题的判定上尚待深入，但是在后现代总体文化上的判断依然是准确的，即"后现代的标志是消费和生产的新模式"①。而对于后现代文化的力量究竟成长到什么程度上，安德森与詹姆逊的观点不谋而合。"如今后现代主义已经表现出霸权性质"②，这表现在两个方面：一是曾经被排斥的妇女、少数民族、移民、同性恋者等群体获得了承认和尊重；二是带有伟大个人印记的一元叙事结束了。尽管后现代文化已经表现出霸权性质，"但这不意味着它穷尽了文化生产的领域"③。安德森引述了雷蒙·威廉斯的观点对詹姆逊的理论进行了论证，即任何霸权都是一个主导系统而非全部系统，而在后现代主导的文化领域，与主导相抵牾的残余和新兴的主导系统共同存在。此外，安德森提醒我们注意，这种后现代文化霸权已经不是局部地区的事

---

① Perry Anderson, *The Origins of Postmodernity*, London and New York: Verso, 1998, p. 63.

② *Ibid.*, p. 63.

③ *Ibid.*, p. 63.

物，而是具有遍布全球的特征，不是发达国家内部的状况，而是全球性的发达文化样态。

在问题讲述清楚之后，对后现代性应当采取怎样的态度就成为逻辑上不可或缺的后续，这也是安德森总结詹姆逊后现代观点的第五个步骤。安德森认为，在詹姆逊所有关于后现代性的观点中，对后现代性的态度是最富有建设性的。这是因为，安德森通过考察发现，几乎所有思想家都对"后现代观念的每一个重要论述做出了激烈的评价，不管这评价是正面的还是反面的"①，评论者或者哀叹后现代性象征着传统文化的衰落或者将其大力称赞为一种解放，而詹姆逊的与众不同之处在于，"他坚定地把后现代主义与资本主义新阶段等同起来，并用经典马克思主义术语对此加以理解"②，换言之，詹姆逊继承了马克思主义的宏观总体性全球视野。安德森追溯，詹姆逊在惠特尼当代艺术博物馆做完演讲不久之后即写作了后来收入《文化转向》的《后现代诸种理论》，对当时关于后现代性的种种对立观点进行了巧妙的综合。

面对后现代性问题，詹姆逊所持的态度是与抽象的道德主义相对立的，后现代性当然与市场逻辑和后现代景观有着共谋关系，但是只"把它作为文化来进行简单的谴责是毫无结果的"③。这当然令很多左派感到吃惊，但是詹姆逊坚持自己的观点，认为不论对局部的判断如何准确，道德说教都不能宏观准确地表达后现代社会的总体性。安德森认

---

① Perry Anderson, *The Origins of Postmodernity*, London and New York：Verso，1998，p. 64.

② *Ibid.*，p. 64.

③ *Ibid.*，pp. 64-65.

为，对于这一点的坚持并不是詹姆逊在研究后现代性时所采用的全新方法，而是在此之前就持有的观点："伦理，其在地方的重现，都可以被视为一种神秘意图的标志，尤其表现在如下情况中，即用轻松自在的二元简化，取代从更恰当的政治和辩证视角做出的复杂判断。"①安德森当然认同这一判断，并且对道德主义做了更为深刻的阐述，即道德主义首先脱离实际地预设了社会同质性，借此可以把自己想象成或者把与自己密切相关的诉求重新写成人际规范，而这种简单的善恶对立，不过是尼采早就揭露过的权力关系的沉淀。

安德森认为，虽然这些论述针对的是右派一贯坚持的道德主义，但是其同样适用于左派的道德主义，因为他们在认知结构上犯了同样的错误。安德森指出，道德作为个人品行的规范是值得尊重和推崇的，但是道德内在的分析范式是善恶的两极对立，当这种分析范式投射到文化和社会分析上的时候，便在思想与知识上失去了意义，其结果是抽象的，并不能理解后现代性的复杂机制，只能沉溺于对过去美好的田园生活的幻想，摆出一种不切实际、居高临下的姿态对当下指手画脚。

安德森十分认同詹姆逊的方法，詹姆逊后现代性研究批判的前提是真实的研究，而非意识形态层面的拒斥，"辩证的任务要求我们透彻地研究它，这样一来，我们对这个时代的理解将呈现出另一番面貌"②。

---

① Fredric Jameson, "Fables of Aggressive-Wyndham Lewis, the Modernist as Fascist", *Modern Philosophy*, 1981, 77(2).

② Perry Anderson, *The Origins of Postmodernity*, London and New York: Verso, 1998, p. 65.

因此，安德森对詹姆逊研究的总体定位是："对新的无限制资本主义的全面理解，一种足以阐释其在全球范围内联系与分离的理论，依然是无法摒弃的马克思主义规划。"①

安德森将詹姆逊对后现代理论的把握分为五个步骤：第一，从文化领域进入消费社会，这不仅完成了社会转向，而且在视阈上完成了从西方向全球的转向；第二，主体的体验正是在这一基础上建立的，这种体验分为时间的消亡和空间的一体化两个维度，现代性所建立的对未来殷切期望的时间观点被陷入消费体验的人们摧毁，而人们对空间的支配也达到了前所未有的程度，由于传媒技术的广泛使用，空间从现代性的世界性的地域转变为后现代性的地域性的世界；第三，后现代性的文化不同于建立在工业大生产基础上的现代性文化，文化领域之间的融合以及大众流行文化对精英文化的整合，使得后现代性文化内部呈现出了逐渐融合的局面；第四，分析西方社会的内部结构和世界性的政治结构，安德森认为詹姆逊对西方社会内部的结构分析是出色的，但詹姆逊在阐述了新兴民族国家的崛起后，并没有认识到其崛起的根本原因；第五，詹姆逊在阐述后现代性时采取了辩证的分析方法，对此安德森完全赞同，因为对社会历史内在机制的研究正是安德森总体权力范式的中心任务。安德森通过对詹姆逊后现代性理论的阐发，向我们展示了在后现代性的历史条件下，资本主义的世界性危机最根本之处在于，现代性是以西方资本主义国家为中心的全球性体

---

① Perry Anderson，*The Origins of Postmodernity*，London and New York：Verso，1998，p. 65.

系，而非西方国家成为后现代性世界体系的组成部分，呈现出多民族竞争的态势，因此以资本主义文明为核心的现代性遭遇了后发国家政治、军事、文化、经济总体权力的空前挑战。

三、社会主义对资本主义的艰难与必然超越

最早将后现代性指认为一个历史阶段的学者是汤因比，并且他还界定了后现代性的内容，在西方工业文明兴起以后，非西方知识分子曾试图掌握其奥秘并用来反对西方。安德森认同汤因比关于知识分子在其中发挥巨大作用的论述，对汤因比准确地预见了作为世界体系中心的西方资本主义国家的衰退表示赞赏，并且同意其以下观点，即建立在某一国家霸权基础上的全球政治权威的消亡是西方文明衰落的原因之一。但安德森同时也指出，由于时代限制，汤因比并没有准确判断出东方民族国家的崛起，而这一现象正是西方资本主义文明衰落的外部原因。此外，安德森认为科学技术本身是中性的，这一理解也与汤因比认为失控的科技将会给人类造成威胁存在差异。安德森认为，汤因比所总结的问题成因与解决方法之间的矛盾在于，既然科技已经失控，霸权国家也不会自行毁灭，那么已经被资本主义驯服的宗教力量并不能够拯救世界。因此，安德森将实现世界性公平秩序的期望寄托在了世界性社会主义上。非西方世界的崛起所形成的世界体系新格局是后现代的世界性本质最核心的内容，同时也构成了社会主义新的历史条件。安德森认为，在由世界结构的变化所产生的社会主义革命这一新客观条件基础上，应当在新兴

的阶级之间达成一致的社会主义的思想，使已经崛起和尚未崛起的民族国家在已有的集体主义基础上形成统一的社会思想，并且在两者之间达成平衡，从而提出超越资本主义的指导纲领：在价值观方面，必须发起一次强大的进攻，使得新兴阶级和民族国家接受平等是高于自由的根本原则；在所有制方面，人民所有制的新形式会被发明出来，这些新形式将使更多的职能从资本主义企业极度集中的权力中分离开来；构成社会主义要素的民主制将超越代议制民主，承担起让一切人自由地发展的责任。

（一）

安德森指出，汤因比提出"工业工人阶级在西方兴起，西方世界之外的一代知识分子努力掌握现代性的秘密，并用它们来反对西方"[①]是后现代性的开端。汤因比对后现代阶段进行的持久反思主要集中在后一部分。根据本书第一章对安德森早期思想的分析，我们认为，安德森对汤因比上述观点的前一部分并不认同，至少在英国的范围内不认同，因为安德森早年在发动英国社会主义革命运动的过程中，两次依靠的主体力量分别是英国工党以及后来的英国知识分子，其关于工人阶级能否作为社会主义主体力量的观点与爱德华·汤普森形成了尖锐的对立。

安德森赞同汤因比上述观点的后半部分内容。我们认为，其原因可以分为四个方面。第一，安德森素来重视知识分子在社会变革中的领导作用，他曾在 20 世纪 70 年代，试图以知识分子为核心建构英国社会主

---

① Perry Anderson，*The Origins of Postmodernity*，London and NewYork：Verso，1998，p. 5.

义文化霸权。虽然并未如愿，但他对英国左派知识分子仍抱有厚望。第二，汤因比虽然将西方工人阶级的兴起与西方之外的知识分子努力掌握现代性理论并将其用来反对西方相提并论，但是他却更加重视后者，这种重视安德森是赞同的，尽管两人在认同程度上有略微的差异。第三，汤因比能够摆脱西方中心论，以世界性眼光来理解世界，这是完成了总体权力范式建构的安德森所认同的。第四，汤因比以毛泽东思想论证其观点，而安德森作为汤因比的后辈，有幸目睹了毛泽东思想在中国的胜利以及中国在毛泽东思想指导下的崛起。中国以及其他非西方国家的崛起共同组成了后现代性最为重要的世界性展开，汤因比在几十年前即预见了这一点，他所展现出的历史洞察力是安德森十分赞同的。

安德森指出，汤因比虽然准确地预见了西方资本主义国家的衰退，但由于时代的限制，其对原因的把握并不十分准确，而给出的解决方案也与社会主义有着较大的差距。安德森指出，在汤因比看来，西方资本主义没落的原因在于"晚近时期西方帝国主义的狂妄野心"①，安德森认为这当然是正确的，"生活史无前例富足和舒适的西方中产阶级，理所当然地认为，一个文明历史时代的终结就是历史本身的终结——至少中产阶级是这样看的。他们出于自身利益的考虑，想象着一种合情合理、安全稳定、令人满意的现代生活会奇迹般地永世长存"②。虽然西方资产阶级这种不切实际的想法被第一次世界大战以及紧随其后的资本主义经济危机和第二次世界大战打破，但是西方国家作为世界体系核心的客

---

① Perry Anderson, *The Origins of Postmodernity*, London and New York: Verso, 1998, p. 6.

② *Ibid.*, p. 6.

观事实并没有变化，因此，在短暂的沮丧之后，这种想法再次苏醒并越发根深蒂固。

更使汤因比深切忧虑的是由西方文明发扬光大的科学技术已经脱离了为人类服务的本意，走向了人类的对立面。这突出地表现为如果第三次世界大战爆发，必定是核战争，人类创造的科学技术在军事方面的应用终将毁灭人类自己。因此，在汤因比看来，"在某种意义上，以科技为主导的西方文明得到了普遍推行，但西方文明本身带来的只能是相互毁灭"①。这一点在安德森看来并不成立，在他与汤普森的第二次争论中，就已经揭示了科学技术的中立性质。

基于此，安德森认为，汤因比的研究尚未触及现代性矛盾的本质，因而其分析出的原因和提供的解决方案是彼此冲突的。安德森指出，既然人类所创造的科学技术将人类置于核战争的阴影下，那么，任何力量对此都无法干涉，可汤因比却给出了解决冲突的方案："长远看来，只有一种新的普遍性宗教——必然是调和信仰的宗教——才能保证未来的世界安全。"②在汤因比看来，"建立在某一国家霸权基础上的全球政治权威，是'冷战'大行其道的条件"③，也就是说，在此处，汤因比又承认了人类社会组织有对抗和操控科学技术的能力，尽管建立在霸权基础上的全球权威是一种社会主义者反对的人类社会组织模式，但是这并不影响其本身作为一种组织的事实。安德森认为，汤因比指出了人类社会

---

① Perry Anderson, *The Origins of Postmodernity*, London and NewYork: Verso, 1998, p. 6.

② Cited in *Ibid.*, p. 6.

③ Cited in *Ibid.*, p. 6.

产生目前困境的原因是国家霸权的世界性组织结构的存在，但汤因比并没有提出一种新的更为公平的世界秩序方案，而是陷入了费尔巴哈式的抽象宗教道德观念，所以导致"判定自己用来重新书写人类发展模式的文明范畴本身已经失去了针对性"①。而安德森将实现新的世界性公平秩序的期望寄托在了世界性社会主义上。

（二）

根据上述分析，非西方世界的崛起所组成的世界体系新格局是后现代世界性本质中最核心的内容，同时也构成了社会主义新的历史条件，这当然完全不同于将非西方世界置于被殖民地位的后殖民理论。因此，安德森关于后现代作为社会主义新历史条件的阐述包括两个方面，一是通过反驳后殖民理论的观点，反向指出后现代的世界性本质，二是对作为社会主义新条件的后现代性进行正面分析。

后殖民理论者并非没有看到后现代非西方民族国家崛起的事实，但他们认为非西方世界的崛起只是表象，这种崛起根本上来说仍然是对西方世界的复制，所以他们要问的是"在超越西方的同时，是否需要仿照北美制度，在整体上设计一个过于同质化的文化世界"②。安德森对这个问题给予了直截了当的回答，"继承现代主义的不是将西方总体化的后现代主义，而是杂交的新美学。在杂交的新美学中，种种交流和显示

---

① Perry Anderson, *The Origins of Postmodernity*, London and New York: Verso, 1998, p. 6.

② *Ibid.*, p. 118.

的新形式经常会面对本土创造和表现的新形式"①。

后殖民理论者对詹姆逊的批判是，"他的理论忽视或压制边缘性地带的实践，这些实践不仅无法适应后现代范畴，而且积极摒弃后现代范畴"②。安德森认为，后殖民理论者反对以詹姆逊为代表的后现代理论，根本原因是其虽然脱离了西方中心论思想，但其本质仍然是中心论的，也就是说虽然西方不再是世界的中心，但是非西方世界的各个国家又成为世界的中心。安德森指出，在这些后殖民理论者的眼中，"后殖民文化生来就比中心地带的后现代主义更具反抗性，更具有政治性"③。因此，在他们看来，如果现代性的本质是帝国主义，那么后现代主义的本质就是新帝国主义，无非是用多个中心取代一个中心。安德森认为，后殖民主义理论者所需要的不是西方马克思主义的总体性范畴，而是以米歇尔·福柯为代表的完全突出个别的谱系学方法。因为他们十分强调世界的去中心化，认为即使有多个中心也一样会存在着边缘，如果存在着边缘那就一定存在着压迫。

安德森认为，以批判著称的后殖民理论已经堕落到了完全丧失批判性的地步，这是因为在殖民地已经获得独立的情况下，他们不仅将理论拓展到了曾经被西方征服的地方，还拓展到了殖民者移居的地方，"因此，根据这个反常的逻辑，甚至美国这个新帝国主义的顶峰，在探索其

---

① Perry Anderson, *The Origins of Postmodernity*, London and New York: Verso, 1998, p. 118.

② *Ibid.*, p. 118.

③ *Ibid.*, p. 118.

完整身份的过程中，居然也成了后殖民社会"①。在安德森看来，这种脱离全部支点的后殖民理论已经失去了任何批判的能力，因为前殖民地的独立以及在后现代世界中部分民族国家对世界中心位置的占据是一个进步的历史过程，而致力于破除所有中心的后殖民理论只能是一个美好而空洞的愿景。

安德森进一步指出了后殖民理论对非西方世界认知的局限性。"对这个术语比较合理的解释是用比较温和的方式看待它的前缀'后'这个字"②，"后"被用来指认一段历史，意味着在殖民地获得独立之后对殖民地在世界体系中的新地位的确认。安德森认为，后殖民理论的发展到这一步仍然是正确的，但是其进一步发展则脱离了史实，流于空想，即对殖民地的殖民程度和范围的过度想象，比如中国和伊朗这样的国家从来就没有被殖民过，而大多数拉美国家早在两个世纪之前就已不再是殖民地了。正是这种空想将后殖民理论推向了反对一切中心的极端立场。

安德森认为，后殖民理论在反对詹姆逊的后现代性理论时，对后现代性的发生逻辑有着深刻的误解，主要表现为詹姆逊的多民族中心理论并不存在对边缘地带创造力的低估，反而体现了对其的肯定。"曾经属于第三世界的许多地区缺乏彻底的资本主义现代化"③，而处于第三世界的民族国家在崛起过程中通过自身领导组织的改造克服了重重困难，

---

① Bill Ashcroft, Gareth Griffiths, Helen Triffin, *The Empire Writes Back*: *Theory and Practice in Post-Colonial Literature*, London: Routledge, 1989. Cited in Perry Anderson, *The Origins of Postmodernity*, London and New York: Verso, 1998, p. 120.

② Perry Anderson, *The Origins of Postmodernity*, London and New York: Verso, 1998, p. 120.

③ *Ibid.*, p. 120.

摆脱了西方资本主义的控制。因此，在安德森看来，"詹姆逊沿用雷蒙德·威廉斯的话说，后现代性只可能是'兴起'（emergent），而非现代性的'残余'（residual）"[①]。这一观点是正确的，后现代性并非现代性的直接结果，而是通过对现代性的反动，最终形成了其在世界范围内的主导地位。

安德森认为"詹姆逊的著作达到了西方马克思主义传统的顶峰"[②]，这是因为詹姆逊在西方马克思传统美学方面做出了杰出的贡献。更为重要的是，由马克思和恩格斯开创的马克思主义除了美学以外，还存在着更为重要的一条政治经济学的思路，对于后者在西方的消退，安德森曾经在 20 世纪 70 年代的著作中表达了深深的惋惜。《资本论》中的政治经济学方法是马克思主义的关键组成部分，虽然其在罗伯特·布伦纳等人的著作中得以复兴，但是却没有与美学思路相融合，而詹姆逊完成了这一事业。

安德森通过追溯詹姆逊融合马克思主义的美学与政治经济学方法的过程，来重新强调马克思主义把握社会主义革命条件的方法论，并最终落脚到对后现代性是社会主义革命新条件的具体分析上。"当詹姆逊开始著述时，左派的美学维度与经济学维度的分离达到了最严重的程度"[③]，詹姆逊的进路首先是美学，而政治经济学传统的复苏正值 20 世纪 70 年代初西方资本主义的衰退时期，詹姆逊对这种世界形势的反应

---

① 　Perry Anderson, *The Origins of Postmodernity*, London and New York: Verso, 1998, p. 120.

② 　*Ibid.*, 1998, p. 125.

③ 　*Ibid.*, p. 125.

是积极和富有创造性的，他综合了马克思主义内部的两种思路，最终完成了对后现代性的准确分析。安德森认为，詹姆逊在完成这一思想的过程中，受到了欧内斯特·曼德尔《晚期资本主义》一书的深刻影响，而杰奥瓦尼·阿瑞基的《漫长的 20 世纪》对詹姆逊的影响是决定性的，这是因为"阿瑞基的著作综合了马克思与布罗代尔的思想，对资本主义的全部历史提供了迄今为止最具雄心壮志的解释"①。安德森在 20 世纪 80 年代提出的总体性范式包括文化（西方学术语境中指广义上的美学）、军事、经济以及政治四重维度，以此对社会整体进行分析。除了军事的作用在和平年代隐而不显以外，如果不将政治纳入思考，那么詹姆逊如何对作为社会主义革命新历史条件的后现代性进行解读呢？

对此，安德森回应，马克思主义内部传统的经济学不是一般意义上的经济学，而是政治经济学，詹姆逊所继承的正是政治学意义上的经济学。安德森指出，詹姆逊对政治维度是极为重视的，他在《政治无意识》的开头便写到，该书讨论文学文本的政治角度不是一种补充的方法，不是将其与当时流行的精神分析、问题批评、结构批评混为一谈，而是将政治作为一切阅读和批评的绝对视阈。安德森指出，他完全认同詹姆逊对于政治维度重要性的强调，这种强调是从马克思主义的政治角度出发的，但马克思主义不是政治哲学，尽管"确实存在着马克思主义政治实践，然而，当马克思主义政治思想不从政治维度进行实践时，便会专门研究社会的经济组织，研究人们如何合作来组织生产"②。

---

① Perry Anderson, *The Origins of Postmodernity*, London and New York: Verso, 1998, p. 126.

② *Ibid.*, p. 128.

安德森认为，只有在政治、军事（隐而不显）、经济、文化上完成对马克思主义方法论的复归，才能在四维一体的高度上揭示出后现代性的世界性本质。"后现代文化的直接动力无疑来自由雇员和专业人员构成的新富阶层，他们是发达资本主义快速发展的服务业和投机部门造就的。"①安德森对由这一新兴阶级主导社会主义革命抱有热切的期望，在本书第一章的分析中，我们看到，20世纪六七十年代，对于脱离知识分子领导的工人阶级运动，安德森并不抱有特别大的希望，这当然是需要我们批判性对待的。按照安德森的逻辑，脱胎于封建社会的工人虽然构成了资本主义社会的主要阶级，但革命力量来自于阶级意识的革新，而工人阶级并不完全具备这样的文化能力，必须辅之以政党或者知识分子的领导。

在安德森看来，诞生于后现代世界的新兴阶级，与传统工人阶级最大区别在于他们具有的很高的专业能力与文化自主权，能够反抗资本主义文化霸权。他们在诞生之初，就与国际资本紧密联系，随着国际公司的世界性扩张而成长，在国际资本压榨中壮大，所以具备社会主义运动的世界性洞察能力，拥有反抗国际资本的实践能力。这一阶级结构变动尚未全部完成，各民族国家又存在发展不平衡的问题，因此，追求平等的世界性集体行动，需要社会主义者制订新的指导纲领来统一思想。而这正是安德森在下文中对这一部分思想进行分析的内容。

---

① Perry Anderson，*The Origins of Postmodernity*，London and New York：Verso，1998，p. 62.

另外，后现代世界构成了社会主义运动的有利条件，全球首次在真正意义上被纳入世界体系。第三世界的民族国家不但以新的身份在世界上亮相，而且在世界体系中的影响力迅速增大。回顾历史我们可以看到，在完成全球扩张后，西方资本主义社会长期主导世界格局，这是社会主义运动自诞生以来面临的最大障碍。在现代世界中，第三世界国家只是第一、第二世界国家的原料供应和市场倾销地。安德森认为，后现代世界根本性地改变了这一格局，新兴民族国家所操控资本的全球比重越来越高，人口迅猛增长，取得了越来越大的人力资源优势，第一世界曾经的经济权威在不断压缩。因此，第三世界在全球格局中获得了新地位，从而改变了世界历史的走向。安德森指出，更为重要的是在资本的全球扩张中，原发地文化不可避免地被稀释了，后现代文化在本质上是英雄主义的，"它不仅仅无视种种传统的趣味，而且更显著的是，公然蔑视市场的种种诱惑"①。在安德森看来，新兴民族国家之所以能够塑造后现代世界，是因为其民族文化具备超越资本的力量。

安德森认为，从宏观维度来看，非西方世界文化的核心要义为集体主义，这与西方文明的自由主义正相对立。毛泽东领导的中国革命是集体主义文明的代表，它既集中体现了社会主义的集体主义优势，又充分吸收与改造了中国传统文化中的集体主义。1949 年 1 月 31 日，在中国共产党和平解放北京之时，奥尔森写下了一首名为《翠鸟》的诗歌。安德

----

① Perry Anderson, *The Origins of Postmodernity*，London and NewYork：Verso，1998，p. 63.

森极为欣赏这一作品，因为它在开篇诗句中就极力突出集体文化的价值：不变的是想改变的意志。

（三）

根据上述关于社会结构和世界体系的变化构成社会主义运动新历史条件的分析，安德森认为，应当在新兴的阶级之间达成社会主义的一致思想，使已经崛起和尚未崛起的民族国家在已有的集体主义基础上达成统一的社会思想。虽然根据本书第四章安德森对资本主义内部无法克服的矛盾的分析，以及本章对资本主义国家在后现代性的历史条件下成为世界体系多个中心之一的现状的分析，可以看到社会主义革命面临的现实困难在减少。然而，社会主义内部新兴阶级与新崛起的民族国家要达成思想统一仍需要一定的时间，因此，安德森对社会主义超越资本主义的论述是指导纲领性质的，它包括价值观、所有制、民主制三个方面的内容。

在价值观方面，安德森认为，必须发起一次强大的理论进攻，使得新兴阶级和民族国家接受平等是高于自由的根本原则。社会主义的平等绝非资本主义所认为的"均一性，而是相反，只有平等才意味着真正的多样性"[①]。共产主义社会"仍旧保持着它的多元主义力量，随着个人的全面发展生产力也增长起来，而集体财富的一切源泉都充分涌流之

[①]　［英］佩里·安德森：《新自由主义的历史和教训——一种独特道路的确立》，费新录译、殷叙彝校，载《当代世界与社会主义》，2001 年第 3 期。

后"①，才能实现各尽所能、按需分配。安德森指出，在社会主义阶段
就必须跃出资产阶级法权的限制，在价值观方面为共产主义做好准备。
"每个男女公民都有现实的可能按自己选择的模式，在没有由别人的特
权造成的匮乏和劣势地位的影响下生活"②，平等不能停留在抽象概念
阶段，必须体现在现实生活中，即平等地获得教育、医疗保健、劳动、
住房等机会。然而在被资本逻辑统治的世界中，人们无法平等获得这些
原本属于他们的机会，因为市场最终"不可能保证普遍获得这些不可缺
少的方面的需要（哪怕是最低限度的）"③。安德森指出，只有社会主义
公共权力才能引导和控制市场的资本逻辑，使每个人得到生存与发展的
机会。从这一意义出发，应捍卫福利国家原则并且扩大社会保障网络。
为了解决这一问题，还应当建立独立的财政体系，因为某些新崛起的民
族国家，如巴西和阿根廷都存在着众所周知的金融腐败，而且这一点也
同样发生在第一世界的特权阶层中。因此，必须建立一个社会主义集中
制的世界，解决现行的由单一国家提供的公共服务体系中的问题，包括
特权者的抵抗和资本的外逃。

在所有制方面，安德森指出，新自由主义的实施使得国有企业私有
化，这是对社会主义运动成果的反动。虽然其取得了一定的预期效果，
但无法解决的困难在于，这些雄心勃勃的私有化方案与实践并未改善无

---

① ［英］佩里·安德森：《新自由主义的历史和教训——一种独特道路的确立》，费
新录译、殷叙彝校，载《当代世界与社会主义》，2001 年第 3 期。

② ［英］佩里·安德森：《新自由主义的历史和教训——一种独特道路的确立》，费
新录译、殷叙彝校，载《当代世界与社会主义》，2001 年第 3 期。

③ ［英］佩里·安德森：《新自由主义的历史和教训——一种独特道路的确立》，费
新录译、殷叙彝校，载《当代世界与社会主义》，2001 年第 3 期。

产阶级的地位。例如，"可以举出捷克或俄国向公民无偿分配证券，使他们有权获得新的私有企业的股份。这种做法将会成为并且已经成为一场闹剧"①。因为以所谓的公平公开方式出售的股份，最终却落到了国外投机分子和本国黑社会的手中。尽管如此，安德森认为，资本主义内部的改革仍然有一点启示意义，即所有制形式是完全可以改变的。在社会主义的世界性运动中，"新形式的人民所有制会被发明出来，这些形式将使一些职能同资本主义类型企业中极端集中的权力分离开来"②。安德森认为，当时左派所讨论的人民所有制构成了通往社会主义的关键要素。

关于构成社会主义要素的民主制，安德森认为，资本主义将民主制度从根本性的原则下降为工具是完全错误的。新自由主义所宣称的"我们的代议制民主不是一个至高无上的价值；相反，它是一个就内在本质来说不合适的工具，它很容易超过限度，而且事实上已变成这样的了"③。安德森认为，资本主义在其新自由主义阶段，发出了社会需要更少民主的危险信号，这意味着人类文明的倒退。新自由主义强调，为了避免一切财政赤字，需要建立独立于政府的中央银行。在安德森看来，这只能导致社会被银行家控制，而降低了民主能力的政府对这种金融力量只会束手无策。与资本主义相反，社会主义需要更多的民主，这种民主并非试图彻底废除现行的民主制度，而是要实现对代议制民主的

① ［英］佩里·安德森：《新自由主义的历史和教训——一种独特道路的确立》，费新录译、殷叙彝校，载《当代世界与社会主义》，2001 年第 3 期。

② ［英］佩里·安德森：《新自由主义的历史和教训——一种独特道路的确立》，费新录译、殷叙彝校，载《当代世界与社会主义》，2001 年第 3 期。

③ ［英］佩里·安德森：《新自由主义的历史和教训——一种独特道路的确立》，费新录译、殷叙彝校，载《当代世界与社会主义》，2001 年第 3 期。

超越。安德森指出，民主制度的本意在于，将人类的自由完整地展现出来，但其目前仍处于不完整的发展阶段。然而，这并非民主制本身的问题，而是因为社会主义尚未在世界范围内建立，这使其无法发挥出让一切人自由发展的应有作用。

结　语 | 佩里·安德森社会主义思想
　　　　　　再思考

　　佩里·安德森的社会主义思想演进历程构成了其
理论变迁的基本脉络。社会主义思想范式的生成、发
展与结构性转换，需要以历史与逻辑相统一的方法予
以揭示。其社会主义思想演进包括历史社会条件、萌
芽样态、初始状况、正式形成的主要内容、思想史的
基本理论来源、文化霸权范式转换的过程、文化霸权
范式转换升级为总体权力范式的艰难进程、总体权力
范式下的理论成果。社会主义立场的一致性与范式转
换的思想多样性相统一，总体性、批判与自我批判相
统一组成了安德森社会主义思想三位一体的理论特征。

（一）

　　安德森的社会主义思想起源可以追溯至其在牛津

大学求学时期，彼时其在克里斯托弗·希尔、罗德尼·希尔顿、埃里克·霍布斯鲍姆及 E.P. 汤普森等史学家的影响与引导下开始研究历史学，上述几位思想家皆为英国社会主义运动著名人物，他们对安德森社会主义思想的生成产生了初始影响。苏共二十大和英、法及以色列武力占领苏伊士运河的国际政治事件对安德森产生了触动，促使安德森开始关注现实的政治活动，并加入新成立的大学与左派俱乐部，与世界各地的共产党人、费边社社会主义者、独立的社会主义者等左派青年相聚，探讨英国与世界的左派运动，并参与创办《大学与左派评论》杂志，其中的社会主义思想内容，推动了安德森社会主义思想的生成。1959 年，古巴革命爆发，安德森为之热血澎湃，写下礼赞古巴社会主义革命的《古巴，美丽的自由土地》，将其社会主义思想进一步向前推进。

《大学与左派评论》与同人刊物《新理性者》于 1959 年至 1963 年合并为著名的《新左派评论》，但新刊物因两代新左派的种种差异而产生了难以调和的斗争，最终导致秩序混乱的局面，安德森终结了这种无序状态，并领导《新左派评论》成为欧美最为重要的左派理论刊物之一，关于社会主义思想的文章成为该刊的主要内容。1964 年，安德森在《新左派评论》发表了自己的成名作《当前危机的起源》，在这篇文章中，安德森自觉运用文化霸权范式，立体展示了英国历史与阶级结构的变迁历程，解答英国当前社会危机的根源，即安德森认为一个缺乏主心骨的资产阶级产生出了一个附属品性质的无产阶级，因而在众多关于英国社会危机根源的分析中脱颖而出。英国资产阶级本质上是资本化了的贵族，他们在政治制度、经济制度和意识形态方面与旧贵族达成了共谋。而统治集团通过一系列的议会安排、教育机构改革和社会交往模式的倡导，使得工人阶级逐渐变得对统治集团深为认同，这一切是缺乏足够阶级意识的无产阶级所无法透视与建构的文化霸权。因此，《当前危机的起源》标着安德森理论的成熟。

安德森的文化霸权范式的思想史来源为经典马克思主义、卢卡奇、葛兰西，梳理这一渊源对安德森的影响，可以反观安德森文化霸权范式内在规定与其在这一阶段社会主义思想的基本结构。生产资料的占有关系和分配方式是马克思主义划分阶级的主要依据，恩格斯认为，"在每个历史地出现的社会中，产品分配以及和它相伴随的社会之划分为阶级或等级，是由生产什么、怎样生产以及怎样交换产品来决定的"①。经典马克思主义认为必须准确把握不同社会成员在以资本为中心的社会中的地位，从而构建不同的社会结构。安德森在分析英国历史的过程中自觉地以经典马克思主义的阶级理论为方法论，明确了资本化贵族和工人阶级的出现以及由此构成的新型社会关系。安德森不仅借用卢卡奇经典著作的标题"历史与阶级意识"为文章《当前危机的起源》的重要部分命名，更为重要的是，安德森继承与发展了卢卡奇的阶级意识与总体性理论。卢卡奇认为，"因为如果连对自身的利益所做的归因于这些利益的深刻思考也没有涉及这个社会的总体的话，那末一个这样的阶级就只能起被统治的作用，就决不能影响历史的进程"②。卢卡奇的无产阶级阶级意识与总体性理论具有深刻的同一性，两者的本质都在于超越局部的、当下的认识，深刻洞察所处社会的总体与未来。安德森认为，英国资产阶级和无产阶级的弱革命性在于其认同了统治集团的观念，从而使自身阶级的阶级意识被融合乃至消亡。在面

---

① 《马克思恩格斯选集》第 3 卷，617 页，北京，人民出版社，1995。

② ［匈］卢卡奇：《历史与阶级意识》，杜章智、任立、燕宏远译，166 页，北京，商务印书馆，1996。

对为了维护自身阶级利益的资产阶级制造的掩盖其剥削本质的意识形态时，英国无产阶级虽然代表了英国社会的利益，但是由于英国统治集团的重重阻挠，其革命的现实性仍步履维艰。"这就是被称为'无产阶级的阶级性'的概念，与此相对的是无产阶级存在的社会秩序对其历史的全盘否定和对其阶级地位的绝对压制。"①面对英国无产阶级意识已经几乎被彻底物化、暂时无法实现总体性、革命潜力被压抑的困境，安德森给出的解放道路是，只要英国工党接受改造就能够领导工人阶级把握住这一历史机遇，完成自我阶级意识的建构，获得卢卡奇所指出的那种总体性视野。安德森承认其早期社会主义理论对葛兰西霸权理论的继承性，"这种民族性参照系源自萨特、卢卡奇，不过最重要的还是源自葛兰西"②。葛兰西认为，霸权是一个集团在政治、道德和精神上对其他集团的领导权，霸权的形式有强制和潜移默化地教化两种，经济决定的局限在于，无视意识形态的重要性并将方法论和社会历史本身混为一谈，"以政治社会和市民社会两者的区分为基础——这原是方法论的区分，可现在却俨然作为一种有机体的区分被提了出来"③。"通过研究葛兰西，安德森充分意识到了国家机器在现阶段的极端重要性"④，并将国家机器的夺取与占有归结为文化霸权问题。他借助葛兰西的文化霸权理论判断，英

---

① Perry Anderson, "Origins of the Present Crisis", *New Left Review* I/23, January-February 1964, p. 44.

② Perry Anderson, *English Question*, London：Verso, 1992, p. 5.

③ [意]安东尼奥·葛兰西：《现代君主论》，陈越译，55页，上海，上海世纪出版集团，2006。

④ 张亮：《从激进乐观主义到现实主义——佩里·安德森与〈新左派评论〉杂志的理论退却》，载《马克思主义研究》，2003年第2期。

国诞生了最早的资产阶级却没有发生实质意义上的资产阶级革命，英国出现了最早的工人阶级而工人阶级始终不具备革命的阶级意识，其原因在于旧贵族将自己的阶级利益重重包裹，炮制出收编无产阶级意识的所谓"社会共识"，从而完成了对其他阶级的文化霸权。因此，他寄希望于改造后的英国工党与英国知识界能够领导无产阶级战胜英国旧统治集团的文化霸权，从而建立起英国的社会主义文化霸权。

英国新左派运动于 20 世纪 70 年代中后期以后开始分化、瓦解，在 1979 年英国撒切尔保守党政府上台后宣告终结，西方社会主要国家的左派政党相继失败。安德森在此期间对英国新左派运动、作为社会主义文化霸权范式来源的马克思主义与西方马克思主义进行了反思，其成果为《英国马克思主义的内部争论》和《当代西方马克思主义》。具体而言，在《英国马克思主义的内部争论》中，安德森反思了英国新左派运动，认为其方法论中指向社会主义未来的方面并没有错误，历史学乃至人文社会科学的意义当然要从曾经和现在的事实出发，在安德森理解的历史唯物主义的历史中，历史就是人类的"世界图景"，历史就是哲学本身，哲学建构了历史，历史构成了哲学的全部内容，它消除了朴素唯物主义中的线性时间观念，将其在"当下"意义上的场域中重新建构。这种建构是指向未来的，是为了完成英国社会主义革命而创建的。而此书中回应汤普森批评的部分与安德森 20 世纪 70 年代以前对汤普森的回应有所不同，在第二次理论论争中，汤普森认为第二代新左派的理论是一种抽象的、脱离历史现实的方法论，安德森并未针锋相对地为结构主义进行辩护，而是认可了汤普森的历史编纂学抓住了纯粹经验的思想价值，与他的霸权范式共同构成了分析社会结构的方法，从而在杂乱的社会历史经验中总结规律、发现规律，使其呈现出较为严谨的秩序，最终为预测历史走向和社会主义者的行动提供了依据，这构成了安德森早期社会主义思想文化霸权范式松动的证明。

在《当代西方马克思主义》中，安德森认为英国社会主义运动出现困境，主观方面的问题在于马克思主义与西方马克思主义的理论困难。他重申了"历史唯物主义首先表现出来的这种批判的特色在于，它不可分割地、不间断地包含了自我批判"①，马克思主义并非局限在一个领域探讨某一个问题，而是"主要而且是出类拔萃地属于那种探讨整个社会的本质及其发展方向的思想体系的范畴"②。在这种自我批判之中，安德森指出，尽管西方马克思主义取得了相当可观的理论成就，却并未实现马克思主义理论与人民群众革命运动实践的重新统一，其原因在于"继西方马克思主义之后的马克思主义同其前辈共有的东西是'战略的贫困'，而不是'理论的贫困'"③。原因在于他们没有对主体与结构的关系问题给予明确的答案，结构与主体的关系问题并非马克思主义的次要或者局部问题，而是马克思主义全部问题的核心，也是"解释人类文明发展的历史唯物主义之最重要和最基本的问题之一"④。在安德森看来，一方面，以1859年的《〈政治经济学批判〉导言》为代表，马克思把历史变革的动力归结于客观的生产力和生产关系的矛盾运动，安德森将这一

---

① ［英]佩里·安德森：《当代西方马克思主义》，余文烈译，4页，北京，东方出版社，1989。

② 同上书，2页。

③ 同上书，30页。

④ 同上书，39页。

点总结为"涉及结构的实体，或更确切地说涉及内在结构的实体：这就是当代社会学称之为系统综合的序列（或用马克思的话说，就是潜在的分裂）"①；另一方面，以《共产党宣言》为代表，马克思又将历史变革的动力归结为阶级斗争，安德森将这一点概括为"涉及为控制社会形态和历史进程而互相竞争、互相倾轧的主体力量：这是当代社会学称之为社会综合的领域"。安德森认为，关于如何综合或者至少消解这两种解释原则在历史唯物主义中所造成的理论困难，经典马克思主义在其鼎盛时期也并未给出始终如一的答案，而西方马克思主义虽然对主体和结构的关系不断进行再思考，但是马克思主义内部这个悬而未决的难题并未得到总体上的超越性或者细节上的解决，而将语言模式当作揭开人类历史社会的钥匙则是对于"结构和主体"关系问题的倒退，因为其不但没有解决问题，反而连这一问题都没有描述或揭示清楚。其导致的最大结果在于对结构的过度张扬或对主体的盲目崇拜，而对主体的过多推崇也必将伤害结构。在安德森看来，结构与主体作为范畴一直是相互依赖的，尽管马克思对这一问题的重要性及内在张力有深刻的认识，但要解决这一问题尚待理论的进一步深化。

英国保守党在撒切尔的领导下于 1983 年再次赢得大选，英国新左派大势已去，新的形势"迫使他们思考一个问题：执政四年乏善可陈的保守党为什么能够再次赢得大选？"②对于这一问题，安德森给出的答案

---

① ［英］佩里·安德森：《当代西方马克思主义》，余文烈译，39 页，北京，东方出版社，1989。

② 乔茂林：《斯图亚特·霍尔的撒切尔主义批判》，载《国外理论动态》，2014 年第 10 期。

并未停留在政治选举结果表面，而是深入探讨新左派思想自身的理论困境，认为这才是政治形势误判与运动陷入困境的根本原因。经典马克思主义的社会主义理论是关于人的解放的学说，而现实个人构成了其理论的出发点，"这是一些现实的个人，是他们的活动和他们的物质生活条件，包括他们已有的和由他们自己的活动创造出来的物质生活条件"①。安德森在范式转化中对经典马克思主义社会主义理论的继承，标志着在安德森的理论建设中经典马克思主义理论地位的上升。由于社会主义理想的科学性与任务的艰巨性，安德森始终对社会主义抱有坚定的信念，通过对艾萨克·多伊彻为人和理论的回顾，汲取坚持社会主义信念的精神与情感力量，认为多伊彻"在左派知识分子左右摇摆的时候、在流派纷呈令人眼花缭乱之时，始终保持了个性与世界观的独立不羁"②。

安德森于 1992 年回顾自己的思想历程，"正是这些条件，造成了 80 年代后期的剧变。本书中的第四篇和第五篇文章，标志着我自己对 80 年代后期产生历史性剧变的反应的一个转折点"③。也就是说，一贯在理论和政治运动中十分活跃的安德森自从尝试范式转换以来，就开始了持续四年之久的沉默。这四年的探索使得安德森的思想发生了质性飞跃，文化霸权不是在经验主义意义上被全面抛弃，而是在哲学意义上下降为总体权力范式的一个环节从而获得意义。

苏联解体、东欧剧变以后，西方右翼思想家认为，资本主义社会所

---

① 《马克思恩格斯文集》第 1 卷，519 页，北京，人民出版社，2009。

② ［英］佩里·安德森：《交锋地带》，郭英剑、郝素玲等译，86 页，北京，中国社会科学出版社，2008。

③ 同上书，5 页。

提倡的自由、平等、民主等理念已经成为人们的普遍共识，不论人们所处的社会处于何种形态，都只是这种资本主义文明的内部变动，福山的《历史的终结?》就是这一理念的集中体现。面对右派的强劲理论攻势，安德森于同年发表《历史的终结》对其展开批判，与以黑格尔和科耶夫为代表的思想史大家进行对话，通过细密的梳理发现，被福山作为思想来源的黑格尔与科耶夫并没有提出历史终结论，而福山的理论本身为观念先行而非问题导向，由于无法解决历史终结的基本问题而丧失合法性。安德森对于福山问题的深刻批判，证明资本主义社会本身的矛盾并未得到解决而仅仅是暂时得以缓解。

关于这一问题，安德森于 1993 年的《英国内战，全球瘟热：罗伯特·布伦纳》中给予了深刻的揭示，安德森通过对罗伯特·布伦纳的《全球震荡的经济学》《商人与革命》和《繁荣与泡沫》的分析指出，1992 年前后资本主义社会正是因为其内部包含了丰富的社会主义要素才会取得暂时的表面成功，但整个社会运行的逻辑依然是资本积累而非人类的福利和社会利益。除了生态平衡和政治民主问题以外，安德森认为，资本主义无力解决的最艰难的问题来自经济方面："(20 世纪)70 年代显示出来的发达资本主义内在结构方面的问题还没有解决。利润率仍然不超过战后长期繁荣时的一半——且这一水平也只是因为大规模的信贷扩张才得以维持，也仅是推迟了末日的来临罢了。"①安德森指出，由于全球经济一体化，西方国家通过信贷扩张来掩盖的经济危机一旦爆发，必将引发全世界的经济政治动荡，

①　[英]佩里·安德森：《交锋地带》，郭英剑、郝素玲译，47 页，北京，中国社会科学出版社，2008。

而非西方国家的总体贫困状况引发的危机，也会扩散到全球。

安德森指出，后现代性的真实本质在于世界性，并在 1998 年《后现代性的起源》中完成了对这一问题的深入探讨，"后现代性的要义在于西方国家下降为后现代性世界体系的组成部分，世界体系呈现出多民族竞争的多样态势，而以资本主义文明为核心的现代性遭遇了由后发民族国家政治、军事、文化、政治所构成的总体权力的空前挑战"①，也正是在此种意义上，资本主义的世界性危机真正出场了。非西方世界崛起所组成的世界体系新格局是后现代性的世界性本质最为核心的内容，也同时构成了社会主义新的历史条件。关于传统社会主义革命的领导工人阶级的变化，安德森认为，"后现代文化的直接动力无疑来自由雇员和专业人员构成的新富阶层，他们是发达资本主义快速发展的服务业和投机部门造就出来的"②。诞生于后现代社会的包括金融业在内的服务业，与工人阶级最大的区别在于，其专业水平要求更高，并具备相当程度的文化自主权和世界性眼光。安德森对这一新兴主导阶级的社会主义革命热情抱有热切的期望。

（二）

追踪安德森社会主义思想的复杂演进历程后，我们认为，其理论特征可以从三个方面进行总结。安德森从早期到晚期的理论与行动范式转换一

---

① 乔茂林：《世界性的真正开端——佩里·安德森后现代性思想研究》，载《马克思主义与现实》，2016 年第 6 期。

② Perry Anderson, *The Origins of Postmodernity*, London; New York: Verso, 1998, p. 62.

方面是范式自身走向深化的过程，另一方面是基于社会主义运动中具体历史社会条件变化所做出的调整。贯穿始终的坚定社会主义立场的一致性与范式转换的思想多样性相统一是安德森社会主义思想的第一个理论特征。

总体性是安德森社会主义思想的第二个理论特征。总体性在早期安德森的思想中就有突出体现，安德森认为，当时英国的无产阶级意识几乎已经被彻底物化，不能完成自我意识的扬弃，革命潜力被压抑。如果英国工党接受改造，就能够领导工人阶级把握住历史机遇，完成自我阶级意识的建构，获得卢卡奇所指出的总体性视野。早期安德森就在总体性理论视野中在相当程度上把握了英国社会问题与社会主义走向，而从晚期安德森的社会主义思想来看，早期的总体性尚未上升到对全部人类社会的思考与理解，世界是作为英国社会的背景出现的，世界本身并没有出场。英国社会主义问题只是世界中的英国问题，而不是世界社会主义在英国的表现。

这种总体性在安德森晚期的思想中得到了充分的展现，这表现在安德森对马克思主义总体性的强调，马克思主义并不是局限在一个领域探讨某一个问题，而是"主要而且是出类拔萃地属于那种探讨整个社会的本质及其发展方向的思想体系的范畴"①。安德森认为，即使研究某一个社会问题，马克思主义也是在社会总体的背景下来探讨，因为每一个社会小问题都内在地包含了几乎整个社会的矛盾，不从整体社会的视野出发，也就无法对任何一个小问题做出真实的研究。

---

① ［英］佩里·安德森：《当代西方马克思主义》，余文烈译，2 页，北京，东方出版社，1989。

安德森晚期思想的总体性特征表现为总体权力范式的建构，总体权力范式的解释范围涵盖了全部人类文明史与当下世界。总体权力范式深入了分析了民族国家之后，世界性的复杂微妙关系才开始详细地在具体历史与现实事件中被揭示出来。安德森晚期的社会主义思想，绝非对时事政治品头论足式的评论，也绝非在思想史故纸堆中寻章摘句，而是一个内部紧密相扣、层次分明、生动具体的总体性思想架构，即总体权力范式及在这一范式下对社会历史的分析，从而确定社会主义的当代走向。这种宏大视野的总体性理论特征在相当大的程度上使得安德森成为英国第二代新左派的领军人物，从而完成了英国新左派从通过经验主义的理论使马克思主义"获得了一种具有英国本土特色的重构形态"[①]的第一代到更加注重总体性理论体系建构的第二代的历史过渡。

批判与自我批判的统一是安德森社会主义思想的第三个理论特征。如果说早期安德森思想的批判性更多地体现在对英国社会状况、英国第一代新左派、英国工党、英国知识界外部指向性的批评的话，那么晚期安德森思想的批判性则体现为内部和外部的双重指向。安德森于 1983 年重申了历史唯物主义作为批评理论一部分与其他批判理论的本质区别，"历史唯物主义首先表现出来的这种批判的特色在于，它不可分割地、不间断地包含了自我批判"[②]。

在安德森看来，马克思主义虽然从属于批判理论，但是却与其他批

---

① 张亮：《"英国马克思主义"的历史、理论道路与理论成就》，载《马克思主义研究》，2012 年第 7 期。

② ［英］佩里·安德森：《当代西方马克思主义》，余文烈译，4 页，北京，东方出版社，1989。

判理论有着根本的差异，因为它具有坚定的自我批判精神。这种坚定的自我批判精神，使得马克思主义将全部资本主义社会作为批判对象成为可能，也正是这种自我批判的特性，使得马克思主义保持着长久的旺盛生命力。在早期文化霸权范式没有成功将英国社会推向社会主义的局面下，安德森能够在多年之后再度举起社会主义的大旗，正是得益于其理论的自我批判所建构的新范式以及在新范式的指导下对资本主义社会的不断批判。安德森的这种批判精神与经典马克思主义一脉相承。

（三）

安德森社会主义理论中的一些观点，如其早期过于注重强调"自上而下看的历史"①等，需要我们辩证地对待，理解其所处的社会历史环境，汲取其有益的成分。安德森在晚期曾多次批判，西方马克思主义的人本主义去向是马克思主义政治经济学的倒退，但在其后的几十年中，安德森本人也并未对政治经济学进行系统探究，这是我们应当吸取的教训。中国波澜壮阔的社会主义运动是世界社会主义运动的重要组成部分，时至今日依然为世界社会主义运动提供着丰富的理论与宝贵的实践经验，安德森对此的研究是可以更为深入的。

然而瑕不掩瑜，安德森的社会主义思想为我们提供的价值是多方面的。首先，安德森对社会主义事业矢志不渝的追求能够给予我们精神力量。他在探寻英国社会主义的道路中遇到了诸多艰难险阻，如 1979 年英

---

① 　张亮：《从文化马克思主义到"结构主义的马克思主义"——20 世纪 60 年代初至 80 年代初英国马克思主义的发展历程》，载《文史哲》，2010 年第 1 期。

国资本主义社会的重新稳定与英国新左派运动的分化、瓦解；1983 年英国保守党大选再次获胜使得新左派运动终结成为定局；苏联解体、东欧剧变之后社会主义运动在全球范围内遭遇巨大阻碍；右翼思想者对社会主义的恣意攻击等。面对这些困难，一些曾经和安德森并肩作战的同路人，或主动退出人们的视野，或转向中立甚至加入了反对社会主义的右派阵营。安德森却始终如一地坚持社会主义理想，建构能够有效分析变化了的社会历史条件的理论范式。作为有志于社会主义事业的同路人，我们可以从中吸取相当大的精神力量。

其次，安德森社会主义思想演进研究的理论价值在于其能够帮助我们进一步理解英国社会主义的发展历程，把握英国马克思主义发展进程的思想脉络。中国学界在 2003 年之前几乎鲜有马克思主义学者问津这一领域，正如张亮教授于 2003 年所言，"决议再去耕耘一块处女地"①。十几年以来，经过中国马克思主义学者的不断探索，这一领域的脉络已经基本清晰。其领军人物有的已经得到了系统性研究，如雷蒙·威廉斯和 E. P. 汤普森，有的只是研究了其思想一个阶段，如佩里·安德森。

安德森在全部英国马克思主义中的地位是举足轻重的，他参与第一代并领导了第二代英国新左派运动，《新左派评论》在其担任主编之后一跃成为欧美最重要的左派理论刊物之一，其领导成立的沃索出版社至今仍是左派阵营思想文化的传播中心之一，其对西方马克思主义的译介不仅深刻改变了英国马克思主义的思想图景，甚至在一定程度上改变了英

---

① 张亮：《阶级、文化与民族传统——爱德华·P. 汤普森的历史唯物主义研究》，2 页，南京，江苏人民出版社，2008。

国学界状况，其在苏联解体、东欧剧变之后对福山等人历史终结论的反对、对新自由主义的批判、对作为社会主义运动历史性新条件的民族国家与对后现代性的把握都是我们不能回避的思想议题。本书对于安德森特别是其晚期思想的研究正是为了历史性地展现贯穿安德森思想历程的社会主义思想全貌，从而填补英国马克思主义研究的空白。

最后，基于对社会主义现实道路的不懈探求、对社会主义运动实践条件的深入分析，安德森对我们所处的时代的许多判断，对我们而言无疑具有启发意义，从而构成了我们研究安德森社会主义思想演进的现实意义。安德森认为，当代世界已经走出了苏联解体、东欧剧变后的国际格局，当代世界的本质在于后现代性。在安德森看来，现代性的本质在于资本主义秩序的全球性扩张以及西方对全世界的主宰，而后现代性的内涵则是资本主义作为世界中心的退场和世界性的真实开端。这是因为新的民族国家在世界上亮相，并且在世界体系中的影响力迅速增大，从而改变甚至重组了当今世界秩序。安德森指出，社会主义自诞生以来面临的最大对手就是西方资本主义世界，而西方资本主义世界在其完成全球扩张以后一直主导世界格局，但是这一格局在后现代性世界中得到了根本的改变。也正是在此种意义上，资本主义的世界性危机真实出场了。

索　引

D

《当代西方马克思主义》10,13,
　14,79,91,100,102－112,114－
　118,300－302,306,307

《当前危机的起源》14,23－26,
　29,31,32,35,42,43,81,83,86,
　98,101,297,298

G

葛兰西　8,24,25,29,31,32,35－
　38,46,51,56,59,60,68,69,72,
　85,86,97,98,101,102,104,
　105,123,298,299

H

后现代性　3,10,13,15,17,21,72,
　73,241,242,255－257,259－
　271,273,274,278－281,283,
　286,288－290,292,305,310

J

阶级意识　5,24,25,29－35,37,
　53,68,69,75,84,101,104,123,
　124,291,298－300,306

经验主义方法论　18,80,84,86,95

L

历史终结　17,21,190,192－196,

198,199,201－205,241,304,
310

M

马克思主义 1－3,5,7,8,10－14,
16,17,20,21,24,25,28,32,35,
36,50,55－58,62,64,66－75,
78－80,82,84,85,87－89,91,
92,95－98,100－116,121,123,
124,136,140,142－146,156－
158, 160, 180, 190, 191, 204,
211, 222, 225 － 229, 232, 233,
235,237,239,240,256,260,268－
270,278－280,287－290,298－
303,305－310

民族国家 15,17,20,21,73,132,
140,171,173－180,182－188,
191,192,195,199,200,203,205－
207, 212, 215, 230, 231, 238,
239, 242, 265, 276, 277, 281,
282,286－288,291－294,305,
307,310

S

社会主义 1－5,7－9,12,14－21,
23,24,26,28,29,31,34－36,
38－49,51－56,58－62,66,67,
70,78,80－82,85,87,91,94－
98, 100 － 102, 105, 107, 108,
119, 121, 122, 130, 134 － 143,
145, 146, 157 － 159, 164, 165,
171,174,186,190－193,205－
212,215－227,241－243,245－
255,264,266,281－286,289－
301,303－310

T

汤普森 6－9,18,26,74,79－98,
107, 123, 152, 283, 284, 297,
300,309

W

文化霸权范式 2,12,16,18－20,
23,24,37,38,44,74,79－81,
100 － 102, 104, 109, 119, 122,

124，130，131，138，147，148，154，156，177，296—298，300，301，308

物质分配 16，20，80，119，123—125，127，129，130，148，213，214

X

现代性 15，20，73，80，119，130—135，148，200，242，256—260，263，266，271，272，280—283，285，287，288，305，310

Y

英国工党 12，16，19，23，24，28，35，38—47，49—56，58，67，85，99，101，102，121，122，243，283，

299，300，306，307

英国新左派 6，12，13，16，18—20，35，38—41，43，63，79，80，86—89，92，96，97，99，100，119，152，185，300，302，307，309

Z

主体与结构的关系 5，16，79，100，109—111，113，114，116，117，119，147，148，301

总体权力范式 2，8，15—17，20，21，139，140，146—149，154，156，157，169—171，173，178，179，186—189，193，203，205，207，239，256，268，270，277，281，283，296，303，307

参考文献

一、安德森著作与论文

(一)著作

1. Perry Anderson, *Passages from Antiquity to Feudalism*, London, Newleft Books, 1974.

2. Perry Anderson, *Lineages of the Absolute State*, London, Newleft Books, 1974.

3. Perry Anderson, *Considerations on Western Marxism*, London, Newleft Books, 1976.

4. Perry Anderson, *Arguments within English Marxism*, London, Verso, 1980.

5. Perry Anderson, *In the Tracks of Historical Materialism*, London, New Left Books, 1983.

6. Perry Anderson, *English Questions*, London and New York, Verso,

1992.

7. Perry Anderson, *A Zone of Engagement*, London and New York, Verso, 1992.

8. Perry Anderson, *Mapping the West European Left*, Patrick Camiller eds. , London and New York, Verso, 1994.

9. Perry Anderson, *The Origins of Postmodernity*, London and New York, Verso, 1998.

10. Perry Anderson, *Spectrum: From Right to Left in the World of Ideas*, London and New York, Verso, 2005.

11. Perry Anderson, *The New Old World*, London and New York, Verso, 2005.

(二)论文

12. Perry Anderson, "Sweden Mr. Crosland's Dreamland "(Part 1), in *New Left Review* I 7, January-February 1961.

13. Perry Anderson, "Sweden Study in Soclal Democracy"(Part 2), in *New Left Review* I 9, May-June 1961.

14. Perry Anderson, "Portugal and the End of Ultra-Colonialism", in *New Left Review*, Vol. 1, No. 15, May/June.

15. Perry Anderson, "The Origins of the Present Crisis", in *New Left Review*, Vol. 1, No. 23, January/February.

16. Perry Anderson, "Critique of Wilsonism", in *New Left Review*, Vol. 1, No. 27, September/October.

17. Perry Anderson, "The Left in the Fifties", in *New Left Review*, Vol. 1, No. 29, January/February.

18. Perry Anderson, "Socialism and Pseudo-Empiricism", in *New Left Review*, Vol. 1, No. 35, January/February.

19. Perry Anderson, "Components of the National Culture", in *New Left Review*, Vol. 1, No. 50, July/August.

20. Perry Anderson, "The Antinomies of Antonio Gramsci", in *New Left Review*, Vol. 1, No. 100, November/December.

21. Perry Anderson, "Trotsky's Interpretation of Stalinism", in *New Left Review*, Vol. 1, No. 139, May/June.

22. Perry Anderson, "Class Struggle in the Ancient World", in *History Workshop*, Vol. 1, No. 16, Autumn.

23. Perry Anderson, "Modernity and Revolution", in *New Left Review*, Vol. 1, No. 144, March/April.

24. Perry Anderson, "Social Democracy Today", in *Against the Current*, Vol. 1, No. 6, November/December.

25. Perry Anderson, "The Figures of Descent", in *New Left Review*, Vol. 1, No. 161, January/February.

26. Perry Anderson, "The Affinities of Norberto Bobbio", in *New Left Review*, Vol. 1, No. 170, July/August.

27. Perry Anderson, "Roberto Unger and the Politics of Empowerment", in *New Left Review*, Vol. 1, No. 173, January/February.

28. Perry Anderson, "Societies", in *London Review of Books*, Vol. 11,

No. 13，July.

29. Perry Anderson，"The Common and the Particular"，in *International Labour and Working-Class History*，No. 36，Fall.

30. Perry Anderson，"A Dream of Change"，in *The Times Literary Supplement*，No. 4476，January.

31. Perry Anderson，"A Culture in Contraflow-I"，in *New Left Review*，Vol. 1，No. 180，March/April.

32. Perry Anderson，"A Culture in Contraflow-II"，in *New Left Review*，Vol. 1，No. 182，July/August.

33. Perry Anderson，"Witchcraft"，in *London Review of Books*，Vol. 12，No. 21，November.

34. Perry Anderson，"England's Isaiah"，in *London Review of Books*，Vol. 12，No. 24，December.

35. Perry Anderson，"The Prussia of the East"，in *Boundary*，Vol. 18，No. 3，Autumn.

36. Perry Anderson，"Nation-States and National Identity"，in *London Review of Books*，Vol. 13，No. 9，May.

37. Perry Anderson，"The Intransigent Right at the End of Century"，in *London Review of Books*，Vol. 14，No. 18，September.

38. Perry Anderson，"Maurice Thomson's War"，in *London Review of Books*，Vol. 15，No. 21，November.

39. Perry Anderson，"The Dark Side of Brazilian Conviviality"，in *London Review of Books*，Vol. 16，No. 22，December.

40. Perry Anderson, "Under the Sign of the Interim", in *London Review of Books*, Vol. 18, No. 1, January.

41. Perry Anderson, "The Europe to Come", in *London Review of Books*, Vol. 18, No. 2, January 25; "Diary"; in *London Review of Books*, Vol. 18, No. 20, October.

42. Perry Anderson, "A Reply to Norberto Bobbio", in *New Left Review*, Vol. 1, No. 231, September/October.

43. Perry Anderson, "A Belated Encounter", in *London Review of Books*, Vol. 20, No. 15, July.

44. Perry Anderson, "The German Question", in *London Review of Books*, Vol. 21, No. 1, January.

45. Perry Anderson, "A Ripple of the Polonaise", in *London Review of Books*, VoL. 21, No. 23, November.

46. Perry Anderson, "Renewals", in *New Left Review*, Vol. 2, No. 1, January/February.

48. Perry Anderson, "Testing Formula Two", in *New Left Review*, Vol. 2, No. 8, March/April.

49. Perry Anderson, "Scurrying Towards Bethlehem", in *New Left Review*, Vol. 2, No. 10, July/August.

50. Perry Anderson, "On Sebastiano Umpanaro", in *London Review of Books*, Vol. 23, No. 9, May.

51. Perry Anderson, "Internationalism; A Breviary", in *New Left Review*, Vol. 2, No. 14, March/April.

52. Perry Anderson, "Force and Consent", in *New Left Review*, Vol. 2, No. 17, September/October.

53. Perry Anderson, "Land Without Prejudice", in *London Review of Books*, Vol. 24, No. 6, March.

54. Perry Anderson, "The Cardoso Legacy", in *London Review of Books*, Vol. 24, No. 24, December.

55. Perry Anderson, "Casuistries of Peace and War", in *London Reviewof Books*, Vol. 25, No. 5, March.

56. Perry Anderson, "The River of Time", in *New Left Review*, Vol. 2, No. 26, March-April.

57. Perry Anderson, "Stand-off in Taiwan" in *London Review of Books*, Vol. 26, No. 11, June.

58. Perry Anderson, "Arms and Rights", in *New Left Review*, Vol. 2, No. 31, January/February.

59. Perry Anderson, "The World Made Flesh", in *New Left Review* 39, May-June 2006.

60. Perry Anderson, "Jottings on the Conjuncture", in *New Left Review* 48, November-December 2007.

61. Perry Anderson, "A New Germany", in *New Left Review* 57, May-June 2009.

62. Perry Anderson, "Two Revolutions", in *New Left Review* 61, January-February 2010.

63. Perry Anderson, "On the Concatenation in the Arab World", in

New Left Review 68, March-April 2011.

64. Perry Anderson, "The Mythologian", in *New Left Review* 71, September-October 2011.

65. Perry Anderson, "After the Event", in *New Left Review* 73, January-February 2012.

66. Perry Anderson, "Ronald Fraser", in *New Left Review* 75, May-June 2012.

67. Perry Anderson, "Homeland", in *New Left Review* 81, May-June 2013.

二、英文研究成果及相关文献

(一)英文研究成果

1. Elliott Gregory, *Perry Anderson: The Merciless Laboratory of History*, Minneapolis, University of Minnesota Press, 1998.

2. Paul Blackledge, *Perry Anderson, Marxism and the New Left*, London, The Merlin Press Ltd., 2004.

3. Lin Chun, *The British New Left*, Edinburgh, Edinburgh University Press, 1993.

4. Dennis Dworkin, *Cultural Marxism in Postwar Britain: History, the New Left, and the Origins of Cultural Studies*, London, Duke University Press, 1997.

5. Bemice Martin, "Review: Feudalism and absolutism", in The British

Journal of Sociology, 1976(2).

6. R. Porter&.C. R. Whittaker, "Review: States and Estates", in *Social History*, 1976(3).

7. Betty Behrens, "Review: Feudalism and Absolutism", in *The Historical Journal*, 1976(19).

9. Michael Hechter, "Review: Lineages of the Capitalist State", in *The American Journal of Sociology*, 1977(5).

10. David Macgregor, "Review: The End of Western Marxism?", in *Contemporary Sociology*, 1978(2).

11. Peter Gourevitch, "Review: The International System and Regime Formation; A Critical Review of Anderson and Wallerstein", in *Comparative Politics*, 1978(3).

12. Alex Callinicos, "Perry Anderson and Western Marxism", in *International Socialism*, 1984(23).

13. Terry Eagleton, "Review: Marxism, Structuralism, and Post-Structuralism", in *Diacritics*, 1985(4).

14. Peter Linebaugh, "In the Flight Path of Perry Anderson", in *History Workshop*, 1986(21).

15. Susan Magarey, "Review: That History Old Chestnut, Free Will and Determinism: Culture vs. Structure, or History vs. Theory in Britain", in *Comparative Studies in Society and History*, 1987(3).

16. Paul Blackledge, "Perry Anderson and the End of History", in *Historical Materialism*, 2000(1).

17. Paul Blackledge, "Realism and Renewals: Perry Anderson and the Prospects for the Left", in *Contemporary Politics*, 2001(4).

18. Richard Lachmann, "Comparisons Within a Single Social Formation: A Critical Appreciation of Perry Anderson's Lineages of the Absolutist State", in *Qualitative Sociology*, 2002(1).

19. Wade Matthews, "The Poverty of Strategy: E. P. Thompson, Perry Anderson and the Transition to Socialism", in *Le Travail*, 2002.

20. Maurice Meilleur, "Review: Spectrum: From Right to Left in the World of Ideas", in *The Antioch Review*, 2006(3).

(二)相关英文文献

21. E. P. Thompson. *The Making of the English Class*, London, Victor Gollancz, 1963.

22. E. P. Thompson, *The Peculiarities of the English*, The Socialist Register, 1965.

23. E. P. Thompson, *William Morris: Romantic to Revolution*, New-York, Pantheon, 1977.

24. E. P. Thompson, "Eighteenth-century English Society: Class Struggle Without Class?", in *Social History*, 1978(2).

25. E. P. Thompson, *The Poverty of the Theory and Other Essays*, London, Berlin and New York, Monthly Review Press, 1978.

26. Tom Nairn, "The English Working Class", in *New Left Review*, 1964, No. 24.

27. Tom Nairn, "The Nature of the Labour Party(Part1)", in *New Left Review*, 1964(27).

28. Tom Nairn, "The Nature of the Labour Party(Part2)", in *New Left Review*, 1964(28).

29. Raymond Williams, "Base and Superstructure in Marxist Culture Theory", in *New Left Review*, 1973(82).

30. Raymond Williams, "Notes on Marxism in Britain since 1945", in *New Left Review*, 1976(100).

31. Terry Eagleton, "Capitalism, Modernism and Postmodernism", in *New Left Review*, 1985(152).

32. Robin Blackburn, "Marxism: Theory of Proletarian Revolution", in *New Left Review*, 1976(97).

33. Robin Blackburn, "Raymond Williams and the Politics of a New Left", in *New Left Review*, 1988(168).

34. Ralph Miliband, "State Power and Class Interests", in *New Left Review*, 1983(138).

35. Stuart Hall, "The First New Left: Life and Times", in *New Left Review*, 2010(61).

三、中文文献

1. 马克思、恩格斯：《德意志意识形态（节选本）》，人民出版社 2018 年版。

2. 马克思、恩格斯：《共产党宣言》，人民出版社 2018 年版。

3. 马克思、恩格斯:《马克思恩格斯全集》第 3 卷,人民出版社 2002 年版。

4. 马克思、恩格斯:《马克思恩格斯选集》第 1—4 卷,人民出版社 1995 年版。

5. 佩里·安德森:《西方马克思主义探讨》,人民出版社 1981 年版。

6. 佩里·安德森:《当代西方马克思主义》,东方出版社 1989 年版。

7. 佩里·安德森:《从古代到封建主义的过渡》,上海人民出版社 2002 年版。

8. 佩里·安德森:《绝对主义国家的系谱》,上海人民出版社 2001 年版。

9. 佩里·安德森、帕屈克·卡米勒主编:《西方左派图绘》,江苏人民出版社 2002 年版。

10. 佩里·安德森:《交锋地带》,中国社会科学出版社 2008 年版。

11. 佩里·安德森:《后现代性的起源》,中国社会科学出版社 2008 年版。

12. 佩里·安德森:《思想的谱系——西方思潮左与右》,社会科学文献出版社 2010 年版。

13. 佩里·安德森:《文明及其内涵》,《读书》1997 年第 11 期、第 12 期。

14. 佩里·安德森:《后现代的由来》,《当代外国文学》1999 年第 1 期。

15. 佩里·安德森:《新自由主义的历史和教训——一种独特道路的确立》,《当代世界与社会主义》2001 年第 3 期。

16. 佩里·安德森:《三种新的全球化国际关系理论》,《读书》2002 年第 10 期。

17. 佩里·安德森：《褐色蝶蛹内的艳丽蝴蝶——评〈赫鲁晓夫：其人及其时代〉》，《国外社会科学文摘》2003 年第 7 期。

18. 佩里·安德森：《内部人》，《读书》2006 年第 8 期。

19. 安东尼奥·葛兰西：《狱中札记》，中国社会科学出版社 2000 年版。

20. 卢卡奇：《历史与阶级意识》，商务印书馆 1996 年版。

21. 路易·阿尔都塞、艾蒂安·巴里巴尔：《读〈资本论〉》，中央编译出版社 2008 年版。

22. 雷蒙·威廉斯：《马克思主义文化理论中的基础和上层建筑》，《外国文学》1999 年第 5 期。

23. E. P. 汤普森：《英国工人阶级的形成》，译林出版社 2001 年版。

24. 爱德华·汤普森：《共有的习惯》，上海人民出版社 2002 年版。

25. 丹尼斯·德沃金：《文化马克思主义在战后英国——历史学、新左派和文化研究的起源》，人民出版社 2008 年版。

26. 张亮：《阶级、文化与民族传统——爱德华·P. 汤普森的历史唯物主义思想研究》，江苏人民出版社 2008 年版。

27. 张亮编：《英国新左派思想家》，江苏人民出版社 2010 年版。

28. 张亮：《从激进乐观主义到现实主义——佩里·安德森与〈新左派评论〉杂志的理论退却》，《马克思主义研究》2003 年第 2 期。

29. 张亮、熊婴编：《伦理、文化与社会主义——英国新左派早期思想读本》，江苏人民出版社 2013 年版。

30. 张亮：《"英国马克思主义"的历史、理论道路与理论成就》，《马克思主义研究》2012 年第 7 期。

31. 张亮：《作为思潮的"晚期马克思主义"》，《南京大学学报（哲学·人文科学·社会科学版）》2003 年第 2 期。

32. 张亮：《英国新左派运动及其当代审视——迈克尔·肯尼教授访谈录》，《求是学刊》2007 年第 5 期。

33. 张亮：《从文化马克思主义到"结构主义的马克思主义"——20 世纪 60 年代初至 80 年代初英国马克思主义的发展历程》，《文史哲》2010 年第 1 期。

34. 张一兵：《回到马克思》，江苏人民出版社 2009 年版。

35. 胡大平：《回到恩格斯》，江苏人民出版社 2011 年版。

36. 唐正东：《斯密到马克思：经济哲学方法的历史性诠释》，南京大学出版社 2002 年版。

37. 王浩斌：《市民社会的乌托邦：马克思主义的社会历史哲学阐释》，江苏人民出版社 2011 年版。

38. 刘怀玉：《走出历史哲学乌托邦——马克思主义发展观的当代沉思》，河南人民出版社 2001 年版。

39. 迈克尔·肯尼：《社会主义和民族性问题：英国新左派的经验教训》，《学海》2011 年第 2 期。

40. 保尔·布莱克雷治：《道德革命：英国新左派中的伦理论争》，《现代哲学》2007 年第 1 期。

41. 段忠桥：《对安德森"扩大"西方马克思主义概念的说法的质疑》，《马克思主义研究》2004 年第 2 期。

42. 甘琦：《向右的时代向左的人——记佩里·安德森》，《读书》2005 年第 6 期。

43. 鲁绍臣：《反思与重构——佩里·安德森的历史唯物主义"图绘"》，

博士学位论文，复旦大学，2008。

44. 李瑞艳：《安德森的社会批判思想及其建构的马克思主义》，硕士学位论文，山西大学，2008。

45. 杨春吉：《佩里·安德森的学术思想探论》，硕士学位论文，江西师范大学，2009。

46. 李瑞艳：《安德森"类型学"唯物史观思想研究》，博士学位论文，山西大学，2013。

47. 施华辉：《佩里·安德森历史社会学研究中的理论及其政治思想（1962—1982）》，硕士学位论文，东北师范大学，2013。

48. 国恩松：《佩里·安德森的史学思想评价》，《史学理论研究》1998年第4期。

49. 姜芃：《霍布斯鲍姆和佩里·安德森对唯物史观的理解》，《史学理论研究》2006年第3期。

50. 鲁绍臣：《佩里·安德森的历史唯物主义"图绘"》，《兰州学刊》2008年第3期。

51. 熊伟民：《1958—1964年的英国核裁军运动》，《世界历史》2005年第3期。

52. 周穗明：《西方左翼思潮四十年回顾及其九十年代的复兴》，《当代世界社会主义问题》2001年第1期。

53. 王琛：《艰难时世：危机中生存的世界与中国——佩里·安德森访问记》，《现代中文学刊》2010年第1期。

54. 乔瑞金、师文兵：《历史主义与结构主义——英国新马克思主义哲学探索的主导意识》，《哲学研究》2005年第2期。

后 记

　　本书为我的博士毕业论文，完成于 2015 年 6 月，有幸纳入张一兵教授主编的"当代国外马克思主义研究丛书"，我倍感振奋。出版前，我修正了语法与文字上的错误，全书结构、逻辑、观点均保持旧貌。首先，感谢我的博士生导师张亮教授的悉心指导；其次，感谢南京大学哲学系诸位老师的启发；最后，要向中央党校博士生刘旸同学、中国人民大学博士生王慧娟同学对书稿的校对致以谢意。

　　学识有限，请专家批评指正。

乔茂林
2019 年 4 月于北京

图书在版编目（CIP）数据

从文化霸权范式到总体权力范式：佩里·安德森社会主义思想
演进研究 / 乔茂林著. —北京：北京师范大学出版社，2021.11
（当代国外马克思主义哲学研究）
ISBN 978-7-303-26557-2

Ⅰ.①从… Ⅱ.①乔… Ⅲ.①佩里·安德森－社会主义－政治
思想史－研究 Ⅳ.①D091.6

中国版本图书馆 CIP 数据核字（2020）第 248441 号

营 销 中 心 电 话 010-58805385
北 京 师 范 大 学 出 版 社
主题出版与重大项目策划部 http://xueda.bnup.com

CONG WENHUA BAQUAN FANSHI DAO ZONGTI QUANLI FANSHI

出版发行：北京师范大学出版社 www.bnup.com
　　　　　北京市西城区新街口外大街 12-3 号
　　　　　邮政编码：100088
印　　刷：鸿博昊天科技有限公司
经　　销：全国新华书店
开　　本：730 mm×980 mm　1/16
印　　张：21.5
字　　数：255 千字
版　　次：2021 年 11 月第 1 版
印　　次：2021 年 11 月第 1 次印刷
定　　价：88.00 元

策划编辑：郭　珍　　　　　　责任编辑：赵雯婧
美术编辑：王齐云　　　　　　装帧设计：王齐云
责任校对：段立超　郑淑莉　　责任印制：赵　龙